COAL WARS
The Future of Energy and the Fate of the Planet

煤炭战争
能源的未来与地球的命运

RICHARD MARTIN

[美] 理查德·马丁 ———— 著
张乐 郭佳 徐靖惠 ———— 译

中央编译出版社
Central Compilation & Translation Press

图书在版编目 (CIP) 数据

煤炭战争:能源的未来与地球的命运 / (美) 理查德·马丁著;张乐,郭佳,徐靖惠译. —北京:中央编译出版社,2023.5

书名原文:Coal Wars: The Future of Energy and the Fate of the Planet

ISBN 978-7-5117-4307-7

Ⅰ.①煤… Ⅱ.①理…②张…③郭…④徐… Ⅲ.①煤炭资源—研究—世界 Ⅳ.①F416.21

中国国家版本馆 CIP 数据核字(2023)第 066591 号

Coal Wars: The Future of Energy and the Fate of the Planet
Copyright © 2015 by Richard Martin
All rights reserved.
Simplified Chinese rights arranged through CA-LINK International LLC (www.ca-link.com)
著作权合同登记号:01-2023-0145

煤炭战争:能源的未来与地球的命运

选题策划	张远航
责任编辑	赵可佳 康婷婷
责任印制	刘 慧
出版发行	中央编译出版社
地　　址	北京市海淀区北四环西路 69 号(100080)
电　　话	(010)55627391(总编室)　(010)55627362(编辑室)
	(010)55627320(发行部)　(010)55627377(新技术部)
经　　销	全国新华书店
印　　刷	北京文昌阁彩色印刷有限责任公司
开　　本	710 毫米 × 1000 毫米 1/16
字　　数	253 千字
印　　张	26
版　　次	2023 年 5 月第 1 版
印　　次	2023 年 5 月第 1 次印刷
定　　价	128.00 元

新浪微博:@中央编译出版社　　微　信:中央编译出版社(ID:cctphome)
淘宝店铺: 中央编译出版社直销店(http://shop108367160.taobao.com)(010)55627331

本社常年法律顾问:北京市吴栾赵阎律师事务所律师　闫军　梁勤
凡有印装质量问题,本社负责调换,电话:(010)55626985

献给马丁一家
加斯、乔安娜、道格和格雷格
以及我们所有的孩子

▶ **丽贝卡·韦斯特**
(Rebecca West)

《黑羊与灰鹰》
(*Black Lamb & Grey Falcon*)

  我曾来过……试图弄清历史对于血肉之躯的意义。现在我明白了，当一个帝国灰飞烟灭，一个充满强壮男女、八珍玉食、琼浆玉液的世界，可能就像一场影戏：一个在各方面都卓乎不群的人，可能会坐在火炉旁烘烤着双手，徒然地希望驱赶走一种不属于肉体的寒意。

▶ **哈里·考迪尔**
(Henry Caudill)

《夜幕降临的考伯兰》
(*Night Comes to the Cumberlands*)

  埋藏煤的地方，一向遭到煤的诅咒。

目录

前言 / 001

第一部分
死亡曲线

第一章　田纳西河流域管理局 / 002

第二章　肯塔基州 / 048

第三章　西弗吉尼亚州 / 088

第二部分
激增

第四章　怀俄明州 / 144

第五章　科罗拉多州 / 198

第三部分
大迁移

第六章　上海 / 242

第七章　山西 / 274

第八章　杭州 / 316

第四部分
归零地

第九章　俄亥俄州 / 344

尾声 / 381

前言

开普菲尔

2014年8月22日,位于北卡罗来纳州的燃煤发电厂——开普菲尔蒸汽发电厂的一对大烟囱,在爆破声中轰然倒下。经过好几个月的周密策划,这场拆除行动最终干脆利落地实施了,就像大厨手起刀落切下鸡腿一样。爆破前,在两座200英尺①高的石砌烟囱的底部,预埋了足够多的炸药,时间一到,所有炸药同时引爆。在巨大的轰鸣声中,大量烟尘从烟囱底部和顶部腾空而起,附近的工棚四分五裂。两座烟囱似乎先从下到上抖动了一下,然后齐刷刷地向一侧缓缓并排倒下,如同两个穿戴体面的酒鬼,手拉着手醉倒在水沟里。两座烟囱被炸得支离破碎,被煤烟长年累月熏得黑黢黢的碎石四处飞溅。粉尘四起,遮蔽了周围的一切,然后缓缓落定。从附近

---

① 1英尺=30.48厘米。本书中未标注"编者注"或"译者注"的脚注,皆为原书注释。本书成书于2015年左右,书中所述内容皆为当时的情况。——编者注

的树林中，很快传来回响。升入空中的烟尘，向东海岸方向飘去。

20世纪20年代初，为填补罗利和夏洛特这两座城市越来越大的用电缺口，开普菲尔蒸汽发电厂拔地而起。发电厂坐落在流经两座城市的迪普河上。迪普河是开普菲尔河的上游支流，向南延伸140英里①后，在下游的开普菲尔汇入大西洋。这家燃煤发电厂1923年竣工时规模并不大，总发电量仅为320兆瓦时。第二次世界大战期间，发电厂发的电并入30英里外的布拉格堡电网，该电网还向沿海的若干个飞机场供电。大批侦察机从这些机场起飞，在大西洋西部搜寻德军潜艇的踪迹。到了20世纪60年代，开普菲尔蒸汽发电厂的锅炉一周七天，一天24小时连续运转，助力战后经济繁荣。进入21世纪，在北卡罗来纳州的高科技中心"科研三角园"，来自发电厂的电力又照亮了这里的科技实验室和办公室。这家发电厂运营可靠，成本低廉，政治上不存在争议。大多数人在穿行北卡罗来纳州东南部美国1号公路的旅途中，都不会注意到这家发电厂。发电厂每年向大气中排放200万吨二氧化碳，在其90年的运营史上，总共排放了1.8亿吨二氧化碳。②

这家发电厂为杜克能源公司（Duke Energy）的子公司进步能

---

① 1英里=1609.344米。——编者注
② 《开普菲尔蒸汽发电厂》，消息观察，http://www.sourcewatch.org/index.php/Cape_Fear_Steam_Plant#Plant_Data。

源公司（Progress Energy）所有。杜克能源是美国最大的为投资者所有的公用事业公司之一。①这段时间，进步能源公司正在关停北卡罗来纳州的九座燃煤发电厂，此举将导致该州三分之一的燃煤发电产能被淘汰。不过，进步能源关停这些燃煤发电厂，并非基于环保考虑，纯粹是经济上的算计。

过去5年，美国一批运营已久的燃煤发电厂遭到两个方面的攻击。一方面，政府监管机构逐步加大了各州和联邦政府对发电厂造成的环境污染的限制（主要针对水银、二氧化硫和氮氧化物造成的污染），要求燃煤发电厂的经营者安装价值数以亿计的洗涤塔，并采用减少污染的技术。另一方面，美国页岩气革命获得成功，低成本的天然气大量供应，燃气发电在电力市场大行其道。简单地说就是，燃煤发电厂，特别是那些1980年以前建成投产的发电厂，由于缺少现代化的减少污染的配套装置，运营起来越来越不划算。许多发电厂早已超期服役，需要先完成费用高昂的技术升级，才能获得环境保护署（Environmental Protection Agency）的批准继续经营。

以开普菲尔为例，它排放的污水达到了灾难性级别，因而压力骤增。2014年2月，在位于北卡罗来纳州伊登附近的杜克能源公司

---

① 投资者所有的公用事业公司，指私人所有的管制公司，一般通过与地方政府签订的电力购买协议向居民和业务客户供电。这类公用事业公司与政府公用事业公司不同。后者通常为政府实体所有，例如市政当局。

的一座储存池中，一条管道破裂，导致3万到4万吨煤灰，也就是煤燃烧后剩余的有毒残渣，排入了丹河。根据"真清晰政治"（Real Clear Politics）网站的记录，"（排出的煤灰）给北卡罗来纳州和弗吉尼亚州70英里长的航道覆上了厚厚一层有毒的污泥，河面一片灰白，令人作呕"。[1]这是美国历史上规模最大的煤灰泄漏事故之一。此后，仅仅过了1个月，又有报道称，杜克能源所属的另一处煤灰储存设施又向开普菲尔河倾倒了6100万吨废水。仅仅是拆除和清理这些发电厂，就需要花费2到3年时间，而将发电厂多年沉积的煤灰清理干净，则需数十年。

无论是进步能源公司、其母公司杜克能源公司，还是其他任何一家以燃煤为基础提供服务的美国公用事业公司，在未来10年中都要做出一系列复杂的决定：是关停发电厂，还是让它们继续运营3年、5年，甚至10年。

由于数百家燃煤发电厂均已达到设计使用年限，在美国各地的董事会会议室、监管听证会、立法机关和法庭上，人们必须对这些发电厂的命运做出决定。许多大公司的未来业绩，以及股东收益，都取决于这些决定。但是，这些电厂是关停还是继续运营，只是全球煤炭业一场规模更大的斗争的一部分，更多的博弈还在后面。

---

[1] 卡尔·坎农（Carl M. Cannon）：《北卡罗来纳州：变迁中的能源结构》，真清晰政治，2014年10月10日。

前言

在过去10年中，我们还没有真正意识到，我们已经开启了世界历史上和平时期规模最大的解构工程。这一解构工程始于21世纪的头几年，那时就有若干家二战前投产的燃煤发电厂按计划停产。如果你是一位煤炭行业的主管级人物，你就会发现，在很多国家，受市场需求或政府法令的影响，这场解构已在加速，或正在转移为一个综合性项目，旨在大幅减少依靠烧煤的发电厂数量。

该项目的规模极其庞大。仅在美国，截至2014年，就有580家燃煤发电厂，大多数聚集在美国东部和中西部地区，这些发电厂一天就要烧掉2.6吨[①]煤。[②]它们运营时间在20年以上的已超过90%，有些则更长。例如，位于印第安纳波利斯的装机容量为15兆瓦的佩瑞K发电厂，建于1925年，截止到2014年秋季仍在运营。2013年，我曾为法维翰咨询公司（Navigant Research）撰写了一份报告，内容是正式停用燃煤发电厂的业务。报告收集了对未来20年内可能停产的燃煤发电厂数量的多份估算结果，其中一份估算数据来自美国能源信息署（Energy Information Administration）。根据美国能源信息署的基础预测，燃煤发电厂的发电能力总计340吉瓦（1吉瓦等于

---

① 此处原文单位为"吨"，但580家燃煤发电厂每天才烧2.6吨煤，是绝对不可能的，应在"万吨"或"十万吨"水平，疑原文有误。——译者注

② 《短期能源展望》，美国能源信息署，http://www.eia.gov/forecasts/steo/report/coal.cfm。

1000兆瓦），其中，49吉瓦的燃煤发电产能将在2020年底前淘汰。如果天然气价格持续走低，淘汰的燃煤发电产能将升至55吉瓦；而如果经济持续低迷，现有发电能力的21%，也就是接近70吉瓦的产能都将被淘汰。①

许多分析家认为，上述预测数字相对保守。"忧思科学家联盟"（Union of Concerned Scientists）的一份报告认为，到2020年，产能相当于59吉瓦的353套燃煤发电机组（每家发电厂通常有多个机组）将达到"适于停产"水平，可能被关停。②能源咨询机构布拉特尔集团（Brattle Group）在其2012年10月的报告中称，到2016年，燃煤发电厂停产所带来的燃煤发电产能缩减将介于59吉瓦到77吉瓦之间。③

假如到2016年，缩减的燃煤发电产能达到77吉瓦，相当于美国五分之一以上的燃煤锅炉（大约与整个爱尔兰的发电总装机容量相当）就要被关停。在核对了最近几年的数据，又做了数百次有关煤

---

① 《短期能源展望》，美国能源信息署，http://www.eia.gov/forecasts/steo/report/coal.cfm。

② 雷切尔·克莱特斯（Rachel Cleetus）等：《适于停产：关闭美国成本最低廉的燃煤发电厂的案例》，华盛顿特区：忧思科学家联盟，2012年11月。

③ 梅廷·塞拉比（Metin Celebi）、弗朗克·格拉夫斯（Frank Graves）、查尔斯·罗素（Charles Russell）：《有可能停产的燃煤发电厂：2012年更新版》，波士顿：布拉特尔集团，2012年11月。

炭业的采访后，我得出以下结论：预测关停的燃煤发电厂数量越多，预测结果越准确，而且，不管情况有何变化，燃煤发电厂的关停都在加速。

如果环境保护署拟议的限制发电厂二氧化碳排放条例，也就是众所周知的《清洁电力计划》（Clean Power Plan）获得立法支持，燃煤发电厂将加速关停。这些条例于2014年8月颁布，允许各州自行拟定碳产出量计划，确保2030年美国国内碳排放量与2005年相比减少30%。环境保护署预计，该计划实施后，每年可向大气中少排放大约7.3亿吨的碳；在公共卫生方面，碳减排所产生的价值将介于550亿美元到930亿美元之间，并产生73亿美元到88亿美元投资所带来的经济效益。① 碳排放的缩减，主要来自燃煤发电厂的关停。煤炭行业的领导及其政治支持者已在高喊，这些新条例是奥巴马政府发动的"针对煤炭的战争"中迈出的最激进的一步。

其他国家也制定了类似的法规，欧盟尤其确立了中期能源与气候变化目标"20-20-20"：欧盟成员国承诺，到2020年，将温室气体排放量减少20%，与此同时，将可再生能源在能源总消耗量中的占比提高到20%，并将能源利用效率提高20%。中国，这个世界上最大的煤炭生产和消费国，也宣告要开始减少燃煤发电厂的碳排放。

---

① 《清洁发电计划拟议规则》，美国环境保护署，http://www2.epa.gov/carbon-pollution-standards/clean-power-plan-proposed-rule。

这些法规能否生效,尚待观察。共和党人已经保证,要针对环境保护署的《清洁电力计划》发起一场猛烈的法律战。一旦其得手,贝拉克·奥巴马(Barack Obama)总统离任后,《清洁电力计划》就将推迟实施。如果奥巴马总统的继任者是共和党人,延迟实施计划就会落空。不过,无论如何,煤炭业的衰败已不可逆转,唯一的问题是,这种衰败要多长时间才会发生,以及如果出现衰败,能否及时补救,以明显减轻灾害性气候变化带来的恶果。

所有化石燃料,燃烧后**都会释放出二氧化碳**,但是,煤炭是一种独特的释放大量温室气体的源头。烟煤是最常见的发电用煤,释放出的二氧化碳达到每百万英国热量单位[①]205.7磅;天然气释放出的二氧化碳达到每百万英国热量单位117磅。[②]历史上,美国人使用的能源中有一半左右是煤;目前,这一比例已下降到不足40%。[③]世界范围内,燃煤发电提供了全球42%的用电量,可满足全球不到30%的能源总需求(但在某些国家,燃煤发电所占比例偏高)。今天,

---

① 1英国热量单位(British Thermal Unit)≈251.9958卡路里/0.293瓦时/1.055千焦。——编者注

② 《不同的燃料燃烧时,会产生多少二氧化碳?》,美国环境保护署,http://www.eia.gov/tools/faqs/faq.cfm?id=73&t=11。

③ 《美国采用哪些能源发电?》,美国环境保护署,http://www.eia.gov/tools/faqs/faq.cfm?id=427&t=3。

燃烧煤炭已成为碳排放最大的单一来源,占全球二氧化碳总排放量的44%。①

18世纪晚期,煤炭成为一种热源,之后,蒸汽动力为人类带来了数不胜数的好处。有了煤炭,才有了工业革命。煤炭为船只提供动力,有了动力,19世纪才会出现一个又一个帝国。燃煤发电带来的光明冲破了黑暗,给千家万户带来温暖。煤炭储量丰富,开采成本低廉,几乎遍布地球表面。如今,在发达国家,绝大多数人已看不到煤矿、运煤火车,以及散发着刺鼻气味的发电厂。当人们摁下照明开关,或把插头插入笔记本电脑时,很少有人会关注日常所用的电来自哪里。没有燃煤带来的廉价能源,很难想象我们这个现代化的科技社会会诞生。

但是,如果不能摆脱对煤炭的依赖,现代科技社会也就无法继续存在。为减少灾害性的气候变化,我们必须设法采用比煤炭污染程度低得多的能源为城市提供动力,而且,在未来几十年中就得做到这一点。150年来,我们和煤炭之间达成了魔鬼交易;而现在,这笔交易的代价如约而至。有位气候学家告诉我,如果不能在20年内大幅减少煤炭消费,"一切都完了"。

换句话说,不管我们在多少户人家的屋顶上安装太阳能面板,

---

① 《煤炭:便览》,气候和能源解决方案中心,http://www.c2es.org/energy/source/coal。

修建多少座风力发电场，出售多少辆电动车，只要我们不关停"大煤炭"产业，我们就会输掉抗击全球变暖这场战争。这本书讲的就是这场斗争。

2009年春季的一天，我站在田纳西州北部的一条乡间小路旁，目睹美国历史上最严重的工业泄漏事件发生后的现场。当时，我和两位核工程师同行，为我写的第一本书《超级燃料》（*Super Fuel*）做报道。这本书介绍了以钍为燃料发电的核电的复兴。不过，我们当时所看到的，简直就是19世纪的一场灾难。

一条黑色的、凹凸不平的带状黏稠物在眼前的道路上向前延伸，覆盖了绿色田野，看似地表一条数英里长的切口上结的巨大黑痂。几个月前，也就是2008年12月，金斯顿燃煤发电厂的一座煤灰池的挡土墙崩塌，多达10亿加仑的煤灰如洪水般喷涌而出，排放量达到1989年埃克森·瓦尔德兹号油轮漏油事故中排放量的100倍。那起漏油事故，严重破坏了阿拉斯加的海岸线。几乎每座燃煤发电厂都建有密闭的煤灰池。黑白相间的烂泥状煤灰汇集了大量的有毒物质：砷、汞、钡、铬，还有其他六七种毒素。金斯顿发电厂向埃默里河排放了14万磅的砷，将400英亩①的绿色农田变为有毒的垃圾场。金斯顿发电厂的所有者是田纳西河流域管理局（Tennessee

---

① 1英亩≈4046平方米。——编者注

Valley Authority），管理局需要花费十几亿美元清理排放物，还要面临长达数年的法律诉讼，缴纳数百万美元罚款。我们对煤炭的依赖是致命的，而金斯顿发电厂的煤灰泄漏事件将成为这种依赖的有力象征。

我的第一本书介绍的就是能够解决世界能源危机的一种高级核技术。不过，在回顾了金斯顿灾难之后，我意识到，我们仍然离不开燃烧煤炭这种原始的采集能源的技术。这就像几年之后，科罗拉多州博尔德市的前市长对我说的："我们正在采用在19世纪发明、在20世纪监管环境中发展起来的技术，为21世纪提供能源。"正是在田纳西州的那一天，我看到的景象，让我下决心写这本书。

6年过去了，关停燃煤发电厂的进展并不乐观。根据世界资源研究所的数据，有59个国家建议或计划兴建将近1200座新的燃煤发电厂，这些发电厂的总发电能力将超过1400吉瓦，相当于目前美国煤炭业发电量的三倍。这些计划中的燃煤发电厂，有四分之三要建在中国和印度。发展中国家对新的能源来源望眼欲穿，而煤炭恰恰是最廉价又最容易获取的能源。据估计，到2035年，中国的燃煤使用量将增长。尽管在许多国家，特别是美国，对煤炭的使用越来越少，但在其他一些地方，如德国和日本，煤炭使用量却在增加。2010年，日本福岛发生了地震和海啸，核泄漏事故接踵而至。这次事故后，德国和日本开始逐步淘汰核电站。2013年，德国的煤炭使用量一路飙升；目前，燃煤发电占到德国总发电量的将近一半。尽管减少煤炭使用量已成为大势所趋，但在继续使用的过程中，一幕幕死亡悲剧仍在不断上演。

以船运业为例。19世纪初，最早的汽船就沿着英国海岸线开始运煤了。当时，海上运输主要依靠大型帆船。汽船出现一个世纪后，直到第一次世界大战前夕，人们仍使用帆船运货，有些帆船甚至直接从英国的港口中驶出。淘汰世界上由帆船组成的商船队，花了一个多世纪的时间。如果还要花同样的时间才能淘汰煤炭业，那么，孟买、曼哈顿和迈阿密则会淹没于水下，现代工业社会也将处于崩溃的边缘。

不过，本书不涉及政治，也不针对煤炭的种种弊端展开讨论。它只客观叙述开采和使用煤炭的前沿地带发生的事情。书中记述了一段又一段旅程。在这些旅程中，我走遍阿巴拉契亚，横穿怀俄明州的粉河盆地，深入中国的山西省，到过科罗拉多州的扬帕河谷，以及俄亥俄州南部。在这些地方，人们发现，自己以各种方式卷入了一场大规模的转型。这场转型颠覆了能源行业，瓦解了公司和社区，永久抹去了以往的生活方式。在这本书中，我的观点从头到尾都很明确，那就是，要么停用煤炭，要么毁于煤炭。在后续章节中，我会以不偏不倚、不加渲染的态度进行报道。

无论是书面方式还是口头表达，我都尽可能避免使用战争隐喻，因为这类隐喻很容易言过其实，影响人们认识真正的战争所带来的种种恐怖。但是，显而易见，这本书是个例外。因为针对煤炭的未来所做的斗争是实实在在发生的,这场斗争关乎煤炭帝国,就如同20世纪的两次世界大战,夺走了无数人的生命,毁灭了无数人的财产。因此,我有理由破例。

首先,煤炭战争的成败关乎我们的生存。这里所说的生存,可能并不是指人类作为一个物种存活,而是指居住在依靠使用廉价且肮脏的能源而形成的不同社会和经济体中的人的生存。战斗双方一目了然,一方是竭尽全力关停煤炭业的人,另一方则是奋力维护这个行业的人,以及一大批津津有味观看这场斗争的旁观者。最终,所有活着的人及其子孙后代都将卷入这场战争。

同历史上许多战争一样,这场战争也以帝国为特征,但煤炭帝国既没有首都,也没有皇帝,有的是一大批在自己的地盘上发号施令的地主。煤炭帝国的触角伸向世界各地,在性质上是扩张的,在政治上是反动的。支撑它的,是巨大的财富和大批廉价劳动力。就像罗马帝国、奥斯曼帝国和中国历史上各个封建朝代一样,煤炭帝国也有着不惜一切代价自我维持的冲动。在这种冲动的作用下,虽每每走向寿终正寝,却总能回光返照继续存在,最后才不可逆转地走向败落。未来某一天,历史学家终将通过梳理文献,找到并准确指出煤炭帝国到达巅峰及其开始衰亡的时刻。

最后我要说的是,煤炭战争已经造成了实质性的伤害。2011年,在蒙古国,一位名叫梅尔根(Mergen)的牧羊人在试图阻挡一辆运煤卡车开进本国一座巨大的煤矿时遇害。此外,每年有成千上万人在煤矿事故中丧命，或死于黑肺病和慢阻肺，或死于煤炭业造成的严重空气污染和水污染。相当多的人因全球变暖而失去或即将失去家园和生计。

  未来，还会有更多的人遭受煤炭业带来的伤害。在他们倒下之前，我要尽可能把他们都记录下来。

第一部分

死亡曲线

第一章　田纳西河流域管理局

比尔·普理查德（Bill Pritchard）为田纳西河流域管理局工作了一辈子，直到他所在的发电厂关停。他在孟菲斯市长大，他的家距阿伦发电厂只有几英里远。这家市属燃煤发电厂先由管理局租赁并经营，后被管理局完全收购。小时候，普理查德跟随家人在田纳西州的山中打猎，河中捕鱼。上了中学，他又玩起了摔跤。他告诉我："在孟菲斯，你要么打篮球，要么去摔跤。"他上的大学也是本地的孟菲斯州立大学，现又名孟菲斯大学。孟菲斯州立大学是一所传统篮球学校，吸引了不少来自中南部地区及其周边城市的篮球运动佼佼者。普理查德上大学一年级的时候，篮球校队的明星之一是德克斯特·里德（Dexter Reed）。里德和我是同乡，我们都来自小石城，他是个动作流畅优雅的后卫。从小我就观看他的比赛。有几次我也想封挡里德，但都没成功。1980年，我本人大学毕业，普理查德也在同一年大学毕业。毕业后的第二天，他就开始在管理局上班。他一直在那里工作，中间只有3年时间，他外出寻找自我，后来又读了研究生。在那个年代，如果你能在田纳西河流域管理局上班，你通常会签约干上一辈子。

作为电气工程师，普理查德参加了管理局为工程师举办的一个培训项目。3年中，他从一家工厂换到另一家工厂。他第一份工作的地点位于亚拉巴马州的好莱坞市。当时，好莱坞市正在修建贝尔丰特核电站。给普理查德安排的工作就是协助他人整理归档两台装机容量为1256兆瓦的核反应堆的最终设计文件。20世纪80年代初，美国掀起了一股兴建核电站的热潮。田纳西河流域管理局的核电项目包括贝尔丰特核电站，位于诺克斯维尔市附近依靠两台核反应堆发电的瓦茨巴核电站，还有克林奇河的增殖反应堆，后者计划建设成为美国第一座钚基反应堆核电站，实现自动运营，这一做法也代表了未来的发电趋势。

不过，核电站的建设并未按计划进行。普理查德回忆道："他们很快发现，就算他们仍打算兴建贝尔丰特核电站，工地上也不需要那么多人。"

人们很快开始重新考虑是否继续兴建核电站。三哩岛核泄漏事故以及切尔诺贝利核电站事故发生后，反对使用核电的浪潮席卷各地。再加上大多数核电项目饱受成本超支和工期拖长等问题的困扰，贝尔丰特核电站一直没有竣工。1988年，在一号机组建设进度达到88%，二号机组建设进度达到一半时，该项目被正式放弃。这个核电项目耗费了60亿美元和不计其数的工时，但它连1000瓦的电都没发出就被终止了。当时,普理查德已经离开了贝尔丰特核电站。他在瓦茨巴核电站也干了一段时间,这座核电站的第二个核反应堆也一直没有完工,同样在1988年被关停。普理查德在已竣工核电站的工作经历可以说乏善可陈,不过,在他转到燃煤发电厂后,却得心应手地干了30年。在燃煤发电厂,他专门负责仪表测量,确保发电厂的设备系统和测量仪器正常运转,监督发电厂的运行状况。提起燃煤发电厂,普理查德说话的腔调都变了。

"能赶上肯塔基州中部天堂镇上的一个大项目,我真是太走运了。"普理查德边回忆边说,"当时,我就是个初出校门的工程师,负责整套控制系统的抽气风扇。这些风扇现在还在运转。"

"抽气"指的是抽气通风,是为降低烧煤对自然环境和发电厂周边社区的影响所做的早期技术尝试。这种风扇就像安装在锻造炉上的风箱,只不过是反向的。在锅炉内,燃烧的煤炭产生蒸汽,推动涡轮机旋转发电,巨大的抽气风扇将空气吸入炉内,将烧煤产生的蒸汽排到锅炉外。使用传统的增压炉通常要将煤灰和煤屑倾倒在附近的乡村,但用安装了抽气风扇的锅炉取代增压炉后,再也无须倾倒煤灰和煤屑了。这个工作让人非常满意:普理查德正在助力美国最主要能源的清洁使用,且工资待遇也不错,对他来说尤其如此。他年轻而单身,甚至没时间把挣到的钱花出去。虽然一切看上去都不错,但最终他还是打点行装辞职了。"一周工作80小时,我干烦了,而且也觉得自己精神上有点不正常了。"辞职后,他买了

第一部分　死亡曲线

辆皮卡，开车漫游美国。到了美国西部，他爱上了科罗拉多州。不过，这种对异乡的迷恋还是冲淡不了对家乡的思念。最终，他掉头返回孟菲斯，在孟菲斯州立大学又拿了一个电气工程硕士学位。之后，他再次顺理成章地为田纳西河流域管理局工作，负责燃煤发电厂的仪器使用。到2012年，他已经在田纳西州东部罗杰斯维尔镇附近的约翰·塞维尔发电厂工作了21年。

"我告诉老婆，我们可能要在这里住上两三年，"普理查德一边说，一边轻声笑起来，"不过，这里已经成了我们的家。我在这里住的时间，比在其他任何地方都长。孩子们也都出生在这里，我们就待在这儿，不走了。"

到了五十五六岁的时候，普理查德觉得余生似乎大局已定。他已经升任发电厂经理，孩子们也已长大成人，出外上大学。管理局发放的养老金也有保障。他寻思着，自己再干个10来年，等到可以享受社会福利的时候，就可以退休去钓鱼和打猎了。几十年来，田纳西河流域管理局历经沧桑，虽说这些变化并不总让人放心，但他觉得这个行当还算稳定。人们的生活离不开电，而这里则有的是煤炭。

2013年的一天，中午时分，普理查德和塞维尔发电厂的其他同事一起被叫到厂区礼堂。在那里，厂方宣布了一项特别决定。

同许多发电厂一样，约翰·塞维尔发电厂远离闹市，隐身于僻静之所，不仔细找，还真难以发现。烧煤发电就像挑选总统候选人：公众对实际的挑选过程了解得越少，结果也就越好。发电厂建在田纳西州东部的霍尔斯顿河上，这条河是田纳西河的一条支流。田纳西河流经阿巴拉契亚南部高耸的石灰岩峭壁，向南方蜿蜒流淌，穿越亚拉巴马州北部，再向北折回，曲折伸展，在肯塔基州帕迪尤卡市附近汇入俄亥俄河。从东北部的罗阿诺克到西南部的诺克斯维尔，森林植被繁茂，整片地区被称为帝国山。这里水网纵横，成为田纳西州众多河流的源头。洼地、泥沼和小溪星罗棋布，似迷宫般错综复杂。小溪两侧长满下层灌木，溪水缓缓向前，汇合成克林奇河、鲍尔河、诺利查基河、佛兰西布罗德河和霍尔斯顿河。霍尔斯顿河两岸的景象，只能用"冷清"来形容，尚存的工业遗痕，宛如逝去的文明留下的残迹：破败的谷仓，撂荒的土地，还有桥梁坍塌之后剩下的幽灵般的混凝土桥杆。

实际上，这座以酒店老板约翰·塞维尔（John Sevier）名字命名的发电厂本身已正式成为一处遗址。在美国革命爆发几十年后，约翰·塞维尔领导了对抗切罗基族人和奇卡莫加人的边疆战争，之后他成为田纳西州第一任州长。1957年，塞维尔发电厂首次点火运行。这里的燃煤锅炉连续运转了55年，于2012年永久关闭。代替塞维尔发电厂的，是在它附近修建的一座崭新的天然气发电厂，新电厂采用联合循环发电机组发电。如想一睹美国能源未来与往昔的新旧对比，很难找到比这两家发电厂更具代差特征的例证了。

帝国山特别适合修建发电厂，因为这片地区由田纳西河流域

第一部分　死亡曲线

管理局提供服务。田纳西河流域管理局是最能体现罗斯福新政的联邦机构。从20世纪30年代初开始，它就在美国某些最不开化的社区安装了照明设备，还引进了空调和冷冻装置。数十年来，它就是美国东南部很多地区的经济发动机。距离塞维尔最近的一座小镇上的几个村落，例如罗杰斯维尔，除了几处快餐店和几家零售连锁店，塞维尔的天然气发电厂就是最像样的工作单位。塞维尔代表了从燃煤发电向体现低成本、低排放和高科技成果的天然气发电的积极过渡；另一方面，它也是田纳西河流域管理局所经历的痛苦转变的一个缩影。管理局在横跨六个州的服务区内经营着11家燃煤发电厂，是目前美国最大的煤炭用户之一。几十年来，管理局主要依靠燃煤发电。现在，环境保护署和管理局经营所在地的政府部门都在向其施压，迫使它关停燃煤发电业务。2013年秋天，当我来到塞维尔的时候，这种变化带来的影响正在逐渐外溢，从丘陵小镇扩散到河港，再到办公园区、县法院、州议会大厦，以及亚特兰大、纳什维尔、里士满，一直到华盛顿特区的公司总部。

当时，我正在金斯波特。金斯波特位于霍尔斯顿河两条支流北叉和南叉的交汇处，在塞维尔以东30英里处。金斯波特、田纳西州的约翰逊城及弗吉尼亚州的布里斯托尔共同组成了田纳西州和弗吉尼亚州交界处的三城区。在这三座城市及其郊区和周边村庄中，生活着50万人。从这三座城市形成的早期开始，社区财富就与从阿巴拉契亚中部到美国东北部沃土上采集的煤炭紧密相连。金斯波特的名字并非取自乔治三世（George III），而是来自霍尔斯顿河的南北叉支流交汇处的一座船坞。在19世纪的大部分时间里，这座船坞一直是田纳西河航运的起点。修建船坞的是詹姆斯·金（James King），他是乔治·华盛顿领导的美国独立战争北方军中的一名上校，康华里（Cornwallis）将军投降时他也在场。金上校的成就之一，就是在斯蒂尔斯溪的河口修建了该地区的第一座钢铁厂。斯蒂尔斯溪是霍尔斯顿河上游的无数小溪之一，而霍尔斯顿河又是田纳西河的支流之一。金的锻造厂修建于18世纪80年代，它所用的燃料并不是煤，而是从周边森林里采伐的木材经烘干烧制的木炭。① 已知的最早以煤炭为燃料打铁的例子，在若干年之后才出现。

守卫南北叉支流交汇处的霍尔斯顿河长岛，对于准备穿越坎伯兰峡谷前往肯塔基州的游客来说，是个重要的中转站。19世纪，来自肯塔基州和弗吉尼亚州西部的煤炭，先由骡子、马车和驳船运到站点，再由火车和卡车运送到金斯波特，在此地装运到更大的驳船之上，然后顺流而下，运到东部的多个城市。

和南方那些小城市类似，金斯波特拥有一种进步主义传统，这一传统可以追溯到20世纪早期。金斯波特是哈佛大学景观设计师约翰·诺伦（John Nolen）设计的"花园城市"之一。诺伦主张，

---

① 查理·巴内特（Charlie Barnette）：《寻找詹姆斯·金上校的钢铁厂》，布里斯托尔，田纳西河谷收藏瓶和历史，2010年3月1日。

开放的空间、绿化带和办公楼之间应达成一种平衡，以限制城市扩张。1930年，在金斯波特，道格拉斯中学开学了。这所中学是美国规模最大的黑人中学之一。尽管吉姆·克劳法禁止黑人团队和白人团队在赛场上竞争，但这所中学在20世纪40年代到50年代依然培养了大批体育人才。到了20世纪60年代，道格拉斯中学在反种族隔离运动中被关闭。

在美国26号州际公路上驾车行驶，窗外不时掠过一排排快餐特许经销店、购物饮食街和突然冒出来的教堂。一路上很难搜寻到诺伦对城市景观的影响。不过，在金斯波特的核心地带，也就是在绿树成荫的河岸边，依然可以感受到某种20世纪60年代前才有的安逸气息。对来自美国南方的历史学家约翰·谢尔顿·里德（John Shelton Reed）来说，这里就是他童年时代的家。里德有句很有名的话："每当看到亚特兰大，我就会觉得，自己看到的不仅仅是一座城市，更是一座25万邦联战士为避免其沦陷而献出生命的丰碑。"

1864年12月13日，在金斯波特之战中，数百名南方邦联战士或战死，或受伤，或被俘。在这场战斗中，300名南方"叛军[①]"英

[①] 此处原文用的是"Rebel"，是从北方人（废奴派）的角度看待南方人（蓄奴派）的说法。乔治·斯通曼（George Stoneman）是北方"联邦"的骑兵将军，抗击他的，肯定是南方"邦联"的反叛者。虽然南北战争最终是北方获胜，但作者在这里是以南方人的视角来写对北方的抗击，以及北方的胜利对南方经济造成的伤害。——译者注

煤炭战争：能源的未来与地球的命运

勇搏斗了三天，挡住了乔治·斯通曼将军麾下5500名前往弗吉尼亚州西部农场和城镇实施破坏的掠夺者的去路。不过，"叛军"将士最终寡不敌众无奈投降，金斯波特码头就此失守，满载煤炭等物资的驳船无法靠岸，从根本上切断了田纳西州的物资供应。不管你如何评价那些阵亡的邦联战士所保卫的一切，南北战争带来的后果在如今的金斯波特仍显而易见。最引人注目的就是镇中心的伊士曼化学公司（Eastman Chemical）。在800英亩的公司所在地上，5根巨大的烟囱拔地而起。公司生产各种门类的工业化学品，包括聚合物、醋酸盐和甲醇。伊士曼化学公司有自己的燃煤发电厂。它是一座装机容量197兆瓦的发电厂，其中有十九座小锅炉，每年向大气中排放370多万吨二氧化碳。[1]伊士曼化学公司也是美国第一家商业性的煤炭气化工厂。这家工厂于1983年开始运营，利用经过转化的煤而非石油所形成的合成气来生产化工品。

1995年，美国化学学会将这家以煤炭为原料的生产化工品的工厂指定为国家地标，伊士曼化学公司由此成为阿巴拉契亚地区那些艰难度日的煤矿的主要客户。不过，到了2013年，同美国国内许多其他工业用户一样，伊士曼化学公司也要停用煤炭了。

"大概从2008年开始，我们就一直在讨论停用煤炭，"项目经

---

[1] 《田纳西伊士曼金斯波特发电厂》，消息观察，http://www.sourcewatch.org/index.php?title=Tennessee_Eastman_Kingsport_Power_Plant。

理吉姆·阿姆斯特茨（Jim Amstutz）告诉金斯波特的《时代新闻》（*Times-News*），"我们原先的设想是，对燃煤设施进行一些改造。不过，既然天然气价格降了下来，采用天然气似乎更可行。"①

当然，伊士曼化学公司不会完全放弃使用煤炭：通过燃烧合成气发电的电厂将继续运营。通过这次能源转换，伊士曼化学公司在金斯波特的碳足迹仅仅减少了20%。不过，同许多在美国南方经营的企业和公用事业公司一样，伊士曼化学公司也认识到，关停烧煤锅炉而不是让它们继续运转下去，这种做法更经济，在政治上也更能为公众所接受。伊士曼化学公司将耗资9000万美元关停煤炭设施，不过，按照公司的评估，从长远来看，这样做节省的费用更多，因而也更合算。

不过，对田纳西河流域管理局来说，由于它与本地的经济和政治生活存在着千丝万缕的关联，放弃使用煤炭所要付出的代价比伊士曼化学公司更加难以估量。

田纳西河流域管理局最出名的业绩是修建水坝。但是，最能体现管理局真正实力，同时也是管理局81年历史上主要的核心业务的，还是它一直在经营的燃煤发电厂。

---

① 汉克·哈耶斯（Hank Hayes）：《伊士曼决定弃煤改气》，载《金斯波特时代新闻》，2013年8月24日。

煤炭战争：能源的未来与地球的命运

在茶党和《纸牌屋》（*House of Cards*）大行其道的年代，人们很难回想起，在大萧条最艰难的岁月，他们是怀着多么强烈的理想主义雄心成立的田纳西河流域管理局。1933年，富兰克林·罗斯福（Franklin Roosevelt）以压倒性的胜利入主白宫。当时，民粹思想盛行，人们普遍认为，政府能够挽救经济，匡正导致大崩盘的种种社会不公。而罗斯福新政最早的任务之一，就是整顿电力行业。

"在我担任美国总统期间，联邦政府永远都不会放弃对电力资源的主权，或失去对电力资源的控制。"在首次竞选总统期间，罗斯福这样宣称。20世纪30年代，基本不受监管的私营公用事业控股公司把持了美国国内90%以上的发电事业，其中绝大多数公司用燃煤发电，而人们反对大企业的怒潮在这一时期也达到了顶点。罗斯福的讲话，正好回应了这种愤怒的情绪。1933年，国会创建了田纳西河流域管理局。成立管理局，不仅是为了给美国东南部地区的贫穷社区修建水坝或提供电力，更重要的是让管理局成为机会的载体、社会正义的灯塔，并为美国国内外那些基本上连照明条件都不具备的落后的农业社会树立一个发展的样板。

在一篇纪念田纳西河流域管理局成功经营50周年的文章中，历史学家史蒂文·纽斯（Steven M. Neuse）写道："实际上，管理局的成立体现了人们在更新、保护和修复等观念的影响下，第一次在方方面面付出的一致努力，目的是通过合理支配自然资源和人力资源，创造有价值的成果。"①

管理局同时也是激发民间创作的少数联邦机构之一，它鼓励人们创作民间音乐、绘画和诗歌等作品。就像古罗马拥有大诗人维吉尔一样，管理局也请来了作家詹姆斯·艾吉（James Agee）。艾吉受托为《财富》（Fortune）杂志撰写了一篇长达6000字的散文诗，献给成立不久的管理局。

艾吉写道，田纳西河流域是"进行一场伟大实验的实验室"，而管理局则一心要"塑造一种文明，这种文明会以某种重要的方式，在全美发挥崭新而又重大的影响"。用艾吉的话来说，管理局的愿景单纯而大胆："在开发流域中孕育的自然之力和自然资源时，既会考虑规划的长远效益，也会兼顾人们的切身福利。"②

反对者则认为，成立管理局的这一想法本身就与美式资本主义格格不入，因为政府机构会削弱当地已有基础的电力供应者，从根本上接管整个地区的经济发展。最直言不讳的批评者是温德尔·威尔基（Wendell Willkie），他是联邦与南方公司（Commonwealth & Southern Corporation）的总裁。联邦与南方公司是美国最大的私营公用事业公司，承担管理局管辖地区的大部分供电责任。威尔基是

---

① 史蒂文·纽斯：《50岁的田纳西州河谷管理局——反思与回顾》，载《公共管理评论》，1983年第6期。

② 詹姆斯·艾吉：《田纳西州河谷管理局从何而来？》，载《财富》，1933年10月。

1940年共和党的总统候选人,而在当时,他竟宣称让政府负责供电就等同于大搞社会主义。

不得不说,在某些方面,威尔基和他代表的那帮人说的是对的。管理局是中央计划经济的缩影,成立这样一个机构完全是管理局第一任主席大卫·利连塔尔(David Lilienthal,后来成了原子能机构负责人)等技术官僚的主意。这些人认为,在改善内战结束之后几乎毫无建树的地区面貌方面,他们要比这类地区选举出来的当地官员高明得多。最后,管理局的成立还表明,一种新生的环境保护主义思想已处于萌芽状态,尽管在当时看来,这种观念的前景并不明朗。这种思想认为,如果不能保证土地的健康,就无法实现长期的繁荣。①

艾吉宣称:"越来越多的人认为,我们正在接近文明发展过程中的一个转折点,别的不说,必须要更正人类自古以来形成的一种习惯。这种环保观念,不管人们认为它是好是坏,或对它漠不关心,它都在广为传播。""人类必须学会与其周边环境相互协调,而不是肆意破坏和践踏环境,或只想弃之不顾。管理局就是这拨思潮和超前行动的产物。成立管理局是美国人为了按照科学进步所要求的速度,循序渐进解决具体问题所做的首次尝试。"

---

① 詹姆斯·艾吉:《田纳西州河谷管理局从何而来?》,载《财富》,1933年10月。

第一部分　死亡曲线

不用说，支持威尔基的共和党商人听不进去有关环保的华丽辞藻。罗纳德·里根（Ronald Reagan）曾经担任通用电气剧场主持人，收入颇丰，就因为把管理局称为大政府祸害人的例子而被解雇。事实上，自从有了管理局，很多本地的公用事业公司也被挤走了。管理局在这些公司无力竞争的情况下，还收购了它们的资产。尽管如此，在管理局成立的头20年中，很难否认它的成功。

到第二次世界大战接近尾声时，管理局已成为美国最大的电力供应者。它协助启动了曼哈顿工程，为田纳西州橡树岭的铀浓缩设施提供了绝大部分电力，还在诺克斯维尔市到帕迪尤卡市修建了一批船闸和水坝。自此之后，田纳西河全程都可以通航。管理局还修建了历史上规模最大的水力发电项目之一，并为整个辖区内的无数小城镇兴建了电网和照明工程，盖了图书馆，推行现代农艺技术。正是在管理局的努力下，美国东南部那些一到夜晚就漆黑一片的地区出现了闪闪灯光。

不过，随着时间的推移，管理局就算再成功，也难以胜任其核心使命：提供足够的低成本用电以满足客户需求，这些客户就是那些向家庭和企业直接售电的小规模配电公司。已经修好的水坝不够用，田纳西州河谷需要更多的能源，因而也就需要更多的煤炭。

1949年，管理局兴建了规模庞大的约翰逊维尔发电厂，由此掀起了大规模兴建燃煤发电厂的高潮：寡妇溪发电厂（始建于1950年），金斯顿、科尔伯特和肖尼发电厂（1951年），约翰·塞维尔发电厂（1952年）及加拉廷发电厂（1953年）。大烟囱取代了造型优雅的混凝土水坝，成为管理局的标志性构筑物。到了1960年，管理局发电量中的72%来自燃煤发电，即使如此，仍无法满足日益增长的用电需求。管理局又同时开建了多个核电站，但其中的大多数在20世纪80年代三哩岛核电站事故后就取消了。除了提供大量燃煤发电和核电，这家联邦机构还要迈出艰难的一步——让联邦政府为兴建燃煤发电厂提供新的资金。该想法就算在20世纪50年代，也从未成功过。这种情况下，管理局时任主席赫伯特·沃格尔（Herbert D. Vogel）只能寻求通过发行债券的方式让管理局有能力自筹资金。1959年，国会通过立法，结束了将联邦款项拨给管理局的做法。这样，在成立25年后，这家联邦机构必须想办法自给自足才能维持下去。

事实证明，通过自给自足维持运营，这一目标很难实现。到了20世纪80年代中期，田纳西河流域管理局已膨胀为一个臃肿的官僚机构。由于同时开工若干个核电站项目，又经营着几十家与其主业并不相关且效益欠佳的业务单位，还一度饲养了一群水牛，管理局已经因成本超支而不堪重负。为尽可能多的人提供尽可能便宜的能源是其成立初衷，现在，由于电价居高不下减缓了本地区的经济增速，管理局逐渐偏离这一初衷。它很可能会因此破产。当时的总统里根从未对管理局产生过兴趣，为了帮管理局走出困境，他提出要雇用一个能为管理局带来变革的人，即使这变革不受欢迎。

第一部分 死亡曲线

1988年，担任汽车经理多年，曾因经营田纳西州日产汽车生产厂而出名的马尔文·鲁尼恩（Marvin Runyon）被任命为管理局主席。下车伊始，他就承诺，在自己任职期间，电价不会上涨。为了履行承诺，鲁尼恩迅速放弃了经营非必需业务的企业，并通过裁员大幅降低成本。1988年6月，鲁尼恩在一天之内就解雇了5700名员工和1800个承包商。随后几年，管理局裁掉了一半员工。鲁尼恩这种残忍的做法虽让管理局生存了下来，但对剩下的员工也造成了伤害，而且永远改变了原先管理局和当地民众之间那种凸显管理局作为一个大家庭之长的亲近关系。"更新、保护和修复"原则让位于一种新的严苛手段。那种体现大萧条时期进步主义愿景的理想逐渐消失在人们的记忆中，田纳西河流域管理局从此沦为一家普通公用事业机构。

不过，到了21世纪，**供电反而成了一门难做的生意**。以前，供电行业由小圈子里的个别人把持，他们的日子过得轻松惬意，制定电价的政府公用事业委员会的委员和处于他们监督下的公用事业公司的经理们往往是高尔夫球友，很多负责监管的委员本人就曾担任公用事业公司经理。不过，眼下供电这门生意正经历着一场变革，尤其是利用过时的燃煤发电供电。由于人们越来越多地使用可再生能源，特别是采用分布式发电技术，包括通过在屋顶安装太阳能电池阵列发电，传统公用事业的业务模式难以为继。随着利用燃煤发电的时代逐渐远去，这些燃煤发电公司面临着剧变。要想认清这些剧变，就有必要全面了解美国的电力公用事业。

在大多数发达国家，直到最近，发电和售电一直都由国有公司垄断。在美国，一直存在两种类型的公司从事电力公用事业：一种是私营的或称投资者所有的公用事业公司，另一种是政府公用事业公司，归政府或市政当局所有。只有为数很少的政府公用事业公司拥有自己的发电设施，即发电厂。这类公司通常是配电公司，而不是发电公司。目前，电力行业的种种运转不良现象，都可以在这两种模式下运行的公司之间存在的矛盾及造成这两种模式的动机之中找到原因。

这些矛盾就体现在塞缪尔·英萨尔（Samuel Insull）的职业生涯中。这位出生于英国的电业巨头和合伙人创办的公司后来发展为通用电气（General Electric）和联邦爱迪生公司（Commonwealth Edison）。英萨尔是爱迪生的门生。1881年，21岁的英萨尔来到美国，千方百计当上了大发明家的私人助理。此后10年，他成为爱迪生公司的总经理，权力得到了巩固，进而于1892年当上了芝加哥爱迪生公司总裁。英萨尔努力向世人证明，自己是一个创新者，并且很早就开始采用新技术。他最早采用基于用电时间和电力设备载荷的可变电价，而芝加哥爱迪生公司也是第一家押注新蒸汽轮机的公用事业公司。这种蒸汽轮机取代了旧的往复式发动机，成为将热力和蒸汽转化为电力的机械装置。1907年，英萨尔合并了自己管理的

第一部分　死亡曲线

两家公用事业公司，成立了联邦爱迪生公司，其是美国最大的供电商。到1920年，联邦爱迪生公司已雇用了6000名员工，每年烧煤200万吨，为中西部地区50万家客户供电，年收入4000万美元。

英萨尔还是公司体系方面的创新者。他所设计的复杂公司体系，能够让投资者免遭风险，而政府监管人员也很难看透供电这门生意，更不必提实施高效监管了。这样做的结果就是，电力公用事业成为一个高度集中、实行高杠杆的行业，其内部运转情况对外行来说难以一窥究竟。到了1932年，联邦爱迪生公司和其他七家大型公用事业控股公司控制了投资者所有电力行业中73%的业务。[①]由于这些公司所在地通常与其分管的州分离，州监管机构也对其鞭长莫及。英萨尔的控股公司在巅峰时期控制了40亿美元的资产，而英萨尔本人的实际持股仅值2700万美元。结果，大萧条刚刚开始，英萨尔的公司就灰飞烟灭了，60万美国人的毕生积蓄化为乌有。

大约在同一时期，采煤业，这个从来都不是体面人从事的行业，也在两次世界大战之间那些无法无天的岁月里发展到了顶峰。

来自丹佛市的律师，专门揭露黑幕的作家梅尔·文森特（Merle Vincent）这样写道："到了1933年3月，煤炭业过度扩张、低价竞争，从业者的工资标准和生活水准极低，越来越多的矿工遭

---

① 莱奥纳多·海曼（Leonard S. Hyman）：《美国的电力公用事业：过去、现状与未来》，弗吉尼亚州雷斯顿：公用事业报告，1988年，第74页。

到解雇。整个行业的危机远超过行业本身规模，而新当选的罗斯福政府，正面临着这场暴风雨。"①

　　罗斯福采取的对策是通过《1935年公用事业控股公司法案》（Public Utility Holding Company Act of 1935），这是一份重要的新政立法文件。法案强迫公用事业控股公司剥离与其无关和不受管制的业务，简化公司结构以清除产权的多重层级，将债券发行限制在更小的地理区域内。英萨尔本人为逃避起诉，逃到了欧洲，但是后来被土耳其政府引渡回美国，因邮件欺诈和违反反垄断法等行为受到审判。尽管针对他的各项指控都被判不成立，但他不再是呼风唤雨的企业大亨，威风八面的职业生涯也就此终结。他以前管理过的公司每年付给他21000美元的养老金。自此，英萨尔开始了到处流浪的生活。1938年的一天，他倒毙在巴黎的一个地铁站内。死的时候，兜里只有30法郎和一张洗衣票。②

　　政府公用事业公司对供电业务的介入，遏制了控股公司的肆意妄为。此后20年中，田纳西河流域管理局及其姐妹组织农村电气化管理局（Rural Electrification Administration）将电引入千万个贫困家庭。但是，这些措施还是没有解决电力行业的集中所有制和事实

---

① 梅尔·文森特：《位于十字路口的煤炭》，载《调查图》，1934年第4期。
② 《英萨尔在巴黎地铁站倒地身亡》，载《蒙特利尔公报》，1938年7月18日。

上的垄断服务等问题。20世纪70年代能源危机爆发后，零售电价一路上涨。结果，公用事业公司制订了一个宏大的计划，开始兴建更多的发电厂。这些发电厂主要依靠燃烧煤炭和铀等国内燃料发电。由于这些建设项目的基建费用居高不下，监管机构批准再度提高电价，造成了电价上涨和超量建设你追我赶的恶性循环，许多大型债券公司也因此濒临破产。公用事业部门向监管机构申请针对企业和消费者提高电价，由监管机构通过"费率案例"进行定价，这一过程旷日持久，备受争议。从事公用事业领域的律师从中获利，而被伊特·斯蒂芬斯（Witt Stephens）轻蔑地称为"纳税人"的用电者却一无所获。伊特·斯蒂芬斯，绰号"饼干食客"，是来自阿肯色州的大亨，靠经营阿肯色路易斯安那天然气公司赚得第一桶金。"纳税人"是他流传甚久的口头语。到了20世纪90年代，很明显，原有制度已经维持不下去了。

面对这一局面，在整个资本主义历史上始终维持庞大规模的公用事业公司，通过一拨并购予以回应。这拨并购之后，形成了类似于20世纪20年代由那些饱受诟病的持股公司组成的工业版图。在这张版图上，少数几家大电力公司控制着跨州大片地区的发电和批发输电业务。这些公司的结构有多复杂，从以下两个案例即可见一斑。

1998年，联合电气公司（Union Electric）和伊利诺伊州中部公共服务公司（Central Illinois Public Service Company）合并为阿

莫林电力公司（Ameren Corporation），这家控股公司于2003年收购了CILCORP公司。后者本身就是一家控股公司，控股伊利诺伊中部电力公司（Central Illinois Light Company）。次年，阿莫林电力公司收购了伊利诺伊电力公司（Illinois Power），2010年又把其三个子公司合并为一个实体，成立了阿莫林伊利诺伊公司（Ameren Illinois）。总部位于圣路易斯的阿莫林电力公司，目前为6.4万平方英里①区域内的330万客户提供服务。公司首席执行官托马斯·沃斯（Thomas Voss）2013年赚了600万美元。

另一家控股公司是美国电力公司（American Electric Power），也就是众所周知的美国电力。1906年，原先的美国电气公司（Electric Company of America）成立了美国天然气与电力公司（American Gas and Electric Company），后来几经演变，成为美国电力。现在，美国电力拥有令人眼花缭乱的一系列子公司，包括阿巴拉契亚电力公司（Appalachian Power）、爱依斯俄亥俄电力公司（AES Ohio），后者在2011年由哥伦布南方电力公司（Columbus Southern Power）和俄亥俄州电力公司（Ohio Power）合并后成立；以及印第安纳州密歇根电力公司（Indiana Michigan Power）、肯塔基电力公司（Kentucky Power）、西南电力公司（Southwestern Electric Power Company）、轮转电力公司（Wheeling Power）和美

---

① 1平方英里≈2.58平方千米。——编者注

国得克萨斯州电力公司（AEP Texas）；美国得克萨斯州电力公司又包括中部电力与照明公司（Central Power & Light），作为美国电力得克萨斯中部公司（AEP Texas Central）经营业务，还有西得克萨斯公用事业公司（West Texas Utilities，AEP Texas North）。美国电力向遍布十一个州的500万客户出售电力，拥有美国最大的输电系统，其输电线长达3.9万英里。美国电力公司的首席执行官，尼克·阿金斯（Nick Akins）2013年的年薪是1060万美元。

在这类公司的董事会办公室，塞缪尔·英萨尔肯定会觉得舒适自在。20世纪30年代，罗斯福总统倾力推进的各项改革，就像蒸汽机和煤斗这样的设备，再无用武之地。

之所以成立这些公司巨头，是为了甩掉现金，尽量化解风险和阻止竞争。不过，到了后煤炭时代，这类公司就因存在结构缺陷而难以实现创新，无法继续繁荣下去。20年之后再回首，2013年很可能被视为传统公用事业业务模式突然过时的一年。2013年8月，《彭博商业周刊》（*Bloomberg Business Week*）上刊登了一篇题为《为什么美国的电网来日无多》（Why the U.S. Power Grid's Days Are Numbered）的文章。这篇文章选用了我所供职的法维翰咨询公司提供的部分数据。文章援引NRG能源公司（NRG Energy）首席执行官大卫·克雷恩（David Crane）的话。NRG能源公司是一家大型发电公司，为美国十一个州提供零售和批发发电和配电服务。大卫·克雷恩宣称，新科技、低成本的天然气和分布式可再生能源

"对现存的公用事业体系构成了致命威胁"。他说:"天然气已经淘汰了煤炭,还将淘汰大部分核能。"①

身为主要且仍然依靠燃煤发电的公司领导,克雷恩的这番话让业内人士不寒而栗。不过,其实他的话已经算不上是什么新闻了。2013年1月,位于华盛顿特区的爱迪生电气学院(Edison Electric Institute),这家声名卓著的电力部门同业公会,就曾发出警告,称就目前的发展趋势来看,当今的公用事业公司同20世纪70年代的航空公司及电信服务提供商面临着相同的处境:它们都遇到了"破坏性挑战",这种挑战足以动摇其业务模式,甚至关乎其存亡。这份报告评论道:"1978年撤销管制前的美国(通信)公司正面临破产,而在1978年尚存的通信公司,到了今天也已面目全非。"②

爱迪生电气学院的报告表示,所有这些波及整个电力部门的变化"对收入及投资者回报均产生了负面冲击。如果不加以解决,这些变化带来的财务压力就会对已实现的净资产收益率、必要的投资者收益及信用质量产生较大冲击。其结果就是,电力公用事业公司未来的成本和可利用资本将受到负面影响"。

---

① 克里斯·马丁(Chris Martin)、马克·切迪阿克(Mark Chediak)、肯·威尔斯(Ken Wells):《为什么美国的电网来日无多》,载《彭博商业周刊》,2013年8月22日。

② 彼得·金德(Peter Kind):《破坏性挑战:变化中的零售电力业务所带来的金融方面的影响及其战略应对》,爱迪生电气学院,2013年1月。

第一部分　死亡曲线

这一事实，用分析师的话说就是"破产"。

目前，由于自身的三大特点，大型公用事业公司难以适应本行业快速变化的局面。首先，由发电（尤其是老旧的燃煤发电厂）和快速衰落的电网带来的沉没成本过高。其次，这些公司出售的是"电"，它们所提供的服务既看不见，也摸不着，不吸引人。换句话说，人们和企业消耗的电能越多，公用事业公司的日子就越好过；如果客户消费减少，开始自己发电，那么，公用事业公司的业务模式就会受到削弱。第三，公用事业公司依靠规模经济。随着时间推移，经营燃煤发电厂和输电线的成本不可避免地持续上涨，而自己发电的公用事业客户不断增加，这样，成本就分摊到日渐减少的客户身上。每安装一套屋顶太阳能阵列发电设备，就意味着电力公司每个月的收入又少了若干美元。这样一来，电价必须调高才能涵盖公用事业公司的各项成本，而电价上涨，又让分布式离网发电愈发具有吸引力，促使越来越多的人投资兴建自用的微型发电设备。这就与大卫·克雷恩等人所预言的"死亡曲线"相吻合："公用事业公司将会继续为老年人和不那么富有的人提供服务，而剩余的人将另辟蹊径。"①

对许多公用事业公司的经理来说，延缓分布式可再生能源发电带来的威胁是其当务之急。这种最后的挣扎基本上体现为试图说

---

①　马丁：《为什么美国的电网来日无多》。

服监管机构对安装太阳能发电装备的客户征收费用，因为这类客户占了"净计量电价"的便宜。"净计量电价"是指让电表倒转的能力。具备私人发电能力的客户因能向电网反向供电而受到褒奖。在美国，小型太阳能发电装置用得最多的是那些阳光充足的州，例如亚利桑那州和加利福尼亚州。而位于这些州的公用事业公司正耗资数百万美元发起一场游说政客的行动，要求对那些采用"净计量电价"的家庭和企业征收一笔主要针对太阳能发电设施的附加费用。

亚利桑那公共服务公司（Arizona Public Service）是美国最大的公用事业公司。该公司董事会主席和首席执行官唐·布兰特（Don Brandt）对《智能电网新闻》（*Smart Grid News*）说："由于越来越多的客户在自己家安装太阳能发电装置，让每个使用电网的人为将来电网的可靠运行分担费用，这一点非常重要。"[1]

不过，2010年至今，达到商业规模的发电厂每度电的太阳能发电成本降低了一半。由于可再生能源价格下降，有一个真相难以回避：能源环境日新月异，分布式发电日益盛行，客户可以挑选供电商，同时每天似乎都在涌现新的竞争者，他们来自远没有那么刻板守旧的行业。要想适应这种局面，公用事业公司必须减少对大型集中式燃煤发电厂的依赖。

---

[1] 杰西·贝尔斯特（Jesse Berst）：《亚利桑那强力抵制净计量电价》，载《智能电网新闻》，2013年8月。

第一部分　死亡曲线

投资公司的桑福德·伯恩斯坦（Sanford Bernstein）在一份报告中预测："技术部门和能源部门将不再只是彼此的供应商和客户了。他们将展开面对面的竞争。对技术部门来说，首要规则就是：成本永远在下降；对能源部门和所有冶炼行业的公司来说，成本几乎永远都在上涨。考虑到这两种对立的成本轨迹，利用太阳能发电和利用传统能源发电之间的角逐并不是一场公平之战，这与人们的直观感受正好相反。"①

同阳光充足地带的公用事业公司相比，**田纳西河流域管理局服务的大部分对象，恰恰是**那些上了年纪又没那么富有的客户。同凤凰城或洛杉矶相比，在潮湿多云的中南部各州，太阳能发电和分布式发电对燃煤发电的挑战没有那么严苛。因而，在发电部门被混乱的局面搅得天翻地覆之时，管理局却能置身事外。不过，在其他方面，管理局又被迅速推到风口浪尖，速度之快，超过了美国其他地方的公用事业公司。一方面是因为管理局拥有独特的半官方地位；另一方面，在一场因烧煤引发的排放污染物事故后，管理局卷入了一场旷日持久、前所未有的诉讼战中，现在它发现，自己就要输掉这场官司了。

2008年12月22日，管理局下辖的位于田纳西州中部的金斯顿发

---

① 马丁：《为什么美国的电网来日无多》。

电厂（请不要与金斯波特镇混淆，后者在遥远的、更靠东的地方）的一堵护墙倒塌。顷刻间，540万立方码[①]的煤灰泄漏，倾泻到发电厂周边的村庄。这就是我在2009年目睹的景象。这场煤灰泄漏事故意味着马尔文·鲁尼恩彻底干了件"好事"：把管理局的形象从为山区带来光明和进步的乐善好施的罗斯福新政机构，变为漠视环境破坏和社会成本的贪婪的发电公司。

调查结果显示，煤灰覆盖了田纳西州600英亩的土地，泄漏物质数量之大，超过管理局在事故发生前对煤灰池所能承受容量的官方估测。这是美国历史上最大的有毒物质泄漏案。几个月后，管理局承认，此次事故共泄漏了大约10.9亿加仑的水和煤灰。高含量的铅和铊污染了发电厂附近的溪流，煤灰溢出后形成的泥浆困住了一列正开往发电厂的运煤火车。12户人家的住宅被煤灰淹没，只得废弃。煤灰还流入了瓦茨巴河，这条位于发电厂不远处的河流本是颇受欢迎的野餐和垂钓处。事故发生后，在公众眼中，管理局的可憎形象可谓根深蒂固。环保主义者和监管机构均试图弄清和处理燃煤对美国东南部乃至整个美国带来的影响，双方人马本就争斗已久，而这场泄漏事故又成为这场争斗中一起引人注目的事件。

据《纽约时报》（*New York Times*）报道，金斯顿发电厂的煤灰池"只是遍布全美的1300多个类似场所之一。这些地方，大多数不

---

① 1立方码≈0.76立方米。——编者注

受管制，也不受监督，它们储存着数百亿加仑的煤灰和其他因烧煤而出现的副产品"。①

对于这起泄漏事故，管理局的回应非常笨拙，因此显得似乎对其行动所带来的真实后果漠不关心，而且就像任何一家出了事故的炼油公司一样，一心只想自保。一位名叫小吉尔·弗兰西斯（Gil Francis Jr.）的管理局发言人称，煤灰"确实含有一些重金属，不过没有排放毒物之类的问题"。②负责监督管理局的监察主任在2009年完成的一份报告中称，一家外请的工程公司对泄漏物的分析被人做了手脚，以减轻管理局应承担的责任，而且"看起来，田纳西河流域管理局有意决定，只向公众展示那些能够支持管理局自身对于金斯顿发电厂泄漏事故不用承担责任的事实"③。

事后得知，金斯顿发电厂泄漏事故排放的物质并非是导致管理局打官司的主要问题。煤灰渗透到周边村庄，这是有目共睹的。管理局下辖燃煤发电厂的烟囱排放的煤烟，虽然消散快，却飘散得更远，最终，烟囱排放的烟雾对管理局的未来造成了更严重的影响。

---

① 莎伊拉·德旺（Shaila Dewan）:《成百上千的煤灰池未受监管》，载《纽约时报》，2009年1月7日。
② 莎伊拉·德旺:《田纳西州煤灰泄露后对供水进行了检测》，载《纽约时报》，2008年12月23日。
③ 《田纳西河流域管理局金斯顿矿物燃料发电厂煤灰泄露》，消息观察，2012年8月24日，http://www.sourcewatch.org/index.php?title=TVA_Kingston_Fossil_Plant_coal_ash_spill。

多年来，一直有人投诉，称管理局违反了联邦有关清洁空气的法规。因此，在1999年，管理局和环境保护署签署了一份守法令，根据这份守法令，管理局需要采取一系列清除污染物的措施。由于这些措施的实施效果不尽如人意，到了2006年，北卡罗来纳州在联邦法院对管理局发起诉讼，指控其污染空气，危害公众健康。北卡罗来纳州有6个县接受管理局的供电服务，总面积达到5500多平方英里。与北卡罗来纳州总检察长办公室一同提起诉讼的，还有亚拉巴马州、田纳西州、肯塔基州、国家公园保护协会（National Parks Conservation Association）和塞拉俱乐部（Sierra Club）。纽约市和其他十五个州也向法院提交了律师辩论意见书，以示支持。让一家联邦机构因为烧煤造成的跨边界污染而为其50多年来依赖燃煤发电的行为承担责任，这是一次具有历史意义的尝试，而这场诉讼也成为美国燃煤发电史上的一个转折点。

起初，原告在联邦政府所在地区的法院赢得了裁决，但管理局提出上诉。2010年7月，第四巡回上诉法院推翻了原先的裁决。管理局的律师辩称，管理局所做的，只是一如既往地按照其章程要求，为尽可能多的低收入人群提供最廉价的电力。《清洁空气法案》（Clean Air Act）并未具体规定管理局被指控造成的几种污染为非法行为。法官哈维·威尔金森三世（J. Harvie Wilkinson III）写道，北卡罗来纳州的这起诉讼，是基于"模糊的妨害公众的标准"提出的，"有可能引发混乱"，而且会"破坏"人们对善意经营的公用事业公司的"期望和信赖利益"。如原告获胜,将削弱因实施《清洁空气法案》而"精心创建"的法律体系。①上诉成功后,管理局可暂时继续烧煤发电。

不过,在共和党人占上风的北卡罗来纳州,身为民主党人的该州总检察长罗伊·库柏(Roy Cooper)显示了非凡的毅力。他向最高法院提出上诉。在给最高法院的申诉书中,库柏写道:"这场起诉的焦点是,北卡罗来纳州的居民是否仍会因接触田纳西河流域管理局超额排放的污染物而死去——即使现代化的控制污染设备可以轻易避免这种风险。"在这场由金斯顿发电厂煤灰泄漏引发的官司中,管理局已花费了数千万美元为自己辩护,它还将为清理煤灰和结束诉讼而支付数亿美元。管理局首席执行官比尔·约翰逊(Bill Johnson)对此感到不胜其烦。最后,在2011年4月14日,管理局签署了美国历史上规模最大的污染控制协议之一,同意关停三家发电厂59个煤炭发电机组中的18个。这三家发电厂就是位于田纳西州的约翰·塞维尔发电厂和约翰逊维尔发电厂,以及位于亚拉巴马州北部的寡妇溪发电厂。管理局下辖的最大的发电厂,也就是规模庞大的约翰逊维尔发电厂中的全部10台机组都将关闭。根据诉讼双方同意的判决,装机容量为2.7吉瓦的燃煤发电设备也将退役。判决书

---

① 《北卡罗来纳州诉田纳西河流域管理局》,消息观察,2011年8月25日,http://www.sourcewatch.org/index.php/North_Carolina_v._TVA。

结束了各州针对管理局的起诉，也构成管理局与环境保护署签订的更广泛的协议的一部分。这份协议同样规定，管理局要在其下辖的其他燃煤发电厂安装现代化的洗涤塔和污染控制装置，还要加速建设太阳能发电厂和风力发电厂。管理局需要为此支付的全部费用预计高达30亿到50亿美元。

在塞拉俱乐部领导"超越煤炭"（Beyond Coal）运动的玛丽·安妮·希特（Mary Anne Hitt）说，协议"让美国东南部地区的住宅和企业供电的行业规则发生了改变"。不仅如此，该协议还赋权各州，让它们能够寻求纠正燃煤发电所带来的间接和长期的后果，同时永远改变了依靠燃煤发电的公用事业公司的经济核算方式。

约翰·塞维尔燃煤发电厂坐落于一条私家路的尽头，路两侧耸立着高大挺拔的松树。一对大烟囱俯视着锅炉房和涡轮机大厅。发电厂建于1952年到1953年之间，具备当时融合战后理想主义和功利主义的特点，现在看起来已经相当过时。厂房的建筑风格清晰地表明，发电厂修建于一个更纯粹、更天真的年代。天然气发电厂就在燃煤发电厂隔壁，中间隔着一条用石子铺成的便道和60年来为发电厂输煤的铁路岔线。新的天然气发电厂具有极其新潮的外观，犹如一艘意外降落在此处的复杂精密的宇宙飞船。我去采访天然气发电厂的第一天，天空阴沉，下着小雨。被涂成银灰白三色的崭新的天然气发电厂，在秋日的天空下显得格外单调。

在发电厂的会议室里，我见到了监督燃煤发电厂关停和天然气发电厂开工的几个负责人：管理局地区经理鲍勃·达尔林普（Bob Dalrymple）；尽管燃煤锅炉已停运冷却，但仍受雇于管理局的比尔·普理查德；新天然气发电厂的经理特雷尔·斯莱德（Terrell Slider）；以及两名来自诺克斯维尔，负责管理局公共关系的人员。达尔林普说，有的机构依靠旧的商业模式在20世纪发展起来。管理局一味因循守旧，已成为这类机构的典型。而此次在塞维尔，燃煤发电被天然气发电所取代，这一转变为管理局带来了在21世纪重获新生的机会。

达尔林普说："这次诉讼让我们重新静下心来谋划前行的道路。在相当长的一段时间内，很多事情都变得难以捉摸。现在，新旧发电厂的转换让我们的发展方向多了几分确定性。"管理局的使命没有改变，但它必须适应快速变化的监管和经济环境。"我们必须为田纳西河流域的居民提供一系列保证能源平衡的供电服务。我们对目前的环保监管规则及这些规则对未来的潜在影响做了评估。此外，对于已知的和能够期盼的结果，以及对如何继续为田纳西河流域提供低成本用电，我们也同样做了评估。评估结果清楚地表明，继续经营这家燃煤发电厂的路子已经走不通了。"

到2012年8月，塞维尔燃煤发电厂的四个燃煤发电机组已经熄火。在诉讼案已经了结，管理局已支付律师费、安装了新的防污染洗涤塔之后，人们觉得，3号和4号机组有可能再次点火运行。几十年来，被投入几十亿美元的燃煤发电厂一心一意地运转发电。在此前的诉讼中，经双方同意的判决已经要求强制关闭不少燃煤发电机组。如果继续关停更多的燃煤发电机组，管理局的老员工便无法理解了。

不到1年，结局逐渐明朗，继续运行剩下的两个机组也没有任何意义了。当时，使用廉价天然气的时代已经到来。仅在1年前，燃煤发电厂看起来还可以长期运营，不料一夜之间，继续运营从经济角度来看已不再划算。这不是一场势均力敌的比赛。仅以约翰·塞维尔这样重要的发电厂为例，设备翻新的耗资可能高达10亿美元。如修建一个新的天然气发电厂，按英国热量单位计算，发电用的燃料已经比煤炭还要便宜，且碳排放仅有燃煤发电的一半，而新建天然气发电厂的成本只有燃煤发电厂改造成本的一半多一点。

达尔林普告诉我："剩下的两个机组本来有可能重启，我们也已做好准备，重新评估了燃煤发电的适应能力，确保做出最佳的业务决策。但是，到了最后，我们还是放弃了。"他说这话的时候，语气中不乏伤感。

做出这样的决定也是形势所迫。如果对旧发电厂进行改造，全面过渡需要数年时间。对美国东南部地区来说，煤炭作为一种主要供发电用的基底燃料，被淘汰已不可避免。尽管如此，塞维尔发电厂的员工对关停的消息还是感到意外。宣布决定的那一天，他们被召进发电厂的小礼堂,得知这个消息后无不震惊,随之陷入沉默。总共有170人在燃煤发电厂工作。新的天然气发电厂安装了全套自动化设备,不需要运煤、装煤和事后清理,因此只需要35名全职员工。燃煤发电厂是田纳西州东部地区的经济发动机,现在它即将退出历史舞台。

见微知著,塞维尔发电厂的新旧转换也象征着整个管理局即将发生的变化。管理局将采用更清洁、更可持续且不需要大量员工就能产出的能源,而整个流域经济增长乏力,电力需求下降,也让这一转变成为必然。与此同时,节能意识、节能行动正当其时,这让对节能持怀疑态度者的预期落空。管理局下辖的发电厂不再需要那么多员工,发电量日益减少,客户规模也会缩小。这一切都意味着,管理局提供的工作机会将越来越少。

达尔林普说:"管理局雇的那么多人怎么办?我们正在想办法。司机太多了。以前雇了那么多人,现在有些设施已经闲置,不需要这么多人了。同时,我们还要追求效率和效果,需要思考怎么做才能更好地完成任务。各方面情况都表明,操作煤炭和天然气设备的员工数量要削减了。"

似乎管理局正走进另一条"死亡曲线":在不少地区,管理局下辖的发电厂都是周边地区首要的经济发动机;电厂裁员,被裁员工就会失去消费能力,大量人员失去消费能力就会导致经济衰退,而经济衰退又会导致能源需求下降,最终形成一个恶性循环。另一方面，摆脱对煤炭的依赖，提高能效，替换自动化设备都会减少人员需求。虽然从长远来看，对社会来说这是好事，但在短期内，它们给本地经济带来了不可避免的代价。

一家备受尊敬的联邦机构面临动荡，经济实体向南迁移，失业者日渐增加，环保政策也饱受争议。当一系列因素叠加在一起时，煽动民心的宣传就会乘虚而入，正如历史上常发生的那样，有人已经粉墨登场了。

肯塔基州的共和党人米奇·麦康奈尔（Mitch McConnell），时任参议院少数党领袖，长期以来直言不讳地反对气候变化这一概念。他说："就在不远的30年到35年前，我们还在担心全球气候变冷。"①对奥巴马总统提出的所谓煤炭战争，反对派表示强烈的愤怒，麦康奈尔就是反对派的首领。2013年10月的一天，麦康奈尔在位于华盛顿特区的罗素参议院办公大楼里召见了管理局总裁比尔·约翰逊。他告诉约翰逊，无论是他本人还是肯塔基州人民，都不会支持管理局放弃经营下辖的燃煤发电厂。

两人见过面后，麦康奈尔又给约翰逊写了一封信，信中说："我们都很清楚，在从使用煤炭转向替代能源的过渡期，公用事业公司面临来自奥巴马政府的压力。如果将像煤炭这样历史储量丰富

---

① 《米奇·麦康奈尔希望你知道：艾利森·格莱姆斯（Alison Grimes）相信气候变化》，载《行星专家》，2013年9月20日。

且经久耐用的能源弃置路旁,我国的能源独立最终将受到威胁。因此,我们要求管理局在考虑使用替代能源和煤炭并行发电的时候,采用肯塔基州的库存煤,继续运营现有的燃煤发电厂。"[①]

其实,与其说管理局面临奥巴马政府的压力,不如说它受到各种经济力量的制约,才最终放弃使用煤炭发电。管理局已经开始采用肯塔基州以外地区的煤,例如,把粉河盆地更廉价的煤炭运来发电。不过,这并不妨碍麦康奈尔为自己揽功。当几个星期之后,管理局决定,让已经转向使用天然气发电的另一家发电厂,也就是肯塔基州天堂化石燃料发电厂的三台机组中的一台继续烧煤发电时,麦康奈尔认为这是自己的功劳。这位参议员宣称:"为了避免替换煤炭,我豁出去了。所幸的是,总算有一台机组将继续烧煤,这样就能保住数百个工作岗位。只要奥巴马政府反对使用煤炭的议程威胁到肯塔基州人民的生计,我就要继续斗争,直到人们把丢掉的工作拿回来。"

实际上,参议员所说的并非实情。让天堂化石燃料发电厂三号机组继续烧煤发电,这是前几个月就做出的决定,与麦康奈尔的介入无关。他的介入并没有阻止任何事情发生。管理局一位发言人不动声色地对肯塔基州路易斯维尔市的电台"WFPL"说:"这

---

① 《麦康奈尔督促田纳西河流域管理局继续运营燃煤发电厂》,载《佩恩能源》,2013年10月28日。

么说吧,三号机组从来就没有关闭的风险。"①煤炭业的必然衰落被包装成奥巴马政府发动煤炭战争所造成的后果,共和党人以其掩人耳目,抗拒采用更清洁的新能源技术。不过,就算这些共和党人口吐莲花,也无法阻挡变革的大潮。他们对煤炭业的支持对管理局的员工们来说几乎毫无帮助。当塞维尔燃煤发电厂将被关停的消息公布之后,管理局的员工走出发电厂的礼堂,在正午刺眼的阳光下凝视着不确定的未来。不会再重新开始了,烧煤锅炉已经永远停止运转。

"这个决定真的宣布了,对我们所有人来说,都不亚于一记晴天霹雳,"普理查德一边说一边摇头,"我们对和环境保护署谈判的事一无所知。这里没人知道。"

事实上,普理查德领导的团队一直在努力研究在三号和四号机组上安装新的洗涤塔,以达到环境保护署对于汞和二氧化硫的限制排放标准。本来,塞维尔要成为管理局下一个安装现代化污染控制装置的大型发电厂,它是普理查德在其多年职业生涯中接手的又一个陷入绝境的项目。"我们已经干了两三年,结果却被告知,先暂时停下来。"新的环境污染控制设备将耗资5.5亿到6亿美元,而新建一座超高效率的天然气发电厂也只需花费相同甚至更少的费用。最

---

① 艾利卡·彼得森(Erica Peterson):《米奇·麦康奈尔声称自己影响了一个其实早已做出的用煤决定》,WFPL,2013年11月28日。

终，约翰逊和他手下的经理终于开始面对这些费用。经济的力量决定了塞维尔发电厂及其170名员工的命运，这股力量远远超出了田纳西河的流域范围。

裁员仅仅是比尔·约翰逊必须面对的棘手问题之一。在以后的5年内，曾经作为发电系统顶梁柱的若干个大型燃煤发电厂将停止发电，因此，需要重新调整和平衡整套发电设备组合。不过，燃煤发电厂关停，最直接的后果还是裁员。说到这里，必须提一句，管理局在安排被裁员工的出路方面还是竭尽全力的，对得起它那尚存的声望：这是一家慈悲为怀的政府机构，不是冷酷无情的股份公司。

"我觉得，管理局在帮我们的忙，"普理查德强调，"管理局真的在尽一切努力，让人们能轻松地为他们继续干活。"

管理局让每位员工写下他们最想从事的三个职业，包括继续为管理局工作或自愿退休。普理查德的首选是一边在其他发电厂继续从事仪器检测方面的工作，一边在金斯波特生活下去。"走不了的。"他说。普理查德有两个选择：搬到查塔努加市，加入管理局的内部工程团队，或者提前退休。他选择了提前退休，但好运却意外降临。管理局和他签约，要他再干6个月，协助发电厂平稳过渡。我们见面的当天，他原计划要去芝加哥的一家公司面试一个新职位，在拿到管理局的续签合同后，他取消了面试。

"我很幸运，我具备跨行业的能力，全都是关于设备检测和控制系统的。但是，他们喜欢年轻得多的人，因为他们觉得我们这种老员工理解不了最新的技术。"

"不过，有些人已经干不动了，他们没有更多的选择。"

不少原先在塞维尔发电厂的工人现在跨州通勤，到金斯顿和布尔溪发电厂上班，开车往返200英里。有些人在当地合租，周末才回家。普理查德说："在田纳西州的这块地方，管理局的工作算是数一数二的了。一旦进入管理局，你就真的不想再去干别的了。"

管理局的燃煤发电厂关停后，当地为此付出了更大的经济成本，具体数值尚未计算出来。不过，为管理局工作的员工总数接近1.3万人，裁员数百人，只能算是最小的代价了。2012年，管理局说，未来几年，为了重新达成收支平衡并适应新时代发电行业的特点，至少要裁掉1000人。

管理局常务副总裁珍妮特·赫林（Janet Herrin）说："为了降低成本，应对目前收入降低带来的挑战，管理局将通过节省劳动力，减少1亿美元的费用支出。"按赫林的说法，裁员将"帮助我们维持近期的财务健康，从长远来看，还将提高我们的竞争力"。①

令人惊讶的是，除了在美国国会，对管理局裁员一事听不到抗议声。部分原因是管理局积极地为燃煤发电厂的工人找到了新工

---

① 帕姆·索恩（Pam Sohn）：《田纳西河流域管理局裁员1000人，延迟实施某些资本项目》，载《查塔努加时代自由报》，2012年5月5日。

作，且对那些"自愿"退休的员工出手大方，把他们安顿得很好。不过，在塞维尔发电厂裁员80%以后，像罗杰斯维尔这样仅仅拥有折扣连锁店和杂牌快餐店的小镇很难兴旺起来。对于普理查德来说，他还太年轻，也不够富裕，因此无法真正退休。他的想法是，在目前的就职合同到期后，会更认真地寻找新的工作。他和妻子都想留在田纳西州东部，不过，这一愿望可能无法实现。

我们动身前往新天然气发电厂之前，普理查德带我在燃煤发电厂中转了一圈。发电厂内一片寂静，每样东西都好像刚被清扫、擦拭和打光，干净得让人不安。在旧的控制室，也就是发电厂的驾驶舱内，一名工人正在仔细观察发电厂给水系统的测量仪表。万一发电厂失火，给水系统还要运行。曾经用于测量每磅煤、每英国热量单位热能和每千瓦发电量的模拟式仪表盘和测量仪表已不再被使用，表盘黯淡无光。这些设备散发着20世纪五六十年代的气息。在巨大的涡轮机大厅，钢制涡轮机沿着足球场大小的场地排列，犹如在海滩上搁浅的座头鲸。过去，发电的时候，空中会发出"嗡嗡"的声音；现在，能听到的只有大厅另一头的人的正常声调说话声。整个大厅安静得像一个金工车间。

普理查德说："每走过一扇门，我都能感到门后的一片死寂。发电厂不会起死回生了。就是这一点，最让我受不了。"

什么时候拆除旧的发电厂？"我不知道，他们还没说。把所有厂房推倒，再清理干净，这可是个大工程。"

不止在田纳西州，整个美国，都**有大量待拆的旧发电厂**。环保法规日益严格，用天然气发电成本低廉，反对燃煤发电的运动如火如荼。由此看来，未来10年，燃煤发电厂的数量还会急剧减少。

2012年，美国共有589家燃煤发电厂，其中运行着大约1300台机组，发电能力可达34万兆瓦，占美国总发电能力的30%。不过，这是按输出功率计算的，因为作为基底负载发电厂，许多燃煤发电厂仍在连续运转。在美国所有发电原料中，总的来说，煤炭占比最大。①未来10年，燃煤发电厂的数量将会逐渐减少。其中，有些将被关停并最终拆除；有些则会使用其他燃料继续发电，主要是天然气。可以预想的是，还有一些发电厂将转型为购物中心，甚至变为住宅区。

那些老旧燃煤发电厂的东家，例如，田纳西河流域管理局，正遭受着双重打击。一方面，作为发电原料的天然气储量丰富，价格低廉；另一方面，环保管控措施愈发严格。这些所有者发现，处置燃煤发电厂的最佳方案就是一关了之。2013年年底，燃煤发电厂的经营者宣布，未来几年将关停150家燃煤发电厂。据法维翰咨询公司的燃煤发电咨询部门估计，到2020年，将会关停总发电能力达45

---

① 《2013年电力年鉴》，美国能源信息署，http://www.eia.gov/electricity/annual/。

吉瓦的300台燃煤发电机组。①

杜克大学尼古拉斯环境学院的研究员对燃煤发电厂的关停所做的预测最为极端。他们的结论是：未来若干年内，美国高达65%的燃煤发电厂将可能被关停。②

65%意味着要关停383家发电厂，按每家发电厂平均雇用150人计算，关停会影响57450人的就业，这其中还不包括铁路工人、机械师、卡车司机、工程师，以及其他直接依靠煤炭生产和消费养家糊口的工人。当然，在这些人中，不少人会被继续运营的燃煤发电厂、天然气发电厂或其他类型的工厂雇用。总的来看，能源行业的就业规模一直在扩大。不过，还是会有很多人，像约翰·塞维尔燃煤发电厂被解雇的工人那样，被迫进入一个对中年人来说并不宽容的就业市场。这些人仅有的经验都是关于发电的，而这样的经验很快就会像水磨一样过时。

---

① 那些更有可能停产的老旧发电厂，发电机组的发电能力往往更小。因此，美国所有燃煤发电机组的平均发电能力是262兆瓦，而预计会关闭的老旧发电厂的发电机组平均发电能力只接近150兆瓦。丹尼尔·布莱德利（Daniel Bradley）:《环境保护署拟议的碳规则：战略规划视角》，法维翰咨询公司，2014年8月4日。

② 林肯·普拉特森（Lincoln F. Pratson）、德鲁·黑勒（Drew Haerer）、达利亚·帕提诺-埃切韦里（Dalia Patiño-Echeverri）:《燃料价格、排放标准和发电成本：燃煤发电厂与天然气发电厂之比较》，载《环境科学与技术》2013年第47卷第9期，第4926—4933页。

煤炭战争：能源的未来与地球的命运

2013年6月，奥巴马总统在有关气候变化的里程碑式的讲话中提到："不管是在我国还是世界其他地方，对于在转型中生活动荡的人和社区，我们将给予特别关照。我们当中那些身负要职的人，需要更多考虑子孙后代的评价，而不要那么在意那些特殊利益集团和左右逢源的捐赠者的看法。"①

但是，关于美国在以往经济动荡时期对处于过渡阶段的工人的安置，后人的评价一向不高。从20世纪70年代初到2000年，美国钢铁行业的就业人数从250万人左右下降到不足100万人。如果开车穿过宾夕法尼亚州的伯利恒市或印第安纳州的加里市，人们会清楚地看到，在吸收被裁员工或向其提供就业机会方面，美国的国民经济是多么有心无力。技术日新月异，廉价的竞争产品从亚洲蜂拥而至，美国钢铁制造商在全球经济的结构性变革中失去了竞争力。这些因素形成一股合力，共同导致了美国钢铁业的衰败。但相比之下，煤炭业还有一定的话语权。就煤炭业而言，缩减生机勃勃的产业规模，这一决定是本着审慎态度做出的。就利用煤炭发电而言，美国的煤炭业从不担心来自海外的竞争，例如，中国发电厂的电很难卖给美国用户。在生产端，美国的煤炭业依然富有竞争力。例如，主要的煤炭生产厂商博地能源公司（Peabody Energy）和阿奇

---

① 贝拉克·奥巴马：《总统关于气候变化的讲话》，白宫，2013年6月25日。

煤炭公司（Arch Coal）仍跻身世界最高效的煤炭生产厂家之列，而它们的煤炭储备也是一流的。既然如此，人们就有理由认为，在过渡时期，也要多考虑经济效益。

"可惜的是，对处于全球化、环境保护和其他公共政策副作用威胁之下的工人和社区来说，以往'过渡期间施与的救助'比给他们办一场葬礼强不了多少。"这话出自美国劳工联合会-产业工会联合会工业联盟部（AFL-CIO's Industrial Union Department）前财务主管乔·乌莱因（Joe Uhlein）之口，现在他是"劳工可持续性网络"（Labor Network for Sustainability）的执行董事。[①]在华盛顿特区举办的一场"满意的工作、绿色的工作"大会上，美国公用事业工人工会（Utility Workers Union of America）的监管事务主任卡尔·伍德（Carl Wood）更为形象地描绘了工人当前的处境："在任何一场社会变革中，工人都是被碾压、被抛弃的。在美国，牺牲者没有防护网。"[②]

当然，反对使用煤炭的积极分子正在尽力解决这些困难。

"无煤马萨诸塞"（Coal Free Massachusetts）是一个致力于到2020年在马萨诸塞州逐步淘汰燃煤发电厂的联盟体。该组织呼吁实

---

① 乔·乌莱因：《工人会被绿色过渡甩下吗？》，载《国家》，2009年5月18日。

② 同上。

施一项贴近实际情况并能产生实效的计划,以帮助那些因发电厂关停而失业的工人找到新的工作。更具体地说,该组织正在为马萨诸塞州萨默塞特镇的布雷顿角发电站关停后失业的工人寻找可行的就业方案。布雷顿角发电站规模巨大,发电能力高达1.5兆千瓦。2012年,"无煤马萨诸塞"出具的一份报告说:"在萨默塞特,由于煤炭的使用,很多人的健康严重受损,身体不堪重负。现在,工作机会寥寥,支撑城镇基本运转的财政收入又杯水车薪。这些人无论是在经济层面还是在社会层面都面临着诸多威胁。给未来寻找解决方案,实现公正过渡,意味着解决涉及健康、财富和劳动力的三重难题。"①

到目前为止,三重难题的解决之道依旧难觅踪影,不过,也并非遥不可及。在亚利桑那州,南加州爱迪生公司(Southern California Edison)于2005年关停了莫哈维发电站,并由此掀起了一股淘汰和关停燃煤发电设施的浪潮,在此期间,美国的发电业正在经历艰难的转型。人们组建了一个名为"公正过渡"(Just Transition)的联合体,旨在协助公共事业公司与霍皮族人和纳瓦霍族人达成一项过渡协议。莫哈维发电厂位于霍皮族和纳瓦霍族的保留地上,在发电厂上班的工人也主要是这两个原住民族群的人。发电厂停产后,南加州爱迪生公司发现,在执行《清洁空气法案》

---

① 《布雷顿角燃煤发电站:自费运营》,无煤马萨诸塞,2013年8月。

的酸雨计划过程中，自己积累了排放硫污染的配额，现在，它已不再需要这些配额，可以将其出售给国内其他地区的燃煤发电厂经营者。霍皮族和纳瓦霍族的拥护者在环保组织的支持下，在加利福尼亚州公用事业委员会组织的仲裁中辩称，发电厂为这两个族群的人提供了最重要的就业场所。不过，在使用与附近黑梅萨煤矿相连的煤浆管道的过程中，发电厂也污染了这两个族群所在的土地，消耗了大量地下水。2013年，加利福尼亚州公用事业委员会（California Public Utilities Commission）裁定，用销售排废配额获得的收入帮助兴建让两个族群受益的可再生能源项目。

华盛顿州也有类似的案例。一场决定该州唯一一家燃煤发电厂——森特勒利亚发电厂命运的博弈已持续了很长时间，最后以达成一项里程碑式的协议宣告结束。根据该协议，在未来15年内，将逐步淘汰发电厂的燃煤锅炉，与此同时，由发电厂的所有者，也就是位于加拿大阿尔伯塔省的全美阿尔塔电力公司（TransAlta）为当地提供5500万美元资金，用于社区开发和能源技术过渡。亚利桑那州和华盛顿州的情况相对特殊，而且，并非所有关停的发电厂都有上述鼓舞人心的举措。驾驭能源发电是个棘手的事务，任何一场转型都是旷日持久且影响深远的，因为随着煤炭时代的终结，必将出现赢家和输家。可叹的是，许多失败者正是阿巴拉契亚中部地区的居民，在过去几十年中，这里恰恰是美国煤炭业发展的核心地带，这实在是讽刺。

第二章　肯塔基州

我第一次见到丹尼·卡尔斯特（Danny Karst）的时候，他问我："你家是哪里的？"我来自阿肯色州，所以听到这种问候，一点儿也不感到意外。"小石城，"我告诉他，"我爸爸在阿肯色的奥斯汀长大，在毕比市外面。"

他似乎很满意我的答复，可是接着又问了个重要的问题："你爸爸是干什么的？"

"他是干保险的，不过已经退休了。"听到这话，丹尼稍显失望。他的上两代都是煤矿工人，因此他最尊敬依靠自己的双手谋生，大半辈子都从事体力劳动的人。尤其是在地下劳动的，就像他的父亲一样。

我是通过在金斯波特的朋友介绍才认识丹尼的。听到我的请求，他马上就同意花上几天时间带我出去转转。丹尼48岁，已经不在矿上工作了。他是能摆脱原有处境，还能在社会上出人头地的少数幸运者之一。他的家人，包括三个兄弟，大卫（David）、丹尼斯

第一部分 死亡曲线

（Dennis）和达伦（Darren），以及姐姐丹尼尔（Danielle）在肯塔基州哈兰县拥有数千英亩的土地，而这里一度是地球上煤炭资源最丰富的地区。卡尔斯特家族的人都不再经营煤矿，他们把煤矿租给了哈兰坎伯兰煤业公司（Harlan Cumberland Coal Company），这是哈兰县几十年来的主要势力。丹尼和他的哥哥姐姐仍从自家煤矿领取矿区土地使用费。简单地说，20世纪80年代后期，他们在父亲经营的公司破产后，把土地买了回来，现在再度领取这笔费用。丹尼告诉我，哈兰坎伯兰煤业公司是"最后一家把煤炭运出哈兰县的煤矿经营者"。

在煤矿业的黄金年代，丹尼的父亲创办了卡尔斯特煤业公司（Karst Coal Company），辉煌了30年。后来，来自西部的煤炭竞争，联邦政府针对煤炭业日益严苛的规定，以及用丹尼的话来说，卡尔斯特的几个强有力的竞争者采取的攻击性策略，导致煤业公司沦为牺牲品。到了21世纪，丹尼和哥哥姐姐成为公司的所有人或出租人之后，公司才重整旗鼓。

现在，丹尼·卡尔斯特住在金斯波特一条豪华安逸的大街上。在跟随他外出采访的日子里，我注意到，他总是身着马球衫和斜纹布裤，开着一辆功能齐全、内饰讲究的运动型多功能车（SUV）。他的生活来源可不单一，有父亲开办的煤业公司的矿区土地使用费、他个人的投资收益，以及他自己开的房地产公司"卡尔斯特地产"（Karst Land）的经营收入。通过卡尔斯特地产公司，他在金斯波特郊区创建了一个名为"爱丁堡"的新去处，与他青少年时期所在的街区相距不远。在和他交谈的过程中，你会觉得，他对自己的好财运多少有些喜出望外，并且他永远也不会忘记为创造这些财富所付出的艰辛乃至鲜血，对他来说，这是一个艰苦的历程。

在爱德华·卡尔斯特（Edward Karst）及其煤矿和家人的故事中，你可以读到产煤核心区，同时也是阿巴拉契亚腹地的哈兰县在20世纪的大部分采煤史。在2014年，你还可以从爱德华儿子的生活中，对阿巴拉契亚地区煤炭产业的未来——或者叫遗产，有个大致了解。

在美国，也可以说在全世界，除了英格兰和威尔士的煤田，**没有一个地方**能像肯塔基州东部一样，对煤炭有如此之高的认同感。在这里，经济活动无不和煤炭挂钩；所有家庭，其过往均和煤炭业有着不解之缘；有关政治的观点和活动，全都围绕着煤炭展开。能想象到的未来，也一定取决于煤炭的未来，不管其带来的影响是正面的还是负面的。2013年秋天，我到哈兰县的时候，这里的每个人，所思、所谈和所写都与煤炭战争和煤炭业的衰落有关。当我驾车在乡间小道上行驶，与当地人交谈，或在快餐店就餐的时候，我注意到，就连肯塔基野猫队下个赛季的前景——这个州立大学广为人知的篮球项目，看起来都被人远远地抛到了脑后。

实际上，我后来才意识到，肯塔基大学篮球队的成长史，在某种程度上也反映了当地煤炭业的经济发展。球队的教练约翰·卡利帕里（John Calipari）极为精明。在他的率领下，野猫队搞起了体育投机。每年，球队都会从大一新生中招收三四名顶尖球员，这些球员注定会成为职业球员，他们与全国大学体育协会签约，9个月左右到期后，就会申请参加美国职业篮球联赛选秀。这套做法十分成功，从球票出售情况、电视曝光量和校友对赛事的热情来看，它确实为肯塔基州带来了利益。但是，对于经营篮球项目来说，这种做法则令人气馁。把规模庞大、靠州政府拨款经营的大学篮球队当成预备队的篮球联赛每年都能带来数十亿美元的收入；而那些唯利是图的运动员，在离开肯塔基州莱克星顿后，年薪能达到上百万美元。这些才是篮球项目中的真正财富，但这些财富没能留在肯塔基州，而是流向了其他地方。

同样，肯塔基州人依靠本地煤炭业，衣食住行不用愁，但是大型煤炭公司将总部设在了外地，而煤炭业的绝大部分收益又被富裕的管理人员和大股东所攫取。肯塔基州，至少其东部，一直处于一种近乎被殖民的依附状态。采煤带来了就业，却没有带来富裕，当就业市场出现萎缩，对阿巴拉契亚中部地区的居民来说，致富就显得比以往更加不可企及。

早在1750年，阿巴拉契亚中部地区就发现了煤，比《独立宣言》的发表早了20多年，比肯塔基正式成为美国的一个州早了40年。托马斯·沃克（Thomas Walker）是一位出色的医师和探险家，他跨过今天的坎伯兰岬口时，比探险家丹尼尔·布恩（Daniel Boone）到达此处早了将近20年。同之后的独立战争将领约瑟夫·马丁（Joseph Martin）在印第安人向导的带领下勘查这一地区时，沃克以沥青为燃料点起了篝火。马丁的儿子后来写道："当时，他们用剩下的一点朗姆酒为坎伯兰公爵祝酒。这就是坎伯兰山和坎伯兰河名字的由来。"[①]

到19世纪初，这里已经开始用露天开采法采煤了。1820年，肯塔基州第一家商业煤矿"麦克莱恩漂流银行"（MacLean Drift Bank）开业。到1843年，肯塔基州的煤产量达到10万吨。美国内战爆发后，当地煤矿一片兴旺，不过，内战结束后，这里的煤矿业经历了第一次冲击。外部的冲突总是能惠及肯塔基州的煤炭业。1914年，也就是第一次世界大战爆发的头一年，这里的产煤量突破了2000万吨。但是，战争一结束，萧条也就随之而来了。在二战结束后的岁月里，煤矿公司实现了机械化采矿，火车的主要燃料也从煤炭变为柴油，美国通过了环保立法，美国煤炭业的中心也从肯塔基州转移到了怀俄明州。由此，以采矿业为主的肯塔基州开始了漫长的衰落。1923年，采煤业雇工数量达到顶峰，美国全国共雇用了70多万名矿工，其中可能有10万名矿工在肯塔基州。20世纪后半叶，

---

① 威廉·马丁（William Martin）：《给莱曼·德莱普的信》，1842年6月1日，http://www.oocities.org/genjosmartin/text8zz2.htm。

肯塔基州东部的低硫煤崛起，成为采煤业的主力煤种。这主要是因为在1970年《清洁空气法案》生效后，肯塔基州西部各县的产煤量下降。《清洁空气法案》也开始限制硫排放。[①]

肯塔基州对煤依赖严重，当地人对于煤炭一向喜忧参半。采煤工作非常危险，但收入也高。《纽约时报》国家通讯员本·富兰克林（Ben A. Franklin）写道，矿工当中"充斥着宿命论观点"。[②]采矿是一个既肮脏又危险的工作，但报酬比当地很多职业都要高。对在阿巴拉契亚山区长大的男人来说，比采矿更好的工作机会寥若晨星。矿工们常常咒骂和嘲弄煤矿的管理人员，但是，每当有外人质疑煤炭在当地的地位时，他们又会诅咒提出质疑的人。矿工之所以有这种矛盾的表现，是因为他们深受煤炭业的控制；从事这个行当让他们的健康毁了，生存环境被糟蹋了，社区也每况愈下。

1990年，肯塔基州的煤产量达到历史最高点，接近1.8亿吨。也是从这一年开始，一系列法律被通过实施，导致大批煤矿关门歇业。[③]1990年，《清洁空气法案》做了修改，这是历史上最成功的

---

① 《美国采煤业的趋势1923—2011》，美国国家矿业协会，2012年6月，http://www.nma.org/pdf/c_trends_mining.pdf。

② 本·富兰克林：《阿巴拉契亚煤矿中的宿命论和死亡事件》，载《纽约时报》，1982年2月27日。

③ 《美国煤炭生产（按各州和等级分）》，美国国家矿业协会，2014年9月，http://www.nma.org/pdf/c_production_state_rank.pdf。

有关环保立法的文件之一，它有效解决了美国的酸雨问题，却给肯塔基州的煤炭业带来了灭顶之灾。从20世纪90年代初开始，记录肯塔基州煤炭业发展的图表就显示，煤炭生产和煤炭就业呈现出稳定而不可逆转的双双下跌趋势。到2012年，肯塔基州东部煤产量下降到4500万吨，并呈继续下降趋势。1995年，采煤工作岗位已低于2万个，目前又减少大约1.8万个。①而这一次，前方已看不到百废俱兴的转机了。曾经购买肯塔基州东部地区煤炭的89家发电厂中，三分之一在2012年和2013年宣布，它们将停产或转向使用天然气发电。②其他发电厂虽然继续烧煤，但不会再从阿巴拉契亚购买煤炭。在接下来的两年中，对肯塔基州东部的煤炭需求量有可能再降35%。③

2013年12月，在一场关于这一经济受困地区的峰会上，共和党代表哈尔·罗杰斯（Hal Rogers）说："肯塔基州的南部和东部前途未卜。未来，煤炭业将面临新的监管挑战，而在不确定的经济前景面前，小社区只能望而却步。"④

---

① 《美国采煤业的趋势1923—2011》，美国国家矿业协会。
② 艾利卡·彼得森：《挖空的群山，空心化的城镇：肯塔基州东部的煤炭》，WFPL，2013年12月11日。
③ 同上。
④ 《贝希尔州长，国会议员罗杰斯宣布，这场由公民推动的峰会将展望目标和策略》，新闻稿，罗杰斯代表办公室，2013年10月28日，http://halrogers.house.gov/news/email/show.aspx?ID=PJI772SPIOQ4IQUUWZMF74OFQI。

第一部分　死亡曲线

煤炭业的衰退带来了一大堆社会弊端，这些弊端就不止令人望而却步了。在肯塔基州全境，2014年年初的失业率大约为13%，与全国失业率相比接近翻番。而在东部各县，失业率接近20%。《华尔街日报》(*Wall Street Journal*)报道，在哈兰县，煤矿工作岗位减少了将近一半，而在其他县，例如诺特县和派克县，超过60%与煤矿相关的岗位被砍掉。① 仅在2012年和2013年，肯塔基州东部就有6000多名矿工遭到解雇。这种解雇所带来的震荡，犹如一颗经济炸弹被引爆，令矿工及其家人震惊不已。

这些被解雇的矿工，很多人上完高中就不再念书了，也不具备从事其他工作的技能。他们已经习惯在地下干活挣高工资，形成了自己的生活方式，还欠下了大笔债务。如果他们在地面上工作，挣到的钱可支撑不起他们以往的生活水平。此外，处方药的滥用，就像流行病一样，毁掉了一个又一个依靠煤炭业生存的城镇。许多被解雇的矿工，也因为这种处方药的滥用而失去了就业能力。

矿工在昏暗的矿道里匍匐前进，把煤从土里挖出来。这样工作多年后，许多人浑身都是病。很多人死于残疾，而当地医师开羟考酮、美沙酮和阿普唑仑之类的药时也毫不手软。《福布斯》

---

① 克里斯·马赫（Kris Maher）、汤姆·米金提（Tom McGinty）：《煤炭业的衰退对肯塔基州的煤矿打击最大》，载《华尔街日报》，2013年11月26日。

煤炭战争：能源的未来与地球的命运

（*Forbes*）杂志报道，在美国，肯塔基州是用药第四多的州，而另外两个采煤业发达的州是西弗吉尼亚州和田纳西州，分列第一和第二名。①2013年，死于过量服用处方药的人数比死于车祸的人数还要多。每三个肯塔基州人中，就有一个人的家人或亲近的朋友在过量服用处方药。止疼片的滥用还催生了一个止疼片黑市。有些失业的矿工，使用处方药已经上瘾，他们把用不完的药片卖掉赚钱，把这当成自己的副业。据肯塔基州东部的执法官员估计，该地区80%的犯罪案件源于药品非法交易，主要是处方止疼片。②

2012年3月，在众议院能源和商务委员会（House Committee on Energy and Commerce）举行的一场听证会上，肯塔基州的首席检察长杰克·康威（Jack Conway）告知听证会成员："处方药的滥用已是不争的一个事实，它触及肯塔基州几乎每一个家庭，包括我自己。滥开处方止疼片损害了社区，破坏了家庭，引发了犯罪。"③

来自莫海德的两位妇女创办了一个名为"让肯塔基的孩子更

---

① 《不要让处方药开始泛滥》，肯塔基州首席检察官办公室，http://ag.ky.gov/rxabuse/Pages/default.aspx。

② 同上。

③ 首席检察长杰克·康威，在众议院能源和商务委员会（商业、制造和贸易分会）上的证词，2012年3月1日，http://ag.ky.gov/pdf_news/22712 prescriptiondrugcongressionaltestimony.pdf。

安全"（Keep Kentucky Kids Safe）的组织。她们的孩子均因过量服用处方药而死亡。该组织的成立旨在减缓药物的传播速度。其实，在肯塔基州东部地区，大量各类委员会和组织已经成立，也开过很多次会议，它们都在努力搞清楚煤炭业衰落后的变局。其中，最令人瞩目的组织就是州长号召举办的峰会——"造就我们的阿巴拉契亚"（Shaping Our Appalachian Region）。这场会议是在派克维尔的肯塔基东部展览中心举办的，包括肯塔基州东部地区几乎所有政商界人士在内的约1700人参加了持续一天的讨论，议题就是当地的经济前景。

这场会议的参与者态度认真、本意善良，讨论的议题内容广泛，却没有带来多少具体的结果。这场峰会的主要成果或许并不难理解：它承认，煤炭时代已经终结，必须找到煤炭的替代物。

社会学家斯蒂芬妮·迈克斯皮里特（Stephanie McSpirit）是东部肯塔基大学研究阿巴拉契亚的教授。她告诉我："今年的对话和去年不同。以前没有的机会，现在有了。现在，就连县里的地方执法官、官员和商会都认识到，我们需要开始投资并做出规划。人们已经开始问，当我们正在破坏自己所在的地区时，如何考虑推动它的发展？"

这一转变才刚刚开始。肯塔基州东部仍是人们聚在一起从事煤炭相关工作的地方。在这里的酒吧，如果你与人话不投机，马上就会招来麻烦。我不止一次，从不止一个人那里听到："这里的人不爱听煤炭公司的坏话。"随处可见的标语上写着:"不喜欢煤?那就别用电。"为了给推广煤炭的活动筹资,"煤炭之友"(Friends of Coal)组织出售的T恤胸前写着"让煤炭合法化"的字样;T恤的背面则是人们常见的图案:一条盘起来的蛇,一旁是"别踩我"的字样。

2013年12月,财政部部长杰克·卢(Jack Lew)在众议院金融服务委员会(House Financial Services Committee)作证。不久之前,奥巴马政府宣布,美国将不再支持从世界银行和进出口银行为海外煤炭项目融资。作证期间,杰克·卢已经感受到肯塔基州那些以煤炭为生的城镇对这则消息的怒火。

肯塔基州第六国会选区代表,共和党人安迪·巴尔(Andy Barr)对杰克·卢说:"我们想看到煤炭业是有前途的,美国煤炭业是有活力的。肯塔基州是美国第三大产煤州,我代表本州6200名失业的煤矿工人提出问题。恕我直言,这些人是因为本届政府过去几年推行的反对煤炭的政策而失业的。"[1]

接下来就是一番针对行政分支官员的大声斥责。在国会里,行政官员在必须面对怀有敌意的立法者时,免不了要听到这样的训

---

[1] 《巴尔就有关煤炭问题质询财政部部长杰克·卢》,国会议员安迪·巴尔办公室,2013年12月13日,http://barr.house.gov/media-center/videos/barr-questions-treasury-secretary-jack-lew-about-coal。

斥。巴尔口若悬河，多次打断杰克·卢的发言，质问他，反对在苏丹东南部或南部修建新的燃煤发电厂，与背叛辛勤工作的美国人有什么两样。

不断被打断的财政部部长气急败坏地回答道："我刚才已经解释过了，无论是在国内还是国际，我们都在关心气候变化。我们尽力在推动从各地获取能源的同时兼顾关注气候——"

巴尔就像两口子吵架一样，不耐烦地打断："我懂。你的证词我已经听过了。"[1]

1个月之后，米奇·麦康奈尔在参议院针对环境保护署拟议的限制新发电厂排放温室气体的法规做出回应。他的发言与巴尔的态度一脉相承："肯塔基州正面临一场真正的危机。奥巴马政府似乎正在释放信号，它要对煤炭发起一场新的战争，并将扩大战争范围。最新颁布的法规只是一个开始。"[2]

不过，和权力走廊上的斗争相比，在环保前线上的斗争却是另一派景象。肯塔基州的国会议员既代表煤炭业，也代表矿工；而市长、镇长、市议会成员和县法官每天和街坊邻居抬头不见低头

---

[1] 《巴尔就有关煤炭问题质询财政部部长杰克·卢》，国会议员安迪·巴尔办公室，2013年12月13日，http://barr.house.gov/media-center/videos/barr-questions-treasury-secretary-jack-lew-about-coal。

[2] 马修·达利（Matthew Daly）：《环境保护署否认政治活动的钩心斗角延误了反污染条例》，美联社，2014年1月16日。

见。很明显，这两类人之间的分歧越来越大。麦康奈尔和巴尔有条件怒斥总统和环境保护署，而肯塔基州东部地区的居民则更关心柴米油盐，比如想办法在冰箱里塞满食物，以及把抵押出去的房子赎回来。

盖里·考克斯（Garry Cox）是一位失业的矿工。在哈兰县举办的一个招聘会上，他对路易斯维尔市电台"WFPL"的记者说："这段时间，我简直气坏了，怨政府，也怨环境保护署。可是气疯了又能怎样？什么用都没有。"①

你可以对着上天或华盛顿特区挥舞自己的拳头，可最终还得回过头来继续处理生活中的大事小情。对于肯塔基州东部的人们来说，在为自己的遭遇伤心不已时，只有过了愤怒的阶段，才能摆脱过往的经历，开始思考离开煤炭后出路何在。哈兰县的迈克尔·康内特（Michael Cornett）在肯塔基州东部地区集中就业计划的基础上开办了一个名为"矿工天天雇"（Hiring Our Miners Everyday）的项目，项目的首字母缩写就是"家"（HOME）这个词。2013年年初，在收到劳工部的520万美元拨款后，"家"项目启动。它的宗旨是帮助被解雇的矿工转行。项目实施过程中，遇到的挑战之一就是说服这些下岗矿工，是时候离开煤田了。在肯塔基州东部地区，有将近8000名失业矿工。到2014年年初，康内特的组织已经录用了

---

① 彼得森：《挖空的群山，空心化的城镇：肯塔基州东部的煤炭》。

其中的1400人。不过，康内特说："实际情况是，当地人受本地文化影响太深，很难说服他们转行做其他工作。"①

"我们在2005年就买下了这块地产。学校是2009年开办的。在公司垮台期间，我们差点失去了这里的一切。"

丹尼·卡尔斯特开车带我穿过"爱丁堡"。这里是他的卡尔斯特地产公司开发的住宅项目，由他和哥哥们共同修建完成。临近黄昏时分，9月份琥珀色的阳光穿过碎云照射下来。两条弯弯曲曲的街道围绕着新建的小学，周边分布着几幢偏工匠风格的舒适的新房子。这是一片160英亩大小的土地，被金斯波特最南端的一片林区包围，但是眼下光秃秃的，没什么树。一泓喷泉喷涌而出，水珠溅落在新修的两层水池内。在学校上方，尚未竣工的街道一端，停放着一辆反铲挖土机。附近的房屋有的已经住了人，有的正挂牌出售。新建的学校名为约翰·亚当斯小学，通过采集地下几百英尺深处的地热发电，而不是利用燃煤。丹尼·卡尔斯特骨子里仍是个矿工，不过，如果涉及自己的生意，他也不会囿于成见。采用地热发电对学校很划算，对社区来说从环保角度也讲得通。

2007年初，丹尼开始在"爱丁堡"修建房屋，当时美国房产泡沫达到顶峰。当他开的车慢慢驶过新铺好的街道时，他告诉我：

---

① 彼得森:《挖空的群山，空心化的城镇：肯塔基州东部的煤炭》。

"我觉得,我得回报这个地区。"2007年,金斯波特的房地产业一片繁荣,一夜之间就冒出一批新开办的房地产公司,名称五花八门,例如"天穹瀑布""河湾"等,"爱丁堡"就是其中之一。金融危机爆发后,煤炭业急剧衰退,房地产业的繁荣戛然而止;大多数新房地产公司的业务都暂缓实施,或无限期搁置。卡尔斯特地产公司则在咬牙坚持。

丹尼说:"2010年,我们售出了一栋房子。现在,我们得想办法找到新的市场。我算了算,按当时的贷款利率,要还清贷款还需要187年。全凭我们的煤炭储备,我们才能继续向前冲。"

我去参观的时候,"爱丁堡"已建成17栋房子,另有十多处在建中。建这些房子,是为了满足搬迁到金斯波特的人们的居住需求。这些人在伊士曼化学公司工作。伊士曼化学公司不久前建成并启用了一家占地30万平方英尺[①]的公司业务中心,这是该公司投资16亿美元打造的"灵感项目"的一部分。与周围那些以煤炭为主业的小城镇相比,金斯波特正处于扩张之中,它不但是伊士曼化学公司的总部所在地,也成为一个地区医疗中心,而这种成长,恰好发生在以往支撑城镇发展的煤田走向衰落的年代。少数幸运者成功转型,通过煤炭业以外的更能持续发展的渠道致富,丹尼·卡尔斯特就是这些幸运儿中的一个。"现在,我家还能获利,全靠我爸当年

[①] 1平方英尺≈929平方厘米。——编者注

第一部分　死亡曲线

冒的风险。他老是说，领取矿区土地使用费最不好的一面，是让人觉得自己有资格拿这笔钱，而到了第二代和第三代，因为可以白拿这笔钱，人就会变懒，忘了当初他在地下挖煤，搏命挣钱的日子。"

至少可以说，丹尼没有忘记父亲的经历。一说起"爱丁堡"和三城区的经济发展，丹尼自然而然地谈起他永远也不会淡忘的话题：他的家人和他父亲的故事。他父亲爱德华·卡尔斯特，1960年创办了卡尔斯特煤业公司。

"1960年，我爸以2500美元和一头名叫艾利的骡子做投资，开始采矿。我爷爷在井下挖煤48年，我爸下决心，要自己开公司。我们现在还保留着我爸五六岁时画的运煤车。他真有才，算得上是个画家。"

后来，丹尼给我看了他父亲画的画。画风虽然稚嫩，倒是像模像样。画面中，矿床上都是大号运煤车，上面写着"卡尔斯特煤业公司"。这家公司经营了25年。丹尼说："他志向远大。"

在20世纪50年代，一个矿工筹资购买土地，这种事情就算不说闻所未闻，也极其少见。艾迪·卡尔斯特（Eddie Karst，爱德华·卡尔斯特的昵称）年复一年地加班，就是为了攒钱开办自己的事业。20岁的时候，他开始自己开矿。

"在霍姆斯磨坊村,他开采出28英寸①厚的煤层,用宝丽来相机给煤层拍了照片,寄给需要煤炭的纽约州托纳旺达镇,那里的人就凭着爸爸的保证,买下了他的煤。"

尼亚加拉河畔的托纳旺达镇从阿巴拉契亚山区购买煤炭,是为了给本地1942年修建的亨特利发电站提供燃料,而1917年沿尼亚加拉河修建的炼焦炉也需要把煤转化成焦炭。艾迪·卡尔斯特拥有了具有经济价值的煤层,以及第一个客户。不过,他没有资金开采,也没钱通过水路将煤运送到北部的纽约州。要想运煤,没有别的办法,只能开空头支票。在20世纪50年代,开空头支票类似于现在的刷爆信用卡。"我姑姑走遍田纳西州的所有银行,到处开立账户,终于筹到了钱,让我爸卖掉煤,再用卖煤的钱还了债。如果当时托纳旺达镇的人不相信他能交煤,他的公司就无法顺利开张。"

艾迪·卡尔斯特把煤运到目的地,银行也对他及时还贷表示满意。自此,艾迪·卡尔斯特的公司算是初具形态,特别是印着"卡尔斯特煤业公司"的运煤卡车跑来跑去的时候。最终,他在哈兰县购买了30万英亩煤炭储量丰富的土地,成为肯塔基州东部地区最大的独立产煤商之一。当然,卡尔斯特的名字谐音就是"喀斯特",本身就是个名副其实的地理名词:肯塔基州中部有大量喀斯特地貌,遍布落水洞、岩溶洞和喷泉的多孔石灰岩。并非有喀斯特地貌

---

① 1英寸=2.54厘米。——编者注

的地方就一定产煤，但阿巴拉契亚中部相当多的煤层上方确实覆盖着石灰岩。丹尼的姓氏卡尔斯特不仅与当地的喀斯特地貌有关，还和他的父亲有关。他的父亲在整个肯塔基州东部非常出名，他一生中都遵照最基本的道德标准管教自己的孩子。

"我们得在家割草。如果要给寡妇割草，收多少钱由我爸说了算。我们只能收50美分，有时候只能收25美分。买天然气还得花25美分，你明白我说的是什么意思了吧。"

"他什么东西也不会白给我们。我想吃个干酪汉堡包，就得去送报纸。看到吉米·特劳特（Jimmy Trout）在吃干酪汉堡包，我回家说：'爸，我能吃个干酪汉堡包吗？'他说：'当然，你打份工，就能买得起汉堡包了。'"

当时丹尼已经9岁了。他算了算，自己还得送多长时间的报纸才能买得起干酪汉堡包和炸货。艾迪·卡尔斯特说："你送报纸，就得送上1年。"10个月之后，丹尼病了。"他们把我送到英国医院。说实话，他们觉得我得了白血病。在我生病那段时间，爸替我送了几个星期的报纸，就算每天凌晨4点起床去煤矿，也没耽误过送报。我感觉很不好，就问他：'你觉得我就送不了报纸了？'"

"他低头看着我说：'嗯，我们有个合理的理由，所以得改一下原来的承诺。因为你生病了，所以才要改承诺。'他想让我知道，他改个承诺有多么不情愿。"

艾迪·卡尔斯特是金斯波特的教堂执事。不过，他真正的信仰就是他自己、艰苦的工作和煤炭的售价。比起神学，他更相信道德标准。

"有一次，他听到我骂脏话。他说话的时候从不解释来解释去。我和我哥在院子里宿营的时候，我爸听见我在院子里骂脏话。他问我们露营的时候开不开心，我们说开心。他说：'好啊，那下次过节是什么时候？'"

"当时我们也就8岁多吧，哪里知道下次过节是什么时候。他说：'你们就待在院子里，哪儿都不能去，直到下次放假。'当时正赶上劳工节。我们就被圈在院子里，90天后才离开。他一天都没少算。"

卡尔斯特煤业公司磕磕绊绊地走过20世纪60年代。不过，1973年，石油输出国组织实行石油禁运后，阿巴拉契亚山区的煤炭需求出现了爆炸式增长。卡尔斯特煤业公司，就像阿巴拉契亚中部的其他煤矿公司一样，迅速发展起来。一年之内煤炭价格就上涨了44%。到了20世纪70年代末期，阿巴拉契亚输出的煤增加了一倍多。大型煤炭公司，比如阿奇煤炭公司和梅西能源公司（Massey Energy）是最大的受益者，而那些类似于卡尔斯特煤业公司这种运营成本不高、拥有丰富储量，还没有工会组织的独立公司，也赶上了这拨浪潮。罗纳德·埃勒（Ronald Eller）著有反映1945年以后阿巴拉契亚地区历史的《崎岖的路面》（*Uneven Ground*）一书。他在这本文笔精湛的书中这样写道："能源危机爆发后，人们暂时恢复了对开发自然能源的信心，并将其作为利用私营部门解决阿巴拉契亚地区各种问题的良方。"①

结果,这个"暂时性"阶段竟长达10年之久。到了20世纪80年代初,煤炭业的中心已开始转向西部地区和怀俄明州,因为那里有大量接近地表的煤层,可以完全采用机械化的方式露天开采。而全球范围内煤炭供应过剩,导致对阿巴拉契亚地区的煤炭需求进一步减少。煤炭价格的暴跌又恰逢两方面的变化:一方面,在里根总统执政期间,有组织的劳工活动日渐衰退;另一方面,则是新技术的出现,尤其是可以远距离操作的长壁式开采设备,给地下采矿带来了一场革命。结果,像艾迪·卡尔斯特独立运营的这类煤炭公司几乎被挤垮。埃勒评论说:"到了20世纪80年代初,规模更大和投入资本更高的公司纷纷采用新技术;而规模较小的公司则不能或不愿投资采用最新技术,结果发现自己的竞争力逐渐衰弱。"②

丹尼小的时候,看着父亲的公司从走上正轨到日渐兴旺;20多岁的时候,又目睹了公司步履维艰,最终垮台。不过,就算是在收入降低、设备逐渐落后的那段日子,艾迪·卡尔斯特仍坚持不肯将公司出售给大集团。1990年,新版《清洁空气法案》颁布,自此之后阿巴拉契亚的煤炭工业一蹶不振,再也未能全面复苏。同年,艾

---

① 罗纳德·埃勒:《崎岖的路面:1945年以来的阿巴拉契亚》,莱克星顿:肯塔基大学出版社2008年版。

② 同上。

迪的公司关门了。

丹尼告诉我："1990年12月，我们失去了运转机组。爸爸就是这么倔，他不想让大公司出售他挖的煤。我不想说公司关门是谁的不是，我们和他们都有错。"

"他们"指的是父亲的债权人。"他们对我父亲的公司发起了强制破产诉讼。此后10年，公司财产因打官司而被控制。"

7年后，艾迪·卡尔斯特心脏病发作去世，终年59岁。丹尼说："我想他死于那些年工作带来的压力。30年的时间里，他照顾了80或90个家庭的生计。那么多年里，他只解雇了两个人。"

最终，在2000年，银行把原卡尔斯特煤业公司的财产拿出来拍卖。公司拥有的土地下面还有大量可开采的煤。最有可能的投标者是哈兰坎伯兰煤业公司。卡尔斯特煤业公司倒闭后，就是这家公司和各家银行签了一个临时合同，继续采矿。哈兰坎伯兰煤业公司的所有者乔·本内特（Joe Bennett）和艾迪·卡尔斯特同辈。丹尼从小就认识本内特。丹尼和兄弟们下决心赢回父亲的土地，因此也参与了竞标，但是手头的资金太少。

"我们拜访了金斯波特的每一家银行。最终，14家银行中有1家同意借钱给我们，让我们从破产的管理人手中买回土地。"

此后多年，人们还不断提起当时拍卖会的场景，因为破产矿工的财产被幸存者拍下。卡尔斯特煤业公司是个小公司，价值可能仅有数百万美元。随后几年，许多更大的公司纷纷深陷破产官司。

第一部分　死亡曲线

丹尼说:"我们去了拍卖会,当时乔·本内特就在现场。我们知道,他的出价比我们高70多倍。我们毫无胜算。"丹尼描述着当时的场景,就像抑扬顿挫地背诵一首练习过无数遍的诗歌。他已经多次讲过这个事,当时的一切已成为家族传奇的一部分。只有个人的荣誉才能让卡尔斯特煤业公司起死回生。"拍卖的时候,我把乔叫到大厅中,对他说:'看,我们两家人打了一辈子交道。你爸爸破产了,我爸爸也破产了,我们同病相怜。这样买来买去,什么时候才是个头?'"

本内特注视着年轻人的眼睛,说道:"丹尼,我只想确认,将来你会给我机会,让我重新租用这片地采矿吗?"

丹尼·卡尔斯特回答:"这是肯定的。"

本内特伸出手说:"丹尼,这块地又是你家的了。"

我们离开"爱丁堡"的时候,丹尼告诉我:"他说完就离开了,就那么走了。"

"后来,他付给我们的矿区土地使用费能买30多个这样的公司。我们能赎回公司,全靠当时紧紧相握的手。如果我是他,我会怎么做?告诉你,我不能说自己也会退出这次竞争,而本内特就是这样的人。"

依靠采煤,丹尼及其家人继续过着优渥的生活。"我们的煤挖出来成本不低,但依然十分划算。因为这里的煤含硫量低,含氯量更低,而且燃烧值高,发热量大。"

这里所说的"热量",是指单位质量的煤充分燃烧后释放出来的热量(按英国热量单位计算)。从卡尔斯特老矿井中挖出来的煤,充分燃烧后每磅可释放1.4万英国热量单位的能量;相比之下,怀俄明州的煤,充分燃烧后每磅只能释放9000英国热量单位的能量。

20世纪50年代,艾迪·卡尔斯特在溪水边发现了煤层。依靠从采煤中获得的收益,丹尼在"爱丁堡"修建了豪华舒适的住宅。正是由于父亲的不肯退让和他本人的顽强坚持,丹尼不但成为煤炭战争中的幸存者,还在这场战争中生意兴隆。不过,他并未沉浸在幻想中,他知道,他父亲从事的煤炭业,也是阿巴拉契亚煤炭业的未来,目前正在迅速衰落。

"我们现在1年生产50万吨煤。实现露天开采后,月采煤量达到10万吨左右,这是2005年到2008年间的产量。地下采煤量已经降到每月3万吨到4.5万吨。市场需求少了,我们拿到的矿区土地使用费也少了三分之一。

"未来很难预料,充满不确定性。我看我们这些采煤工都被打击到这个地步了,还保持着乐观的态度。矿主还在想着开采更深层的煤,觉得这是个机会。问题是,开采出来的煤卖给谁呢?"

第二天,我们开车向北行驶,进入肯塔基州东部地区。开领头车的是鲍勃(Bob),他是丹尼的叔叔,不过不是亲叔叔,名字也是化名。丹尼和我开着他的SUV跟在后面。沿着23号公路,我们一路

第一部分 死亡曲线

向北行驶，到了弗吉尼亚州西南端的大石峡，那里是鲍尔河三条岔流的交汇处。就在阿巴拉契亚镇的南侧，我们爬出鲍尔山谷，一路向西，上了68号公路，从莫里斯峡进入肯塔基州。四周全是大山。听着丹尼的叙述，我感觉进了一座鬼镇：这所学校是2008年关闭的；这户人家已经搬走，留下的住宅倒还完好无损；消防站连一辆消防车都没了。眼前的路拐了个弯，紧跟着又来个急转弯，搞得我晕头转向。路上经过一个小村庄时，我们猛打方向盘，绕过一条趴在沥青路上晒太阳的老猎狗；又走了100码①，另一条晒太阳的猎狗把头从爪子上抬起来，睡眼惺忪地看了我们一眼，没表现出丝毫兴趣。此情此景让我不由得想起古希腊神话中，奥德修斯那条上了年纪的瞎狗阿尔戈斯。它在主人离开10年后，仍能凭声音认出主人，然后才死掉。

丹尼说："这些山里都是好煤，这里的人也好。现在就剩老人住在这里了，都是些没钱搬走或不愿意离开的人。等这些人都不在了，我真不知道还有谁会留在这里。"

几十年来，阿巴拉契亚中部地区的人口持续减少，到了世纪之交更是加速流失。在美国面临的挑战清单上，道路崎岖、人烟稀少地区的衰落不是亟待解决的问题。严格来说，从经济学角度来看，肯塔基州东部地区的年轻人——至少是那些受过教育且有出路

---

① 1码=0.9144米。——编者注

的人——离开当地是一个理性的选择。亚特兰大、匹兹堡、诺克斯维尔、莱克星顿,甚至是那些更小的城市,比如金斯波特和格林斯伯勒,都从劳工和人才的流入中获益匪浅。20世纪50年代,当美国大部分地区都处于战后繁荣经济期时,兴起了一个经济学派。该学派断言,要想解决阿巴拉契亚的穷困,答案不是开发本地,而是大迁移。1958年,经济学家吕贝克(B. H. Luebke)和约翰·弗雷泽·哈特(John Fraser Hart)就写道:"对于阿巴拉契亚南部地区的绝大多数人来说,如想改善自身经济状况,不能指望在资源贫乏的当地有多大发展,只能移居到更有自然禀赋和充沛人力的地区。"①

人人都应有自由前往有工作、有学校、有未来的地方,这就是美国。不过,在依靠煤炭业发展的地带,经济是半封建式的,来自家人和社区的羁绊颇深,要想离开,远比经济学家做个简单化的模型复杂得多。靠煤炭业吃饭的人一般都不愿远走他乡,而且抗拒变化。如果强迫他们做不愿意做的事情,那就是以一种怯懦的方式和阿巴拉契亚主导的力量搏斗。

如果只是简单告诉居住在霍姆斯磨坊村、大石峡和哈泽德的人"搬到城里就对了",就忽视了当地人与土地之间那种能把社会连成一体的纽带关系,这也不是个好的政策。一个社会、一个国家是

---

① 吕贝克、约翰·弗雷泽·哈特:《从阿巴拉契亚南部的社区向外移民》,载《土地经济学》,1958年第34卷第1期。

否健康,要以其中最不幸者的幸福感来衡量。而在哈兰县,那些失业的矿工已经越来越接近这类人了。

几十年来,在支持、保护和重振那些因全球化或其他各种经济转型而掉队的社区方面,美国做得一塌糊涂:对底特律的破产听之任之,对像伯利恒这样的"钢铁城"的衰落不闻不问,对密西西比三角洲一度繁荣的农业小镇走下坡路也置若罔闻。这种做法既不公平也不明智,犯罪率、公共卫生的统计数据和福利救济人员名册都是铁板钉钉的事实。像哈兰县这种煤炭小镇,任其自生自灭,就说明美国在重振衰落地区方面,成绩实在是令人沮丧。曾经冲刷过肯塔基州东部又退回来的那些大浪,很快就会反噬我们所有人。

罗纳德·埃勒在《崎岖的路面》中写道:"阿巴拉契亚的问题,可不是阿巴拉契亚独有的。我们都是阿巴拉契亚人。"①

我们开着车,沿着蜿蜒迂回,时而爬坡时而下坡的道路,来到了坎伯兰河三叶草岔流的峡谷。这里大体上和肯塔基州-弗吉尼亚州的边界平行。这里的小村庄就是霍姆斯磨坊村,也是艾迪·卡尔斯特头一次为采矿而押注的地方。我们把车停在一个最近一两年内才废弃的邮局旁。丹尼把溪边的矮灌木扒拉到一边,给我看了当初他父亲头一次发现的产煤层。溪水边的几条轨道已经生锈,一条传送带将煤运送到翻车机或装卸车里。丹尼驻足凝望着

---

① 罗纳德·埃勒:《崎岖的路面》。

这一切。

丹尼说:"过去,这里有个通风机室。"在通风机室,一台通风扇把新鲜空气压入井下,让矿内的通风好一些,矿工能够顺畅呼吸。"就在那里,我爸还装了一台翻车机。这片土地是他租的。他在河上游的一个洞里游泳,意外地发现了煤。那会儿应该是1959年,我爸才19岁。就是在那个时候,他下决心要在这片土地上采煤。就是在这里,他找到了自己的梦想。"

和丹尼一起转了两天后,我开始感觉到,他讲的故事里带有一种强制性的意味。就像一个在风暴中命悬一线的水手,发现自己被困在一片陌生的岩岸上,只有通过讲故事,才能弄懂这么做的意义。我们穿过道路往回走。两个十几岁或二十出头的姑娘正牵着一条动作笨拙的黑色拉布拉多犬沿着废弃的铁轨散步。铁轨向房子后面延伸,这排房子是霍姆斯磨坊村仅剩的遗迹了。20世纪20年代,煤炭公司修建了这排房子,保留了阿巴拉契亚地区随处可见的风格:一楼中间是走廊,两旁排列着一长串双层木结构的狭窄房屋。与大萧条时期仅有的不同之处在于,这些房屋中住的人更少,许多房屋外面停着特别装饰过的大型皮卡。在肯塔基州东部地区,从事取回赊销汽车的业务正当其时。

我们开车在山坡上爬了四分之一英里,停在一小块草坪旁边。草坪周围修建了亭子、篮球场,与山腰融为一体的石砌喷水池,还有几张供人们聚餐用的桌子。这个小公园由哈兰坎伯兰煤业公司所有，但其维护费用由丹尼·卡尔斯特支付。丹尼说："他们没钱维护它，而我想让这个地方看起来像'爱丁堡'。我想，是时候回报这个地区了。"

我和丹尼、鲍勃叔叔站在那里，聆听林中昆虫的合唱。有个开着坐骑式割草机的工人停在亭子旁边。

他朝丹尼打招呼："你不记得我了，是不？"

丹尼说："你是米尔特·塞勒（Milt Saylor）的儿子，对吧？"

"说对了，米尔特·塞勒。我是小米尔特，我们住在那边的黑山。我记得你住在我家的北边。"

"是啊。我和你哥哥一起上学。你多大了？"

"再过生日就50岁了。"

一辆车身没有标记、深蓝色底盘的牵引车，满载着煤，轰鸣着从我们上方的山脊开下来，驶上公路向西开去，逐渐消失在视野中。

丹尼说："大卫住在下面的哈兰县。你还记得丹尼斯吧，他可是个小气鬼。你有孩子吧？"

"两个男孩，一个还待在家，我赶不走他。另一个是机械师，在北边的怀茨堡，做轴承之类的东西，他什么都能做出来。你还在采煤？"

"乔负责采矿，他租了我家的地。"

"你爸人真不错，他对我们小孩子可好了。别人对你好这种事，你是忘不了的。"

"你以前开店,对吧?"

"是啊,塞勒杂货店。"

又一辆皮卡停了下来,车里走出一个高个儿。他身穿斜纹牛仔裤,脚蹬工作靴,身上的帆布工作衫磨得像亚麻一样光滑。

"这是罗伊·布什(Roy Bush),他是我爸最喜欢的人之一。我爸老说:'你要是能像老罗伊那样干活,或许能成事。'"

罗伊微笑着握了握我的手。他脸上的层层皱褶,就像四周的群山。如果让吉米·史都华(Jimmy Stewart)在电影里演个上了年纪的肯塔基煤矿工人,他就该演罗伊·布什。我们沐浴在温暖的阳光下,站着聊了会儿天。丹尼和小米尔特走到一旁,谈论公园的情况。我问罗伊,日子过得怎么样。

"我出生在半英里外的山谷里。打19岁开始,给卡尔斯特先生干活,从1977年干到1991年,直到公司倒闭。你知道,孩子们对自己要干什么都有打算的。我18岁的时候,就想为艾迪·卡尔斯特干活,后来就一直在这里了。"

刚开始,罗伊只是个普通工人,后来成了当班工长。他是艾迪·卡尔斯特的左膀右臂,扮演了丹尼及其兄弟们的叔叔的角色。就像很多同辈人一样,按肯塔基州东部地区的标准来说,他所过的矿工生活着实令人羡慕。

"我1小时挣5美元,那时这算是不少钱了。到了1991年1小时挣18美元的时候,我觉得自己有钱了。如果丹尼回来,我要告诉他,比起他爸,他可是小气多了。"

现在,罗伊处于半自雇状态。在"爱丁堡",他偶尔给丹尼打零工,还出售人参。有些失业后日子过得比他还艰难的矿工,会沿着山坡和峡谷采集人参。在阿巴拉契亚中部地区,采集和出售人参是个很难有发展的行业。不过罗伊能想办法过下去。他在煤矿顶部的山脊上盖了间小木屋,打算以后退休了就和妻子住到那里。眼下,他只能像比尔·普理查德、许多田纳西河流域管理局的雇员,还有更多干了一辈子的煤矿工人一样,活一天算一天。他年纪大了,没办法从头再来,而现在谈死亡又太早了。

过了一会儿,我们欣赏够了公园的宜人美景,又回到车里,驶向峡谷北侧霍姆斯磨坊村上方的哈兰坎伯兰矿井。那里有个标牌,写着"卡尔斯特罗宾斯煤业公司"(Karst Robbins Coal Co.)。在陡峭的运矿道路上,我们把车停靠在路边,让一辆运煤车先过,然后开车来到最上面。这里有片空地,空地上有一条出了故障的传送带和若干已经生锈的金属集装箱。丹尼说:"我爸就在一个纸袋子上从零开始做的设计。他早就在脑子里计划好了,最后也干成了。"

再走过去,就到了煤矿。和30年前相比,煤矿看上去可能没什么变化。在峭壁一侧的大山洞旁,一条运送带正在运转,不停地发出"咔哒咔哒"的声音,偶尔会吐出几百磅重的煤矿石。在传送带下面,一辆卡特彼勒挖掘机正把煤堆里的煤装上一辆辆卡车,这些卡车每隔几分钟就开出一辆,然后倒着开下山。对开的金属大门后面就是矿井了。在一间作为运营中心的简陋小屋旁的场地上,停着几辆卡车。整个煤矿的运行散发着一种传统技术和前信息时代的气息。带我四处转悠的是矿井老板卡尔(Carl),他拒绝告诉我他的姓。卡尔是个大块头,大嗓门,对于煤炭战争的观点毫不动摇。如果罗伊·布什就是吉米·史都华的话,那么卡尔就是在演过丹尼尔·布恩之后有些发胖的费斯·帕克(Fess Parker)。

卡尔说:"这里就是达尔比煤层,有1.5英里深。这里的煤分层,你看到的这个煤层可是够麻烦的。"

"他们在采煤工作面利用掘进机挖煤,全都是远程操控。现在那里可能有25个人。他们把人员运送到下面,我们管他们叫'小马车'。"

"这个矿能赚钱吗?"我问了一句,毫无冒犯之意。

"很难。在整个煤矿的开采期内,从2008年开始,每年仅矿用材料就价值大约500万美元。这些传送带,每英尺的价格是50美元。"

"包括安装费吗?"

"哪儿的事,那就是购买费用,不含安装费。在这个矿,传送带总长12英里,内部结构造价14美元1英尺。高压线、高压电缆,就在那儿,值1.3万美元。你在这儿看到的设施就值2亿美元。这些东西,我们一样也不造。矿井里解雇一个人,就意味着其他17个人也要失业。"

他给我看了一个钢制钻头,这个螺旋状的尖头钻头本身就很美观,看起来像个弹头。"每个掘进机要配70个这种钻头。每挖一次煤,就要更换一打多钻头。我每星期买两包钻头。在采煤工作面,一个星期光买这种钻头就要花差不多9600美元。在矿井顶部,为了钻眼儿固定支架,每星期要花8000美元买钻头。"

"挖1吨煤赚50美元,不会再有这种事了。年轻时,我还想挖1吨煤赚50美元。你猜为什么现在不行了?规定太多了。"

这才是卡尔真心想说的话。接下来的半个多小时,他毫无顾忌地发泄着自己的不满。丹尼用胳膊肘碰了我几次,小声说:"你没必要把这些话都记下来。"所以我把卡尔的话做了编辑,删掉那些火药味十足的骂街。他对煤矿巡视员表现出特别的鄙视。照他的话说,这些巡视员每天都要到煤矿点转一圈,以示自己工作忙碌。这种人太多了,而肯塔基州还不愿意减员。"2010年,哈兰县有300个矿。你猜现在还剩多少?不到10个,10个都不到。"

"现在都说要解散这帮州巡视员,把他们全裁掉。"

"让这些人巡视煤矿,结果一无所获。全是胡扯。"

不过,我还是头一次从卡尔那里得知,2006年在达尔比1号矿发生了爆炸和火灾。那起事故发生在靠近路面的位置,死了5个人。美国矿山安全与健康管理局(U.S. Mine Safety and Health Administration)在其调查报告中的结论如下:"这起事故之所以发生,是因为经营者没有遵守基本的煤矿安全惯例,没有遵守关键的安全标准。"①不过，在煤矿赚不到钱，而工作又僧多粥少的情况下，人们很难遵守所有的安全标准。2006年，因煤矿事故死亡的人异乎寻常地多：在肯塔基州，有15个人在煤矿事故中丧命。此后，事故死亡率一直比较稳定：大约每年5个人。这一数字足以每年毁掉一批家庭，但算不上全国性新闻。要想成为全国性新闻，那得来一场彻头彻尾的灾难，就像2010年4月在西弗吉尼亚州的上大支矿场发生的事故，那场事故导致29人丧生。

我和丹尼跟随卡尔还有另外3名矿工挤进了操作间。在一张堆满了文件的桌子后面，是一位矿井领导消防巡视员，另一名巡视员正在观看闭路电视里劳动的矿工。墙面上有一张网格图，标示着煤矿分区，有些分区画上了线条，有些分区没有标记，还有的分区被打上了"×"。"×"的意思，就是根据规定，这个区域无法开采。丹尼说："我们开采不了这块区域，因为匹兹堡的某个人做了个电脑模型，他说如果我们在这片区域采煤，煤矿会塌方。"

哈兰坎伯兰煤业公司的矿井是用长壁开采法开采的。在这种煤矿中，采矿工作面被切割成1码厚、数百码宽的长条或长壁。沿着工作面的煤被切掉，覆盖着煤的岩石则掉落到后面的通道中。这

---

① 《肯塔基达尔比有限责任公司，达尔比1号矿爆炸事故》，载《矿井灾难》，美国矿山救援协会，2014年5月11日，http://www.usmra.com/saxsewell/darby.htm。

种采煤方式是17世纪晚期在英格兰被发明出来的，最早叫什罗普郡开采法。不过，怀俄明州、中国和蒙古那些巨大的露天煤矿已经淘汰了什罗普郡开采法，更不用提西弗吉尼亚州采用山巅移除采矿法的那些矿井。在21世纪，依然采用长壁开采法从地下深处采煤的煤矿，几乎已经无法盈利了。

丹尼用手指戳着网格图说道："在那一块，我们不能只开采三分之一。那里横竖都打了80根方形立柱以支撑矿井。这个煤矿采用后退式开采法，这就意味着你一边开采，一边向后退出煤矿。在你后退的时候，你其实希望矿道垮塌，这样压力就可以逐步减轻。"

卡尔一边看着地板，一边摇着头说："采煤可是个老老实实干活的好行当。可是有人想在国内终结它。"

闷热的操作间里升起一股伤感的气氛，就像在为一位弥留的亲戚守灵。

丹尼指着身穿沾满污渍的工作服、斜靠在操作间墙壁上的人们说："这些人中，绝大多数都会离开，但知识和经验是不可替代的。你明白我的意思吧？一旦你失去了这些人，你就失去了他们拥有的知识和经验。这和开采天然气不同。开采天然气，你只需进到场内，打钻，采集，然后就可以到下一处继续开采。可是采煤离不开那些一直在矿井里干活的矿工的经验和技术，他们知道自己在干什么，该干什么。"

"那么，你打算在这里再开采多长时间？"

"1年前,我说再干8到10年。不过,现在有了新的开采模式,很可能会减少到6年。6年之后,这个矿就会永久关闭了。"

煤矿关闭后,我们会失去哪些东西? 几十名工人的生计肯定没了;丹尼·卡尔斯特家族会丧失一部分财富;肯塔基州东部又将失去一份早已残缺不全的采矿遗产。而美国将失去一块历史碎片,正如人们所说,这是一段有关黑暗的、血淋淋的地带的发展史。能提供大量廉价电能的煤炭将轻而易举地被更清洁的能源取代,但与此同时,排放到大气中的二氧化碳也将有望减少成千上万吨。

这样的前景对宏观经济而言无疑是积极的,但对个体而言,并不能减少哈兰坎伯兰煤业公司矿工的失望和沮丧。看到家中几代人赖以生存的行业如此之快地退出历史舞台,他们实在无法接受。这一天可能会在6年、8年或10年后到来。整个地区一直以来都倚仗煤炭行业,也由此形成了单一的生活模式和生来就过着这种生活的人,既无尊严,也难致富。一旦目前的生活方式不复存在,而且还没有出现另一种可靠的替代品,它所留下的缺口就会像掏空了群山的地下煤矿一样难以填补。

广义上的煤炭业,就像陶醉于转瞬即逝的春日的贵妇一样,也在经历着某种复苏。意识到这一点,当地人越发感觉徒劳无功。对煤炭的需求量又开始增加,《华尔街日报》的分析师开始谈论"抄底"煤炭公司股票;2011—2012年天然气的历史低价已被证明不可持续；而2013—2014年的寒冬再次推高煤炭价格。煤炭业正在恢复元气，就像斯大林格勒战役后的苏联红军。不过，在哈兰县看不到这种复苏迹象。

在肯塔基州另一端的麦克莱恩县，犀牛资源合作伙伴有限公司（Rhino Resource Partners）准备开采一个名为彭尼里尔的矿井，这是10年来肯塔基州的第一个新矿。犀牛公司新的首席执行官克里斯·沃尔顿（Chris Walton）说，犀牛打算让彭尼里尔煤矿的产量翻番，开始时年产80万吨，几年后提升到接近200万吨，确保年收入达到2000万美元。在数百英里外的新煤矿投产之际，肯塔基州东部地区却经历着行业破产。这主要是因为肯塔基州坐落在一个巨大的地质分界区上，将西部的伊利诺伊盆地和东部的阿巴拉契亚中央盆地分开。伊利诺伊盆地的煤含硫量高，但是采煤成本相对较低，而且，与霍姆斯磨坊村等地方不同的是，这里最好的煤层尚未开采。而到了21世纪，比以往更严格的防止空气污染法规强迫大多数煤矿在2013年之前在其绝大部分矿场安装洗涤塔，这样就大大削弱了阿巴拉契亚地区的低硫煤的价值。这真是令煤炭业啼笑皆非的事情之一。犀牛公司已和一家未透露身份的机构签订了一份有效期至2017年的长期合同，每年供煤80万吨。而哈兰县已经极少签下如此长期的合同了。

犀牛公司总部位于莱克星顿，莱克星顿在盛产六月禾的肯塔基州中心地带。这里是个大学城，生活优雅舒适，住着不少继承祖先财富的人家，空气中弥漫着一股微弱而持久的新鲜马粪的味道。尽管法兰克福市是州首府，但莱克星顿和路易斯维尔才是肯塔基州真正的财富和权力中心。莱克星顿距霍姆斯磨坊村不到150英里，不过，从社会经济层面来看，二者有着天壤之别，还是把莱克星顿看成布达佩斯比较合适。这里还是州务卿艾莉森·隆德甘·格兰姆斯（Alison Lundergan Grimes）的故乡。格兰姆斯年纪轻轻，魅力十足，精力充沛。她1996年毕业于莱克星顿天主教高中，现在正和麦康奈尔竞争肯塔基州联邦参议员。麦康奈尔是有权有势的参议院少数党领袖。美国有线电视新闻网（CNN）的报道称，两人正陷入一场"有可能是2014年国内最昂贵，也是最肮脏的参议员竞选"。

就像希拉里·罗德姆·克林顿（Hillary Rodham Clinton）说过的那样，格兰姆斯必须强调她的中间名。这样做并非是要和她那喜欢拈花惹草的丈夫保持距离，而是要让选民回想起她的父亲——杰里·隆德甘（Jerry Lundergan），肯塔基州民主党多年的领袖。同所有竞选肯塔基州职务的候选人一样，格兰姆斯直言不讳地支持煤炭业。她发誓，要与奥巴马政府对煤炭业发起的咄咄逼人的攻击式监管一刀两断。不过，她的表态并没能阻止麦康奈尔及其支持者暗示，她其实另有打算。

在我前往哈兰县的前几周，共和党参议员全国委员会发出一封竞选邮件，邮件里说"艾莉森·隆德甘·格兰姆斯骄傲地站在提名奥巴马的民主党全国大会上。奥巴马2008年许诺要毁掉煤炭业，

第一部分　死亡曲线

本质上是向肯塔基州和把肯塔基州称为故乡的中产家庭宣战，而他现在正把许诺落实为行动"。肯塔基州煤炭协会主席比尔·比塞特（Bill Bissett）更进一步警告格兰姆斯"最好不要"接受来自汤姆·斯泰尔（Tom Steyer）的竞选捐献。汤姆·斯泰尔是来自加利福尼亚州的巨富，前对冲基金经纪人。他把大笔财富投入到对抗气候变化的斗争中，包括反煤炭运动。据称，格兰姆斯参加过一个斯泰尔在场的会议。不过，格兰姆斯否认曾经和斯泰尔见面，并保证要帮助减少联邦政府对燃煤发电厂排放物的限制。像往常一样，肯塔基州的政治在很大程度上就是一场看谁能以最大热情支持煤炭业的竞赛。比塞特宣称："你要么支持煤炭业，要么接受来自斯泰尔政治网络的捐款，就是不能脚踏两只船。"

在矿工联合会的指导下，阿巴拉契亚地区的人每次都把选票投给民主党。自从奥巴马上台，又发动了所谓的煤炭战争，这个地区的绝大多数人已转投共和党。不过，到了夏天，格兰姆斯在筹款方面已和麦康奈尔不相上下。多年来，麦康奈尔从煤炭行业收受了无数政治献金。肯塔基州煤炭协会（Kentucky Coal Association）、煤炭公司和共和党全国委员会竭尽全力把麦康奈尔送回华盛顿特区。（"奥巴马医改。煤炭战争。这是奥巴马的议程。艾莉森·格兰姆斯支持奥巴马。"这是一则由支持麦康奈尔的超级政治行动委员会赞助的电视广告的广告语。）

麦康奈尔五次当选参议员后，肯塔基州对他的支持很难说有多少热情。不过,格兰姆斯就是无法让选民确信,她是煤炭业从业人员的真正朋友。麦康奈尔轻而易举地击败了她,成为新的参议员多数党领袖。在美国国会,煤炭行业依然拥有强有力的盟友。

卡尔·舒普(Carl Shoupe)以前是一个煤矿工人,在一次井下事故中差点丧命,矿工生涯也因此而结束。他在给《莱克星顿先驱报》(Lexington Herald-Leader)写的评论中说:"我特别讨厌那些对当选领导人指手画脚的煤矿公司和煤炭大亨。不过,更让我深恶痛绝和不胜其烦的,是那些听命于煤炭公司和煤炭大亨的政治领导人或候选人。我们急需能够顾及肯塔基州东部地区利益,而不是那些只会对煤炭公司唯命是从的领导人。我们世代在这里生活,值得拥有光明的未来。现在我们已经准备好了,让能帮助我们走向光明未来的领导人上台。"①

我和丹尼在前面开车,罗伊·布什开着皮卡在后面跟随。我们驶过山坡上一片光秃秃的土地,又开上一条土路。山坡下面就是三叶草岔流。很难说这里能有什么未来。面前的空旷地带过去是个露天矿,3年前就关闭了。丹尼带我来看这片地,就是想打消我可能会产生的煤矿破坏环境的想法。这片洼地形似一个封闭的、延伸到下面缓坡上的圆形露天剧场,现在已是绿草茵茵。一侧是填满巨石

---

① 卡尔·舒普:《我讨厌对当选领导人指手画脚的大型煤炭公司》,载《莱克星顿先驱报》,2014年5月7日。

的选矿槽。一些低矮的柳树丛和小松树已开始在这块空地上成片生长起来。

丹尼问:"看,这块地还挺入眼的,是吧?"

我不置可否地支吾了几声。道路逐渐变得平坦起来,我们把车停在一堆碎石和一台破旧的反向挖土机旁边。废弃的机械设备是阿巴拉契亚煤炭业最具特色的艺术形式。一个帝国已经逝去,只剩下些生锈的工具。罗伊·布什说,这台反向挖土机能用的部分在几天前刚被拆下偷走了。这个小偷走投无路,不顾一切地爬上山来偷走工具。二战期间,在东线战场,苏联游击队员拆掉撤退的纳粹德国国防军丢弃的装甲车。如今,在肯塔基州东部,当地居民也在拆除自己赖以生存的煤炭业的残余物品。一想到这儿,罗伊无奈地摇了摇头。

罗伊说:"我想过报警,后来回到家,又想了想这件事。我对自己说:'我怎么会这么想呢?'竟然想去报警。我真的想让那位老兄蹲监狱吗?"

同以往一样,丹尼想到用一个寓言故事形容眼前的局面。"几个星期前,我在《圣经》学习课上提问:'你会跑到别人家的地里偷人家的粮食吗?'就像《圣经》所写的那样。在座的人说:'不会,我们不会那么做。'我说:'胡说八道。'因为你不知道自己会不会那么做。当你要养活一家人的时候,你不知道自己会做出什么,没人知道。"

罗伊·布什说:"在哈兰县,有人就快落到这步田地,落到这般下场了。"

第三章　西弗吉尼亚州

在与丹尼·卡尔斯特和罗伊·布什道别后,我驾车驶上了38号公路,先向北绕行三叶草岔流河谷,穿过山脊,再沿着一条之字形路线向南回到哈兰县。随后,一路向东,驶上与坎伯兰的普尔溪并行、横穿肯塔基州的美国119号公路。开出几英里后,我路过哈兰县中学。这所中学2008年投入使用,取代了当地三所已被遗弃的学校。就像本地的很多孩子一样,罗伊·布什的儿子每天要乘公交车翻山越岭25英里到这里上学。

119号公路将坎伯兰流域的采煤小镇连在一起,是阿巴拉契亚采煤区的主干道之一。每走几英里,我就能看到废弃的贮煤场、河边的装卸站台,或设备垃圾场。在坎伯兰,在160号公路上向东慢跑一小会儿,你就会到达一个名叫本哈姆的小村庄,肯塔基煤炭博物馆就坐落于此。离开坎伯兰后不久,车又走过一连串的之字形爬升路线,经过坎伯兰河上游来到乔治·华盛顿国家森林。道路在这里拐了个弯,向北延伸。我开出了坎伯兰县,穿过派克维尔和以塔格河为标志的州界,来到西弗吉尼亚州的威廉姆森镇。

威廉姆森镇曾是阿巴拉契亚地区的煤炭交易中心。这里有一个大规模的铁路站场,是20世纪初修建的,当时它还属于诺福克和西方铁路公司(Norfolk and Western Railway),沿塔格河曾修建过一批浮动码头,煤就在这里被装上驳船,再运到北方宾夕法尼亚州和俄亥俄州的各个城市,甚至还包括底特律市。第一次世界大战结束后,威廉姆森镇快速发展起来,到大萧条前夕,这里的常住人口已接近1万人。但目前,这里的人口还不到3100人(在2000—2010年的人口统计中,该镇居民人数减少了将近十分之一)。阿巴拉契亚地区有很多城市,一度十分繁荣,但是现在都在困境中挣扎求生,威廉姆森镇也一样。

这样的挣扎一如既往地吸引着各方人士。人们络绎不绝地以威廉姆森镇为研究对象,著书立说,编写立场文件,甚至发表演讲。很多政客都表示过,他们计划如此这般拯救西弗吉尼亚州,让煤炭业重振雄风,让阿巴拉契亚变得更现代、更繁荣。

一位演说家曾说:"我相信,一旦有了新的愿景、新的领导、新的理解,煤炭业就能恢复繁荣。我到这里来,就是要告诉各位,繁荣已近在眼前,美国的人口和经济都在快速增长。越来越多的美国人和产业链都需要不断增长的燃料和电力供应,而煤炭就是我们未来储量最丰富,同时也是最经济的能源。更为重要的一点,可能就是煤炭业的生产效率在不断提高,煤炭又有了新的重要市场、新的用途及新的应用，而这些，都可以依靠我们的科技来实现。以往煤炭就是美国实力的基石和富足的源泉，今后，如果煤炭的重要性依然不减，我们就必须马上行动起来，迎接这一挑战。"①

这是约翰·肯尼迪（John F. Kennedy）在1960年4月竞选期间，于摩根敦市发表的一段演说。作为一个信仰天主教的马萨诸塞州参议员，肯尼迪此次来到阿巴拉契亚，就是要证明自己有能力拿下一个居民几乎全部是新教教徒的农业州。由于在西弗吉尼亚州取得了初步胜利，肯尼迪被提名为民主党总统候选人。后来，他将自己最终入主白宫归功于在西弗吉尼亚州取得的胜利。到20世纪90年代比尔·克林顿（Bill Clinton）出现前，肯尼迪算得上最具同情心的美国总统了。且不说他在政治上的种种考虑，单就他的到访而言，还是有一定诚意的。当他来到西弗吉尼亚州，目睹煤田的开采条件，着实感到震惊。那时他才43岁，正马不停蹄、不知疲倦地参加各种竞选活动。在煤矿营地、市政厅和大礼堂，肯尼迪到处发表演讲。他将西弗吉尼亚州称为"在美国富足的汪洋大海里的一个充满贫穷和痛苦的岛屿"。②他还向当地人承诺，基于煤炭的美好前景，西弗吉尼亚州会拥有一个更加光明的未来。

---

① 约翰·肯尼迪：《参议员约翰·肯尼迪在西弗吉尼亚州摩根敦市的讲话，1960年4月18日》，约翰·肯尼迪总统图书馆和博物馆。
② 同上。

第一部分 死亡曲线

肯尼迪宣称:"我们必须建立国家级的燃料政策,大大加强对煤炭的研究并刺激产业发展。不过,对于煤炭的未来,最有想象力,最有希望,也最富有成果的前景是发展新的蒸汽动力发电厂,通过多多利用'电线输煤'的方式增加煤的使用量。"①

简单地说,电线输煤就是建设坑口火力发电厂,在煤的产出地完成燃煤发电,同时修建通往北部和东部的庞大的输电网。以肯尼迪站的地方为圆心,半径500英里内有四座大型城市:芝加哥、底特律、费城和纽约。在煤田附近修建巨大的蒸汽动力发电厂将降低运输成本,为西弗吉尼亚州产出的煤炭"创造巨大的新市场"。②肯尼迪预言,十年之内,每家每户的平均用电量将从3300度(相当于阿巴拉契亚中部地区大约1.5吨煤的发电量)上涨到2.2万度(合11吨煤的发电量)。无论是现在还是未来,煤都是"美国实力的基石"。③

但是,肯尼迪对于用电需求的预测与实际情况相距甚远。到2012年,美国家庭的平均用电量只有1837度。而他针对西弗吉尼亚州的未来提出的愿景则与实际大相径庭。"电线输煤"从未实现过;在崎岖不平的西弗吉尼亚州,将煤从类似威廉姆森这样的小镇

---

① 约翰·肯尼迪:《参议员约翰·肯尼迪在西弗吉尼亚州摩根敦市的讲话,1960年4月18日》,约翰·肯尼迪总统图书馆和博物馆。
② 同上。
③ 同上。

运走比修建大型发电厂和配套输电线的成本要低得多。而政客和煤炭行业的主管们还在谈论传说中必将实现的"新市场和新应用"。50年后，煤田的开采条件有所改善：很少有人居住在满是灰尘的工棚里，挨饿的人更是寥寥无几。不过，西弗吉尼亚仍是一个落后且饱受蹂躏的州，它是富足海洋中一个贫穷的岛屿。最近，在美国参议院，另一位有名的美国政客针对西弗吉尼亚州做了一个与肯尼迪截然相反的发言。

那是2012年6月20日。到了夏季，新的漫长的一天又开始了。国会大厅的走廊上挤满了人，正就次要和程序性事务进行投票。来自俄克拉荷马州的参议员吉姆·英霍夫（James Inhofe），否认存在气候变化这回事。他推出了反对《汞和空气毒素标准》（Mercury and Air Toxic Standards）的决议。这套新规则由环境保护署提出，旨在反对从发电厂排放汞和其他形式的空气污染。约翰·洛克菲勒（John D.Rockefeller）的曾孙子——来自西弗吉尼亚州的五任民主党参议员杰伊·洛克菲勒（Jay Rockefeller），站起来发言，反对吉姆·英霍夫提出的这项决议。

洛克菲勒说："今天，在参议院这项投票看起来旗鼓相当之际，我想就西弗吉尼亚说几句，谈一谈我们的人民，我们的生活方式、健康状况，整个州面临的经济机会，也说一说我们的未来。"①洛克菲勒宣称,西弗吉尼亚州的未来,绝不能寄希望于抱残守缺,坚持过去的老路和旧的经济模式。这位美国化石燃料王朝的后裔,第一次就煤炭和煤炭在西弗吉尼亚州的支配地位发表了反对意见。

洛克菲勒说:"过去,煤炭对我们来说十分重要。不过,未来,只有当我们有勇气面对现实的时候,煤炭才会依然重要。"接着,他开始痛斥煤炭公司的主管,称他们"不知为何,还想以某种方式走回头路,不但无视现实,还阻碍通往未来的道路","宁可对虚假的敌人发起攻击,否认真实存在的问题,也不愿寻找出路"。洛克菲勒谴责:"这些人抛弃了自己应当承担的领导责任。"②

"让我们停下脚步,听一听西弗吉尼亚州矿工及其家人的看法吧。他们认为,这场战斗带来的痛苦,比任何解决方案都更重要。同样还是这些矿工,他们深深记挂着自己孩子的身体健康,以及西弗吉尼亚州的山山水水。他们知道,不能再走老路了。"③

至于如何选择煤炭以外的道路,洛克菲勒没有提出多少具体

---

① 参议员杰伊·洛克菲勒:《对于英霍夫提出反对决议的发言》,参议员杰伊·洛克菲勒办公室,2012年6月20日,http://www.rockefeller.senate.gov/public/index.cfm/floor-statements?ID=23709dde-73bc-4377-ac1a-0bc051d83449。

② 同上。

③ 同上。

意见。他要求"拿出一份精明的行动计划,协助提供过渡时期的工作机会,刺激新的生产,开发下一代技术"。听起来,就好像要求另找一家一流的委员会再出具一份报告,检视西弗吉尼亚州的未来,再给出一些对于解聘的煤矿工人来说毫无意义的建议。而洛克菲勒本人也没有因为反对发展煤炭业而蒙受多大损失,此后不到1年,他就宣布从参议院退休。不过,他宣称,现在已经是时候面对事实了。他还专门要求采煤业"摒弃唬人的策略"和"停止否认科学"。这样一来,他就成了第一个来自产煤州而又公开呼吁和煤炭业一刀两断的全国性政客,他还将有关西弗吉尼亚州未来的斗争置于新的背景之下。

在西弗吉尼亚州,上溯若干代人,**住在山区的人和住在平原地区的人世代相争**,把整个州搞得四分五裂。由于爆发了煤炭战争,镇与镇之间,邻里之间,甚至家庭成员之间,都在一争高下。肯塔基州有六月禾区、野猫篮球队,还有路易斯维尔,这个坐落在俄亥俄河沿岸,人口达25万,颇具大都市气息的城市。西弗吉尼亚州有煤。但不可否认的是,这种对煤的依赖大部分只是心理上的:2013年,采煤业在西弗吉尼亚州国民生产总值中的占比还不到7%。现在,在西弗吉尼亚州总共77万劳动人口中,从事采煤业的人不足

2.3万人。①不过，采煤是高收入职业。根据西弗吉尼亚煤炭协会的统计，采煤工年薪平均为68500美元，是州平均收入的两倍。在西弗吉尼亚州，煤炭公司支付了该州60%的商业税，1年为6亿美元左右。不过，随着产煤量的下降，这一数字每年也在下降。②

如果谁敢公开暗示煤炭没有前景，那将是十分危险的。布恩县的玛利亚·根诺（Maria Gunnoe），是反对山巅移除采矿的积极分子。她在成为全国知名人士后，发现贴有她本人照片的"通缉令"遍布小镇。2012年，她在一场名为"奥巴马对煤炭相关工作发起的战争"的国会听证会上作证说，采煤破坏了她的乡下住所。在她出示一张5岁女孩在茶棕色的水里洗澡的照片之后，共和党代表控告她持有儿童色情照片。国会警察拘留了根诺，对她进行了讯问，后来又释放了她，也没有对她提出指控。③在采煤业支持者试图压制反对者的行动中，这是最糟糕的案例之一，而且，这样的案例并非屈指可数。那些对煤炭业不太狂热的人，很少会以真正的暴力方式侵扰他人，然而他们的侵扰却是实实在在的。

---

① 《美国采煤业的趋势（1923—2011年）》，美国国家矿业协会，2012年6月，http://www.nma.org/pdf/c_trends_mining.pdf。

② 《煤开采税》，西弗吉尼亚煤炭协会，http://www.wvcoal.com/taxes.html。

③ 菲利普·巴普（Philip Bump）：《反煤炭积极分子因一张浴盆照深陷儿童色情困境》，载《格里斯》，2012年6月4日。

根诺的父亲是个煤矿工人，死的时候才51岁；她的儿子现在也是个煤矿工人。根诺告诉我："我有40英亩土地，1951年以后，这些土地就属于我家。我用400英尺长的钢丝网把这块地围了起来，还养了4条德国牧羊犬守卫。可有人威胁要杀了我，还要把我的房子烧掉。有人开着运煤卡车朝我猛冲过来，想把我从路上撞飞。"

"我的祖父修了这些路。我拒绝让人把我从自家修的路上撵走。我们快赢了，不过，我每天要冒着生命危险去打这场仗。"

在环境保护署宣布要实施限制发电厂排放物的法规一星期之后，我和根诺进行了交流。这部法规的实施对于西弗吉尼亚人来说，就像《解放黑人奴隶宣言》对于南方人一样重要。

阿莱克斯·穆尼（Alex Mooney）是共和党国会议员候选人。他说："唯一的疑问是，这个新法规到底砸得有多狠，是毁灭性的一击，还是致命一击。我自己，同时我也相信其他代表采矿社区的人，在面对环境保护署对我们以往的生活方式提出最新挑战之际，不会无所作为，坐以待毙。"[1]

在这场煤炭战争中，人们所思所述都采用了类似于《圣经》的语言。一方面，使用煤炭，会出现环境灾难；另一方面，不用煤炭，又会出现经济崩溃。至少从20世纪30年代开始，在1933

---

[1] 小肯·沃德（Ken Ward Jr.）：《对于环境保护署宣布实施法规的各种反应》，煤矿文身，载《西弗吉尼亚公报》，2014年6月2日。

年到1937年间任职西弗吉尼亚州州长的赫尔曼·库普（Herman Kump），就斥责罗斯福新政，还发出了令人感到不快的警告，要人们警惕那些正在破坏阿巴拉契亚生活方式的"联邦政府的下属人员"。从那时起，西弗吉尼亚州的人对华盛顿就有了深深的不信任感。100多年来，西弗吉尼亚州的非法酿酒商、矿工、牧师和镇长们一直对联邦政府非常不满。虽有人在为阿巴拉契亚中部地区另辟蹊径实现繁荣而努力设计路线图，但上述努力却因当下打响的煤炭业保卫战而付诸东流。

泰德·伯特纳（Ted Boettner）是西弗吉尼亚州预算和政策中心（West Virginia Center on Budget and Policy）行政主任。我在查尔斯顿书店咖啡馆见到他时，他告诉我："这里发生的一切，就是一场巨大的悲剧。关键是，我们应当全力以赴制定能为本州人民开创新未来、带来机会的政策，而不是不顾一切地与环境保护署作对。"

有个人站在西弗吉尼亚州南部一座山的**山顶**，手指远方的地平线。为了开采煤矿，这座山已被清理得光秃秃的。山体表面覆盖着松软的土壤和碾碎后又压实的岩石。整座山看起来让人感觉自己仿佛置身阿富汗，只不过地势相对平缓一些。在这片区域的某个角落，有人还在开采煤矿。这里还有一座铺着硬木地板的工厂、一座水泥厂和为大型矿山卡车提供零件的供应商。这里原先是个矿井，现正逐步改造为工业园区。

他指着东南方的一片碧绿的圆丘说："那座山有望成为我想象中的样子。"

他叫埃里克·马席斯（Eric Mathis）。尽管只有37岁，但他可是长途跋涉，历经曲折才来到这里的。他一口气说道："就在那儿，要安装太阳能电池板。"他在泥地上寥寥几笔，勾勒出一张草图——有太阳能农场，以天然气做燃料的发电厂，还有一座大麻加工厂。此外，还有悬铃木树丛和刺槐。人们在本地人所有的企业中从事可持续的新工作。在他的想象中，这片不毛之地已变成新的沃土。

"这里生物多样性和碳汇丰富。瞧吧，本地人，这里就能实现经济多样化。我们正要修建那座中桥，让切身利益与此相关的人都参与进来。这里有你们的新产业，铺着木地板的工厂已经雇用了150人，天然气发电厂的建筑基地就在这里。"

我们站在威廉姆森镇外30英里的詹姆斯·H."巴克"·哈尔雷斯木材产品工业园。这个园区占地650英亩，已经通电通水，接上了宽带互联网。1999年，人们对这片曾经的矿区进行重新开发，将这里指定为工业园区。现在，这里依然有大量可供开发的土地。对埃里克·马席斯来说，这里就是后煤炭时代阿巴拉契亚的样子。

"现在的设想就是引进能够利用我们现有条件的产业。在阿巴拉契亚，影响经济多样化的问题在于缺少衍生产业。开采型经济，是指

第一部分 死亡曲线

有人进来开采资源,再把资源带到其他地方,给资源升级。我们目前正在做的,就是开采本地的木材资源,然后在本地加工为木质产品。"

"对于煤,我们也要这么做:将其开采出来后,用混凝土装置给煤升级,提升其附加值,凭借这种附加值,煤就能更好地回馈本地社区。这可是在阿巴拉契亚地区从未做过的事。"

这种设想也尚未真正实现过。大风席卷了整个哈尔雷斯工业园。在园区内,土路纵横交错,少有车辆经过。眼下,经济复兴计划多半是理论上的。这里有基础设施,也有250个左右的职位,但是没什么产业。沿着美国119号公路的一条陡峭的岔道向上行驶3.5英里就到了一片人造平地,产业园就坐落在这里。铁路、河港和高速公路,都在70英里以外的地方,我们四周到处是森林、河流和洼地。这里距查尔斯顿80英里,距莱克星顿160英里,距辛辛那提520英里。最近的机场也在60英里以外。

马席斯说:"环保团体说,这里100万年以后都长不出什么东西。这是胡说。历史上,这里曾被冰川覆盖过六次,每次冰期之后,森林又能重生。如果你觉得山巅移除采矿法对山体造成了破坏,那么再想想,整个地区在被冰川覆盖那么多次之后,依然生存了下来。"

马席斯指给我看几英里外一座方山边缘地带以外的一处绿色圆丘。一看就知道,这个圆丘是精心修整的人造景观,因为它欠缺周围群山植被所具有的那种无拘无束自由生长的野性。他说:"这片圆丘,我称之为修复山体的一个拙劣样本。你可以按照自己的想象,把这块地复原成采矿前的样子,或利用这块土地造福当地的社区和居民。除此之外的方式不会提供任何有价值的财产,而这片圆丘就是没有价值的财产。"

说起愿景,马席斯的话又多又密,有时候很难跟得上他说话的速度。如果让他站到讲台上,四周再围上一群听众,他就会成为1961年前后来自马萨诸塞州的资浅参议员。开发园区需要签署购电协议,获得免税证和开垦许可,还要从山下拉一条69千瓦的输电线到眼前的园区。即使用力眯起眼,也只能看见一列又一列向远方延伸的太阳能电池板、发电厂、新工厂,还有到工厂上班的工人。在西弗吉尼亚州,谈论未来为时尚早。

马席斯出生在北卡罗来纳州的温斯顿-塞勒姆,那里是烟草之都,环境不尽如人意。童年时期,马席斯很长时间都住在一处名为"和平避风港"的拖车住房园区。他不是个有出息的学生。马席斯告诉我:"从来没人鼓励过我,要通过努力获得成功。"上中学时,他就辍学了,干过不少危险的事,"走了一条贫穷白人走的路"。在生活中,他总是兜圈子,做事一做就错,或一做就走偏。他不吸毒,后来重新走上正轨,拿到成人中学文凭,还在亚特兰大艺术学院学习了一段时间。但是,"我很快就明白了,自己的出路就是到耐克公司的格子间里上班"，意识到这一点，他又退学了。

当他喜欢上了攀爬运动和哲学，他开始找到了方向。为了爱好，他回到阿巴拉契亚地区，来到北卡罗来纳州的布恩县，在那里上了社区大学、技术学院，最后被阿巴拉契亚州立大学录取。"9·11"事件发生之后，他重新审视了自己的世界观，"对美国到底意味着什么产生了疑问"，之后再度退学，成了北卡罗来纳州一处旅游胜地的行政厨师长。他喜欢这份工作，不过仍然没有坚持下来。他属于那种不追求远大目标就活不下去的人。他又回到了学校，被阿巴拉契亚州立大学跨学科研究项目录取，开始出没于当地由听众做评委的诗歌朗诵会，参与社区花园运动，筹款帮助迁入当地的农场工人建立组织。他发现，自己在组织社区活动方面是把好手。"马克·吐温说：'不要让上学影响了你接受教育。'这话我听进去了。"

然而，矛盾的是，尽管阿巴拉契亚地区环境恶劣，这里却有美国最好的环境研究项目之一，马席斯就深度参与到州立大学的第一个清洁能源活动中。在依靠可再生能源发电仍被视为边缘技术的那段日子里，他已经将学费用于修建校园内的太阳能电池板了。马席斯告诉我："在国内，这可是前沿技术。我协助他们带头完成了第一个项目，把本地公交系统使用的燃油都换成了生物柴油。我和相关人员一起工作了3年，安装了太阳能电池板和各种设施，干得特别开心。"

马席斯就像流浪猫一样，热衷于各类进步事业。他参与了校园内激进的女权运动，还报名学习历史和妇女研究的研究生课程。他有个朋友，在"阿巴拉契亚之声"（Appalachian Voices）工作，还创办了"我爱群山"（I Love Mountains）运动。应这位朋友之邀，他又来到西弗吉尼亚州。他被招募帮助发起针对煤炭大亨唐·布兰肯西普（Don Blankenship）及其梅西能源公司的集体诉讼。

马席斯解释说："说起诉讼的原因，是公司把泥浆灌入地下煤矿，他们抽出其中的颗粒，然后再把颗粒留在矿中。这些颗粒含有大量的重金属，所以，把泥浆回灌进煤矿，就等于把毒汤倒入明戈县的饮用水中。"

"有人已就此向布兰肯西普发出警示，但布兰肯西普却对此不屑一顾。与此同时，在得知所有邻居都在饮用受到污染的毒水后，他还修建了一条通向自家的管道，确保自己能喝上干净水。他就是这么个人。"

这是2006年发生的事，当时，煤炭开采已经到了由盛转衰的时刻。西弗吉尼亚州南部的威廉姆森镇，以及煤田居民的生活困境，就像毒品一样影响着敏感的马席斯。

他说："对我来说，这是令人心痛的道德犯罪。它是真实发生的事，反映了我一直在研究，并为之做准备和认真思考的所有东西。有一天，我在房顶上和朋友干活，看到山脊上布兰肯西普家的房子时，我突然想到了这一切。这里正在发生的一切都沉甸甸地压在心头，我无法对此无动于衷。"

马席斯找到了一个通过行动检验知识的机会，他要把政治理论付诸实践。他再次更换了研究生课题，这回换成了阿巴拉契亚研究，他的导师是这个专业的系主任约翰·亚历山大·威廉姆斯（John Alexander Williams），威廉姆斯也是《为初学者撰写的西弗吉尼亚史》（*West Virginia: A History for Beginners*）一书的作者。2008年，当奥巴马总统在洋溢着青春气息的理想主义浪潮簇拥下入主白宫时，马席斯也搬到了威廉姆森，并将全部时间都投入到了"可持续威廉姆森"（Sustainable Williamson）这一组织的一系列活动中。这是个非营利组织，其宗旨融环境保护、经济发展和社区赋能于一体。最近几年，马席斯在明戈县改造局（Mingo County Redevelopment Authority）和其他地方组织工作，在明戈县闹市区的一处停车场开办了星期六农民市场。他还为闹市区一幢房子的屋顶安装了太阳能电池板。这栋房子中有多诺万·贝克特（Donovan Beckett）博士的办公室。贝克特博士也加入了"可持续威廉姆森"，并在这里创办了一个卫生与健康项目。住在山区的人深受肥胖和疾病的困扰，而贝克特博士的项目旨在与肥胖和疾病做斗争。马席斯带我看了他刚修整好的一处不算大的社区花园，就坐落在闹市区南端的铁轨一侧。马席斯还协助推进了大麻种植运动。大麻能在该地区陡峭而又贫瘠的山坡上稳定生长，算是一种可持续利用的高价值作物。对于有兴趣听他讲话的人，马席斯会滔滔不绝地讲述自己的愿景。在这一宏大的愿景中，他要重新开发昔日的采矿之地，修建若干个集太阳能农场、以天然气为燃料的发电厂和产业设施于一身的园区，将工作机会和繁荣带到因煤炭减产而饱受打击的地区。

马席斯和玛利亚·根诺不同。他选择的是非对抗的道路。他愿意与煤炭业并肩工作，从内部改变主宰一切的煤炭生产范式。有时，他让我想起了我在东南亚那些贫困、偏远地区遇到的他国援助者：他们非常真诚，满怀善意，凭借有限的资源匡正多年来因被忽视、被剥削和被疏远而形成的种种不公平现象。援助行动依靠神话中西西弗斯（Sisyphus）那种徒劳无功却永不放弃的精神才得以实施。遇到挫折是常有的事，小小的胜利反而是一种犒劳。马席斯说，朝着解决问题的方向迈出实实在在的步伐，比在报纸上讲故事更加重要。

马席斯告诉我："走上街头，再把自己用锁链拴到树上，这种行动丝毫不能改变实际生活。煤田经济多样化可以说从未实现过，而我们却在为实现这种多样化付出真正的、一点一滴的努力。"

俯瞰威廉姆森镇闹市区的山脊上有一座**宅邸**，梅西能源公司**前**首席执行官唐·布兰肯西普过去就在这里招待他在公司的朋友。从社区花园就能看到这座宅邸的角楼和门廊。2010年4月15日，西弗吉尼亚州罗利县的上大支矿场发生了一次爆炸，29人在这起事故中

第一部分 死亡曲线

丧生。8个月后，布兰肯西普被迫离开公司。他离开这处住宅后，这栋公司的房子据说也随之变得空空荡荡，日渐破败，变成了象征公司先前荣耀的纪念碑。布兰肯西普以前一直被视为是西弗吉尼亚州最有权势的人，上大支矿难发生后，有好几年的时间，他都面临着可能对其提起的刑事指控。2014年11月，这团迷雾终于散尽。

唐·布兰肯西普留着两撇小胡子，下巴宽大，一副邪恶的煤炭大亨模样，现在联邦监狱服刑，未来很可能有机会在某部影视剧中扮演他真实的角色。2014年秋天，这位前梅西能源公司首席执行官被控犯有四项与上大支矿场爆炸案有关的罪行。

经过两次政府调查和两次独立调查，尽管布兰肯西普的两名前下属已经认罪并被判入狱，但布兰肯西普对自己可能负有刑事责任的想法仍然嗤之以鼻。他被指控密谋"为了开采更多的煤，赚取更多利润，拒绝为遵守安全法规支付成本，经常性故意违反强制性的联邦矿井安全和卫生法规"。他还被指控在事故发生后的几个月内，对美国证券交易委员会和梅西能源公司的投资人撒谎。

对布兰肯西普的审判肯定会提供更多有关阿巴拉契亚地区煤炭业不安全操作的证据，对那些在上大支矿难中死去的矿工家属来说可能会带来些许安慰。更重要的是，这场审判是一家大型煤矿公司总经理第一次因旗下煤矿违反安全法规而被绳之以法。因为，在不到一个世纪以前，在所谓的煤炭战争中，联邦部队还被用于镇压那些抗议井下生产条件不安全和不卫生的矿工，此类镇压通常都是以大打出手告终。而现在,一个煤矿首席执行官却会因据称犯有违反安全和卫生法规的罪行,以及试图掩盖不合格的生产条件而蹲30多年监狱。

起诉书中列举的很多事例均反映了布兰肯西普直截了当地反对安全和卫生法规的言论。比如,公司的高级职员在煤矿入口使用暗号,警告井下矿工,矿井巡视员来了;或按照布兰肯西普的吩咐,像完成例行公事一样掩盖违反安全条例的行径。布兰肯西普写信斥责手下经理,强令他们继续生产,而不要花钱改善安全措施。

"请记住,你们的核心工作是赚钱。为此,必须实现低成本挖煤、装运和质量控制。"在另一张便条里,他告诉手下经理,不要理会为在暗井中挖煤的工人提供适当通风条件的要求:"有关通风或其他问题,还是换个时间再操心吧。现在不是担心这种问题的时候。"①

2009年3月10日,也就是在矿难发生的前一年,布兰肯西普在写给一位起诉书中称为"已知的上大支矿场主管人员"的一份笔迹潦草的备忘录中提到:"你要养活孩子,干好自己的活儿就行了。"3天之后,布兰肯西普给这位主管人员又发了一张便条,上面写着:

---

① 《美利坚合众国诉唐·布兰肯西普案》,西弗吉尼亚州南区美国联邦地区法院,2014年查尔斯顿大陪审团,2014年11月12日,http://www.wvgazette.com/assets/PDF/CH62291113.pdf。

第一部分　死亡曲线

"真可怜。你需要专心致志……我能赫鲁晓夫（原话如此）你。你明白吗？"①

11月13日，起诉书正式公布后，布兰肯西普一如既往地做出挑衅的答复："唐·布兰肯西普一直不知疲倦地主张要保证井下安全。"他的律师威廉·泰勒三世（William W. Taylor III）在一份声明中说："他对有权有势的官僚提出了直截了当的批评，为此他遭到起诉。官僚想让他噤声，但他不会屈服。"

不过，这次控告布兰肯西普的可不是有权有势的官僚，而是来自西弗吉尼亚州查尔斯顿，也就是产煤核心区的普通公民组成的联邦陪审团。来自西弗吉尼亚州的参议员杰伊·洛克菲勒说，"和他对待自己雇用的矿工的方式相比"，在司法部门，"他受到的待遇公平得多，也有尊严得多。坦率地说，他不配获得这样的待遇"。②

最近10年，煤炭行业引进了现代化技术，实施了新的安全法规。布兰肯西普算是煤炭行业的另类人物。但是，对于一个走下坡路的行业来说，看到一位有权有势的前公司高层管理人员就这样因为本公司的矿井违反安全法规而出庭受审，又让人心怀恐惧。

---

① 《美利坚合众国诉唐·布兰肯西普案》，西弗吉尼亚州南区美国联邦地区法院，2014年查尔斯顿大陪审团，2014年11月12日，http://www.wvgazette.com/assets/PDF/CH62291113.pdf。

② 《参议员杰伊·洛克菲勒发表针对唐·布兰肯西普起诉书的意见》，WVVA电台，2014年11月13日。

在布兰肯西普被诉讼的几个月前，我为了写这本书，请求采访他，但被他婉拒。不过，让我颇感惊讶的是，他的同行兼同辈罗伯特·莫瑞（Robert Murray），即莫瑞能源公司（Murray Energy）的创始人和首席执行官，没有拒绝。结果，在2014年5月的一天，我和莫瑞通过电话交谈了一个半小时，或者说，我听他讲了一个半小时。从当时算起，再过几个星期，奥巴马总统就将发表针对气候变化的历史性演讲。在演讲中，他保证利用总统的职权降低发电厂的二氧化碳排放量。

莫瑞毕生都在从事煤炭业，刚刚投资35亿美元押注公司的未来。不过，莫瑞说起话来语调极为悲观。"最近，煤炭公司发布了一系列声明。和这些声明的内容相反，我丝毫也看不出未来会有什么事，能让我对从现在到2015年甚至更往后的煤炭需求和煤炭价格保持乐观。"2014年9月的一天，在匹兹堡召开的普氏煤炭推销日大会上，莫瑞告诉与会听众，"恰恰相反，未来几年，将会出现持续衰退。"[1]

莫瑞告诉我："我们看到的是，美国的煤炭业正被彻底摧毁，而且不会东山再起。如果你觉得它还能时来运转……那你就是在吸

---

[1] 安雅·利特瓦克（Anya Litvak）：《莫瑞能源公司首席执行官预测煤炭行业厄运逼近，声称自己的公司将生存下来》，载《匹兹堡邮报》，2014年9月23日。

毒产生了幻觉。"谈到煤炭业的衰落所带来的社会后果,莫瑞补充道:"奶奶又要在黑暗中受冻了。"这话说得既简单又直接。

如果好莱坞要拍一部反映20世纪煤炭大亨的自传片,他们要找的演员,长相会和鲍勃·莫瑞①(Bob Murray)八九不离十。莫瑞身材富态,性格好斗,在为那些无法辩解的立场做辩解的时候口若悬河。他白手起家,通过努力获得财富。2012年,奥巴马再次当选总统之后的3天时间里,莫瑞履行诺言,解雇了156名工人。至于理由,他引用了奥巴马政府发起的"煤炭战争"一说。在宣布裁员之前,他宣读了一份公开的祈祷文:

亲爱的主:

美国人民已经做出了选择。他们决定,美国必须改变航向,偏离开国元勋制定的原则,偏离人身自由和个人责任的观点,偏离资本主义、经济责任和自我接纳。

我们这个国家,支持的是实行再分配,让国家实力衰退,让生活水平下降,让个人逐渐失去自由。

主啊,我感到遗憾的是,现在的年轻人,包括我家的下一代,永远都不会知道美国过去是什么样子,它应该是个什么样子。他们的生活水平会下降,特别是,他们的自由将会受到限

---

① 即上文的罗伯特·莫瑞。——编者注

制。他们将为此付出代价。①

接着,他又援引《圣经·彼得后书》1:4-9中的原话:"有了信心,又要加上德行;有了德行,又要加上知识;有了知识,又要加上节制;有了节制,又要加上忍耐;有了忍耐,又要加上虔敬;有了虔敬,又要加上爱弟兄的心;有了爱弟兄的心,又要加上爱众人的心。"

仅仅因为现任总统再次当选,他就要裁掉156名工人作为回应,这一做法如何体现"爱弟兄的心和爱众人的心",很难让人彻底搞清楚。不过,莫瑞总是不厌其烦地把令人难以信服的结论强行结合为明显相互矛盾的前提。从个人本性和经商实践来看,他就是喜欢与人作对。针对联邦政府制定的管控煤矿安全和污染的法规,莫瑞已提起多项诉讼,其中之一就是根据《清洁空气法案》提出的。就算联邦政府加强了对煤炭排放硫污染物的限制,莫瑞还是大幅增加了对高硫煤矿的投资。2013年,他向西弗吉尼亚州的康索尔能源公司(Consol Energy)支付了35亿美元开采煤矿。在针对《赫芬顿邮报》(Huffington Post)和自由派博主迈克尔·斯塔

---

① 史蒂文·莫夫松(Steven Mufson):《奥巴马再次当选总统之后,莫瑞能源公司首席执行官朗读祈祷文,宣布裁员》,载《华盛顿邮报》,2012年11月9日。

克（Michael Stark）提起的诽谤诉讼中，莫瑞的律师在刑事指控书中称，说话口无遮拦的莫瑞，这个在美国比任何人都公开反对奥巴马总统和从事支持煤炭业抵抗活动的人物，其实根本就不是一个公众人物：" 莫瑞……从未主动去吸引公众或媒体的注意力，他的个人成就所带来的名声也不足以支撑他获得吸引公众或媒体关注的地位。" ①

莫瑞本是个性格内向的人，但他有个不太好的习惯，喜欢发表耸人听闻的声明，做出各种夸张的姿态，结果在主流媒体上落下了一堆坏名声。例如，他将奥巴马政府采取的策略和纳粹党卫队的行径做比较。莫瑞经营着美国最大的地下煤矿公司，由于违反安全法规，在1997年到2014年间总共向联邦煤矿安全与健康管理局（Mine Safety and Health Administration）支付了1810万美元的罚款。这些违法案件中就包括2007年在犹他州兰德尔煤矿发生的矿难，在那起矿难中，一系列地下矿井垮塌造成了9人死亡。公司为这起矿难支付了近100万美元的罚款。但尽管如此，莫瑞却公开反对为在井下作业的矿工配备个人定位追踪器。②

---

① 史蒂夫·霍恩（Steve Horn）：《煤炭大亨和肯·库奇内利少校运动捐赠者诉博客博主诽谤和侵犯隐私》，DeSmogBlog（博客），2013年11月3日，http://www.desmogblog.com/2013/11/03/coal-baron-major-ken-cuccinelli-campaign-donor-sues-blogger-defamation-invasion-privacy。

② 詹姆斯·卡罗尔（James R. Carroll）：《煤矿经营者怒斥新的粉尘排放规定》，载《信使日报》，2014年4月26日。

2014年4月,莫瑞的公司宣称,它将停止为去年收购的康索尔能源公司工作的1200名退休矿工支付医疗福利。当时这大概是莫瑞在媒体上最引人注目的时刻。1年前收购康索尔能源公司时,莫瑞能源公司同意为退休矿工支付至少1年的医疗福利,这是达成这笔收购交易的条件之一。在公司出售交易达成之后的一年零一天,莫瑞能源公司就不再支付这笔费用了。

这个错,当然不是莫瑞能源公司造成的,应该归咎于总统。

在宣布这项削减费用的声明中,莫瑞能源公司的发言人盖瑞·布罗特本特(Gary Broadbent)声称:"莫瑞能源公司无力提供这些福利。部分原因是,奥巴马政府及其任命的官员和支持者剥夺了数千名煤矿工人的生计来源,毁灭了煤炭业,包括煤炭市场。"[1]

不管你持何种政治观点,不管你如何看待大型煤矿公司背信弃义,不再承担雇员义务的行为,你都会对如此鲁莽冒失的声明感到惊讶。毫无疑问,煤炭业,甚至可以说整个石油行业滋养了这种人:他们在各个方面都符合"特大号"这个词的定义,他们毫不畏惧别人对自己的公开抨击,并且深信自己所从事的工作和事业是公平和公正的。他们可以成为艾因·兰德(Ayn Rand)小说中的

---

[1] 瑞克·史鲁姆(Rick Shrum):《莫瑞能源公司终止向康索尔公司领薪的退休员工支付医疗费用》,载《观察家与记者》,2014年4月16日。

人物。《艾因·兰德：一种生活感》(Ayn Rand: A Sense of Life)是一部反映秉持客观主义哲学观点的兰德的传记纪录片。而一位署名"唐·布兰肯西普"的评论者就在亚马逊网站上针对这部纪录片发了一份令人称道的700字影评。就像兰德小说中的主人公约翰·加尔特（John Galt）一样，莫瑞和布兰肯西普将目光投向未来，不过他们只看到了灾难。

莫瑞那低沉的男中音回荡在我耳边："奥巴马和支持他的民主党人正在把这个国家引入一场危机。廉价的电是生活必需品。我小时候很穷，所以对此一清二楚。生活在国家经济体最底层的人，要拿出更多收入支付供暖费和电费。结果，现任总统主张支持的那批人，由于总统的政策，生活反而变得愈发艰难。"

"总统吩咐世界银行，不要给遍布世界各地的采煤工程提供融资。这是我所见过的人类做出的最残忍和最恶毒的事情之一。对于那些无法自立的人，我抱有深切的同情。"

当然，就算美国是世界银行最大的资金提供者，对世界银行的政策发挥着独特的影响，总统也不可能让世界银行俯首听命。2013年6月，奥巴马总统宣布，美国不会再给其他国家的燃煤发电厂融资。1个月后，像其他多边融资机构一样，面对日益沉重的压力的世界银行也做出决定，停止支持化石燃料发电项目。

"奥巴马总统上任前，煤炭占到美国能源供应总量的52%，现在，这一比例已下降到37%。大多数专家说，这个比例还将继续下降到35%甚至32%。我觉得，到2030—2035年这段时间，这一比例会降到30%以下。不会更低了，因为如果进一步降低，冬天人们就要在黑暗中挨冻了。奥巴马政府看到了这一点，但这些人不在乎，他们要回报的是那些支持他们的选民：激进的环保主义分子、工会分子、好莱坞的那帮人，还有类似布隆伯格市长的自由派精英分子。"

我本想问一下，莫瑞能源公司不再支付医疗福利，那些退休员工怎么办，但是莫瑞越说越激动。

"在美国最不景气的地方，有9万人依靠我生活。我把这个责任看得很重。我特别关心依靠我的人。这是人的问题。"

不过，在联邦煤矿安全与健康管理局加强了对煤矿煤炭粉尘排放的限制之后，莫瑞针对这套新规宣战了。人的问题此时已被抛在了一边。新规要求，煤矿排放的煤尘，要从每立方米空气中的2毫克降到1.5毫克，但这个标准仍高于美国国家职业安全卫生研究所（National Institute for Occupational Safety and Health）1994年建议的1毫克标准。

"我告诉你，他们不但想停止使用煤，还要停止开采。我雇了全世界最棒的卫生专家，投资200万美元做研究。我们已经证明，颗粒大小对于慢阻肺或煤肺病没有任何影响。研究员还证明，政府使用的数据大错特错。这些数据是出于谋取私利的目的编造出来的，不但过时，还不准确，而且，分地区来看还是错误的。"

第一部分　死亡曲线

对于200万美元能为退休矿工购买几个月的医疗福利，我十分好奇。不过，对于我的提问，莫瑞依然不做回应。

"我说：'看，我们让人做了这些叫作气流头盔的密封头盔，头盔后面有个风扇。我要每个矿工戴一顶这种头盔。'他们说：'这头盔不行。我们想让大气中的煤尘降到1.5毫克。这个你不懂。'我说：'我当然懂：你们就是想关了煤矿。'"

莫瑞对"奥巴马国王"的威吓，已经体现为给共和党候选人提供广泛的金融支持。根据追踪政治资金来源走向的"OpenSecrets.org"网站的报道，从1992年以来，莫瑞能源公司的雇员为政治运动提供了将近500万美元的资金，这些资金几乎全部给了共和党人。[①]西弗吉尼亚州马里昂县莫瑞能源公司矿井的一位前女领班曾提出起诉。起诉书称，这些捐献并非是自愿的。2014年9月，前女领班简·科彻纳尔（Jean Cochenour）提出起诉，称自己因拒绝捐款而遭到解雇。起诉文件中有一封莫瑞签名发给雇员的复印信，信中要求员工为每一位竞选参议员的共和党候选人捐款200美元。[②]莫瑞否认捐款是强制的，但公司却要求矿工参加2012年8月在俄亥俄州的世纪煤矿举办的米特·罗姆尼（Mitt Romney）的竞选活动。

[①]《莫瑞能源公司的捐款》，OpenSecrets.org，美国政治响应中心，http://www.opensecrets.org/orgs/summary.php?id=D000022123&cycle=A。

[②] 小肯·沃德：《前领班就被解雇起诉莫瑞能源公司》，载《查尔斯顿公报》，2014年9月9日。

此后，又有若干工人站出来说，公司不但要求他们出席竞选大会，还在举办竞选活动的当天关闭了煤矿，并扣掉了1天的工资。

莫瑞能源公司的首席运营官罗伯特·穆尔（Robert Moore）告诉本地的一位电台主持人："参会是强制的，但是没有强迫任何人参加这场活动。"①此事说起来就像是在引用奥威尔（Orwell）讲的故事。

莫瑞虽已74岁，但对参与公众冲突仍然乐此不疲。他就像布兰肯西普一样，总是喜欢与人斗来斗去。"我尽己所能，把尽可能多的信息传递出去。我以前是一家公共煤矿公司的首席执行官，而公共煤矿公司和公用事业公司的首席执行官说话的时候，虽然要求措辞强硬，但时局却不允许。这类公司有各种各样的股东。首席执行官说话的时候，要维持局面，要八面玲珑。"

"现在，我在私人煤炭公司当头儿。我们从未上市，今年还要出售价值近40亿美元的煤。现在我想说什么就说什么。我尽一切可能，助选对煤炭业持友好态度的人，挤走那些反对提供可靠的廉价电力的人。你还有什么要问的吗？"

我在威廉姆森镇及其周边地区**转了三天**，目睹了人们为创建一

---

① 尼拉·班纳吉（Neela Banerjee）：《俄亥俄州矿工说他们被迫参加罗姆尼的竞选大会》，载《洛杉矶时报》，2012年8月29日。

第一部分　死亡曲线

个可持续和繁荣的后煤炭社会而顽强拼搏的景象，但这些并非都是鼓舞人心的体验。我听从了埃里克·马席斯的建议，住进威廉姆森闹市区一家名为"登山者"的历史悠久的旅馆。这家旅馆，委婉地说，算是"有历史意义的"，但实际上，却是"破败和落伍"的地方。大厅里空空荡荡，说话都能产生回音；房顶很高，四面墙壁上挂着褪了色的风景画，仿佛有幽灵在作祟。小小的电梯，"呼哧呼哧""咔哒咔哒"地一路响着，不紧不慢地从底层升到四层。看到的几位客人，都是长期休假的退休人员。当我拿着包沿着灯光昏暗的空旷走廊走下楼梯时，情不自禁地觉得，自己跌跌撞撞地走进了斯坦利·库布里克（Stanley Kubrick）电影中的场景。

登山者旅馆的隔壁，就是著名的"煤屋"，这是一所黑色的立方体建筑，其外墙全部由煤制成。1933年，铁路大亨伊万斯（O. W. Evans）使用65吨来自贯穿周边群山的威尼弗雷德煤层的烟煤制成了这个煤屋。煤屋被用来宣传西弗吉尼亚南部"价值10亿美元的煤田"。今天，威廉姆森商会就在这座平房里召开。我想参观煤屋的这天，它却关着门。黑色的墙壁泛着幽幽的光，似乎把日光吸食得干干净净。在静悄悄的街道上，这座煤屋好似一个立方体黑洞。

在威廉姆森镇住下的头一晚，我和马席斯以及他的盟友一起吃了顿饭。这些人在后煤炭时代为争取出路的斗争中结成了盟友：珍妮·哈德森（Jenny Hudson）是明戈县糖尿病联盟（Mingo County

Diabetes Coalition）主任；多诺万·贝克特是在威廉姆森经营一个卫生和健康项目的医师，他的办公室屋顶已经安装了太阳能电池板；罗杰·福特（Roger Ford）是一位本地商人，也是一位政治顾问，他创办了爱国者生物能源公司（Patriot BioEnergy）。这是一家初创企业，准备修建利用燃烧煤和从大麻中提取的生物质发电的生物能源发电厂。天黑之后，在威廉姆森就没有仍在开门营业的合适餐馆了，所以我们跨过州界，在肯塔基州的派克维尔市碰面。

罗杰·福特说："我一辈子都是个挖煤的。不过，你不能无视市场的力量。按每吨煤的成本计算，阿巴拉契亚中部地区的煤和美国西部地区还有海外地区的煤相比处于劣势。事实就是这样，已经到了面对现实的时候了。"

贝克特博士说："很长时间，人们一直无视事实真相。而政客和煤炭业的人，就利用了这种无视。"

马席斯说："全都是因为恐惧。这就是书里记载的最古老的把戏：利用人们的恐惧来控制人。"

福特靠在椅背上说道："这个我就不清楚了。"福特是个大块头，说话慢条斯理的。他一辈子都生活在阿巴拉契亚中部地区，不过他让人觉得，就算是在华盛顿《创智赢家》（*Shark Tank*）真人秀节目的现场，他也同样能够轻松应对。在我看来，他就是那种习惯了自己的精明被人低估，而且知道如何利用这种低估为自己赢得好处的人。"煤炭业并不傻。煤炭业有不少人，不管他们愿不愿意让人引用他们说过的话,早就明白必须要适应环境变化。混政治圈的人也得利用这一点,为准备面对现实的人说话。我希望,对于地区未来的走向,还有未来煤炭的总体发展方向,能做更富于实质性的讨论。"

不过,目前这场讨论,只在我们5个人之间展开。除了围坐在桌旁的我们,餐馆里已经没有别人了。这场聚会让我想起在被占领国召开的秘密会议。当我开车沿着119号公路返回威廉姆森的时候,我租的这辆车车灯灯光耀眼,直刺黑暗。当我回到登山者旅馆时,前台已无人值班。

第二天一早,马席斯和我参观了农民市场,这是在他和珍妮的协助下办起来的。9月份艳阳高照,天气依然炎热,在一个长棚子下面,零零星星的几位卖家凑在一起出售农产品。我数了数,共有十几张桌子,桌子上摆着柿子椒、熟透了的西红柿、莴苣、桃子和葡萄。我们坐在阴凉处,和售货的农民还有他们的客户聊起天来。周围没有多少车辆经过,不过,人们依旧情绪饱满,就像这大白天明媚的阳光。

出售葡萄和桃子的是道格·达德利(Doug Dudley)。他对路过的朋友说:"来呀,大个子!"达德利今年67岁,尽管动作有些迟缓,但身板依然硬朗。说起煤炭业未来将要面对的困境,他可是有话要说,尽管没多少好话。

他一边招待客户,一边告诉我:"今年对这帮人来说形势不妙。政府打算不要煤炭了，以后这里就没有煤炭业了。除非煤炭业的人能想出办法高效清洁地烧煤，否则煤炭就要被扫地出门了。"

达德利当了33年矿工，还种了60英亩的滩地。13岁那年，他就去A. T. 梅西煤业公司工作了，当时，A. T. 梅西煤业公司是西弗吉尼亚州历史最悠久的煤炭公司之一，后来发展为梅西能源公司，也就是唐·布兰肯西普麾下的公司，也是上大支煤矿的所有者。达德利上的是第三轮班，也就是从晚上11点干到次日早上7点那一班。"我能挤出两三个小时睡上一觉，在晚上9点半或9点45分起床，和孩子们碰个面，然后就去煤田上班。白天我会再补个觉。"

刚开始上班的时候，他的时薪是13美元。到45岁退休的时候，时薪为22.5美元。对目前那些有钱就挥霍一空的年轻一代矿工，他颇有微词。现在的矿工，时薪可以达到35美元，但他们的生计比煤层本身消失得还快。"这些下一代人啊，下了班就买喷气式滑水车和野营车，而且还扎堆买。每个人都弄辆6万美元的卡车。他们为啥这么干？我可真是搞不懂。"

达德利的孩子逃离了煤田：女儿在图森当理疗师，儿子在拉斯维加斯当木匠。他们不怎么回东边老家。达德利把自己当矿工时攒下的钱全部拿出来让女儿上了理疗学校。他的收入一部分来自梅西能源公司发放的养老金，一部分是社保，再加上他出售农产品赚到的钱。他的生活与西弗吉尼亚州的过去密不可分，但是他对未来也有着自己的规划：他开始种大麻。

第一部分 死亡曲线

"是啊,我也给自己弄了几亩地,"他说道,话里话外都透着当了一辈子农民的那种谨慎劲儿,"我们还得再看看。"

这种非精神活性的大麻种植物,最早是英国人在16世纪引进的,在阿巴拉契亚地区已经种植了400多年。到18世纪中叶,它已成为该地区最大的经济作物之一。当时这里有8000多家种植场,所有工作基本上都由奴隶完成。人们用大麻生产运输棉花使用的麻绳、麻布袋和绳索,大麻业产值达到了300万美元。美国内战之后,南方的棉花产业一落千丈,大麻产业也随之衰落。尽管第二次世界大战期间,为满足军事需要,种植大麻经历了短暂的复兴,但是,1937年通过的《大麻税法》(Marijuana Tax Act)几乎彻底埋葬了大麻产业。今天,在肯塔基州和西弗吉尼亚州,种植大麻已被很多人视为振兴农业的重中之重。

罗杰·福特告诉我:"种植大麻很有潜力,因为工业大麻可应用于多种气候和地带,有利于采矿终止后的矿区改造。而且,作为一种可燃物,它很容易和煤炭混合,用于发电。"

2012年,福特创办了爱国者生物能源公司,在西弗吉尼亚州和肯塔基州专营大麻。截至目前,有十二个州批准种植工业大麻,这是其中两个。大麻耐寒,抗旱,即使在贫瘠的阿巴拉契亚的山坡上也能轻而易举地生长。其实,现在你就能看到,这种叫"野生大麻"的植物正在沿着路床肆意疯长。按照大麻支持者的说法,大麻有成千上万种用途,可以制成环境友好型的纤维、绳子、纸张、各种油品和牛饲料。福特还提到，把大麻压缩成团粒，可作为发电厂的燃料，与煤混合在一起，用于"同时发电"。

大麻籽油现在每加仑售价是70美元。按照大麻工业协会的统计，2012年，美国进口的大麻价值超过5亿美元。[①]2014年，一份由爱国者生物能源公司委托完成的报告提到："我们的愿景是，让现有发电厂成为将农业、能源转化和生产整合到新经济中的枢纽。这种新经济受益于将生物质，尤其是大麻，转化为数千种有价值产品的能力。"[②]

克里夫·穆尔（Clif Moore）是西弗吉尼亚州民主党的州代表，他告诉"WOAY"电视台："我们拥有土地和水，有办法通过铁路运输将货物运送出去，我们还有能做到这一切的劳动力。"[③]

废弃的矿区上已建成数百座种植园。这些种植园雇用了成千上万名前矿工，他们在种植一种对环境无碍而市场又在不断扩大的作

[①] 雷内·约翰逊（Renée Johnson）:《作为农业商品的大麻》，国会图书馆，国会研究处，2014年2月14日，http://www.votehemp.com/PDF/RL32725-20140214.pdf。

[②] 凯瑟琳·安德鲁斯（Katherine Andrews）:《大麻：一种能够让肯塔基州和西弗吉尼亚州转型的能源作物》，爱国者生物能源公司，2014年，http://www.patriotbioenergy.com/data/uploads/whitepaper/whitepaper_an-energy-crop-to-transform-kentucky-and-west-virginia.pdf。

[③] 斯图尔特·汉默（Stuart Hammer）:《新闻观察》，WOAY电视在线，2014年5月21日。

物,这种作物还能作为燃料发电,降低单纯依靠燃煤发电的污染物排放量:这真是一个极富吸引力的经济复苏方案。不过,要实现这一愿景,还有不少障碍。

第一个障碍就是联邦法律。尽管大麻合法化运动的呼声一浪高过一浪,但是美国法律规定,种植大麻在技术上依然是非法的。想种植大麻,需要获得联邦许可,但自1999年以来,再未颁发过此类许可。2013年,肯塔基州共和党众议员托马斯·马西(Tom Massie)推出《工业大麻种植法案》(The Industrial Hemp Farming Bill),现在这个法案已经无声无息了。2014年5月,联邦政府的官员拦下了肯塔基州从意大利进口的第一批大麻籽,结果这批货在路易斯维尔国际机场滞留了一个多星期。肯塔基州的农业部门起诉了联邦政府,控告其试图将大麻籽扣住不放,直到种植季节结束再放行。紧要关头,政府发布了暂缓执行令,这才予以放行。现在,肯塔基州各地大约有十多个试点项目种植了工业大麻,数量虽然不多,但毕竟迈出了第一步。

第二个问题是,当下,将大麻作为能源生产的生物质来源,基本上还处在试验阶段。总的来说,人们仍在艰难地探索可行的商业模式,以便利用包括玉米乙醇在内的生物燃料。简而言之,使用大麻发电,即使是把大麻混入煤炭中燃烧发电,从经济角度看依然是不可行的。

爱国者生物能源公司的科技顾问凯瑟琳·安德鲁斯说:"我不

想站出来说，种植工业大麻是个特别好的点子。这里涉及规模效益和经济因素等诸多问题。要找出办法快速扩大大麻的种植，使其达到产业规模，这一点非常重要。如能做到，就可以减少燃煤发电厂的排放物。但是，在那些人们仍坚持烧煤发电的地方，种植大麻能帮上的忙可以说微乎其微。"

但是，全球气候所需要的，可不是这种"微不足道"的帮助。阿巴拉契亚地区经济发展也不需要这种微乎其微的帮助。不过，大麻太有诱惑力了。人们将大麻视为一种具有魔力的、能够帮助解决当地各种弊端的神奇作物。就像当年人们也曾认为，煤炭就是消除贫困无知的灵丹妙药一样。这种想法一旦产生，立刻就产生了强大的推动力。就连前面提到的第一道障碍，也就是固执的美国政府，态度也开始松动。2014年，奥巴马总统签署的《农业法案》（Farm Bill），内容之一就是让试点种植大麻的项目合法化。该法案通过后，出现了奇怪的分裂：一方是像肯塔基州警察局之类的执法团体，他们反对这个法案，警方认为，该法案实施后，就更难落实反大麻禁令了；另一方则是来自西弗吉尼亚州和肯塔基州的共和党议员，包括梅西能源公司和煤炭业最坚定的盟友——米奇·麦康奈尔。

法案中收录了有关可以种植大麻的条款，但规定只允许大学和州农业部门种植大麻。麦康奈尔将这些条款称为"肯塔基州农民的重要胜利"。他还补充说，初出茅庐的大麻产业"能够促进本州的经济发展"。①对于萧条的阿巴拉契亚地区，大麻产业构成了后煤炭时代经济发展的组成部分。尽管麦康奈尔没说过这话，但是，许多支持发展大麻生产的人对此却深信不疑。除了上述被援引的简短声明，麦康奈尔还小心翼翼地运用自己的影响力，确保这个法案平稳通过。不过，阿巴拉契亚地区的当地人却能够领会这一举动的真正意图。

罗杰·福特告诉我："麦康奈尔参议员将发展大麻纳入主流议题，这很好。他在尽其所能保住自己的政治基本盘的同时，也认识到我们能够往前走，而且不得不往前走。他思考问题具有战略眼光，对他来说，这是很聪明的战略性的一步。"

种植大麻目前尚处于试验阶段。如希望进一步发展，就需要平坦的可耕地。大麻可以种植在山坡上，但在山坡上发展农业是无法形成产业规模的。在阿巴拉契亚东部地区，群山连绵，到处是山谷和小溪河床，除了废弃的煤矿，罕有平地。

一天，在查尔斯顿机场，我登上一架小型飞机，从空中观察煤田。这次飞行由一家名为"南方之翼"（Southwings）的组织安排，飞机上坐满了记者、政客和商务官员，他们从空中俯瞰矿区，尤其

---

① 珍妮·霍普金森（Jenny Hopkinson）：《米奇·麦康奈尔赞同农业法案中的种植大麻条款》，载《政客》，2014年1月29日。

是实施山巅移除采矿法带来的后果：山顶被削平，因为在平地上更便于对煤层进行挖掘。采矿公司最多每天要引爆2500吨炸药。一个星期下来，炸药的破坏力与当年将广岛夷为平地的原子弹的威力不相上下。①

最近20年，在阿巴拉契亚地区，山巅移除采矿法很大程度上已经取代了地下开采。但是，这一方法已经破坏了500座山峰，涉及120万英亩土地。②当我们乘坐的飞机从机场起飞，向东南方向飞行时，我们从大约5000英尺的高度向下观察，看到的是一望无际的绿色森林，宛如波浪般起伏不定的地毯。绿荫之间，河流溪水纵横交错。而中断这片绿荫的，是其间的若干座城镇，还有突然冒出来的煤矿。这些奇丑无比的煤矿，好似地表上结出的伤疤。长达两个小时的空中飞行结束后，我们又坐车兜了一个大圈子：先是沿着我前一天刚驾车驶过的美国119号公路行进了一段，然后向西，再向北前往俄亥俄河，穿过64号州际公路，再向东绕回查尔斯顿。震撼的平川旷野中，偶尔冒出来的小城镇很快就消失在无边无际的林海中。除了亚马孙盆地，这里拥有最多样化的生态系统。同人类居住的痕迹相比，实施山巅移除采矿的地表特征则要醒目得多，面积也

---

① 罗博·帕克斯（Rob Parks）：《令人心碎的阿巴拉契亚：是时候停止使用山巅移除法开采煤矿了》，自然资源保护协会，2009年11月9日，https://www.nrdc.org/land/appalachian/files/appalachian.pdf。

② 同上。

大得多。这些采矿点往往占地数百英亩，地表为棕褐色，储存泥浆的黑色池塘发出幽幽的光。移走的土石被倒入山下的溪流中，堆成一层又一层的碎石瓦砾，被称为"河谷堆积"。根据环境保护署的统计，这种从使用山巅移除采矿法作业矿点倾倒下来的土石，已经填满了阿巴拉契亚地区总长2000英里左右的上游溪流。①山巅移除采矿法是一种高效到近乎残忍的采煤方法。在引进该采煤法后，已有成千上万的煤矿工人失业。2009年，斯奈普斯能源经济学咨询公司（Synapse Energy Economics）在其发布的一份报告中说："历史经验表明，从深部开采到露天开采的转型过程会从经济上毁掉整个地区。但在采矿公司兴旺发达的同时，煤矿工人的福利待遇并未得到改善。"②

在美国东部地区，与山巅移除采矿法做斗争已成为煤炭战争中环保战线上的主要行动，而且若干行动已经取得了成功。2009年，奥巴马政府呼吁环境保护署、美国陆军工程兵团和内政部等联邦机构更加密切地监督和限制山巅移除采矿法的实施。反对者也取得了法律上的胜利，那就是，2012年，爱国者煤炭公司（Patriot Coal,

---

① 罗博·帕克斯：《令人心碎的阿巴拉契亚：是时候停止使用山巅移除法开采煤矿了》，自然资源保护协会，2009年11月9日，https://www.nrdc.org/land/appalachian/files/appalachian.pdf。

② 《山巅移除采矿法在经济上带来的影响》，载《阿巴拉契亚之声》，2014年6月22日。

这是一家产煤大户,但并不附属于从事大麻生产的爱国者生物能源公司)由于在西弗吉尼亚州的露天煤矿排放硒,而被俄亥俄流域环境联盟(Ohio Valley Environmental Coalition)、塞拉俱乐部和其他组织起诉。目前这场诉讼已得到解决,爱国者煤炭公司同意支付750万美元,以示遵守对山巅移除采矿法所做的广泛限制。至少在法庭上,已经出现了遏制这种采矿法的趋势。

不过,在地面上,局面尚不清晰。哈尔雷斯工业园就坐落在一处山巅移除采矿点的所在地,而阿奇煤炭公司科尔麦克分公司(Coalmac)仍在这里采煤。许多致力于振兴该地区经济的人都断言,现有的可供开发和使用的大面积空旷平地对未来经济发展大有裨益。

泰里·萨蒙斯(Terry Sammons)是威廉姆森的一位律师,他告诉我:"有了平地,我们就能办成许多事。没有平地,这些事还真办不成。"他所说的办成的事包括2013年开放的新的明戈县机场。新机场修建在威廉姆森之外"神秘山路"附近的一处山巅移除采矿点。为这座新机场捐款的煤炭公司是阿尔法资源公司(Alpha Resources)。这座原采矿点代表了迄今为止明戈县改造局引进新产业和振兴整个地区的最高成就之一。改造局总裁史蒂夫·科米纳尔(Steve Kominar)说,现在,机场起落的飞机还不多,但这不是问题的关键。

科米纳尔告诉我:"有了这样的成就,我们就有了前进的机

第一部分　死亡曲线

会。当煤炭业开始衰退的时候，我们需要为明戈县制定一个新的战略规划。我们调查了失业情况，从裁员数量中等的行业到裁员数量最多的行业。我们意识到，我们必须做一些从未做过的事，需要开辟独一无二的机会。"

这番话，和多年来秉持的对废弃煤矿进行改造的原则大相径庭。1977年通过的《露天采矿控制和恢复法案》（Surface Mining Control and Reclamation Act）确立了"接近于原貌"原则。按照这一原则，要将土地恢复成采矿前的样子。用埃里克·马席斯的话来说就是，采用这一原则，山体改造就会出现失败案例，而且与恢复原始森林中生长旺盛、种类繁多的植物丝毫不沾边。当马席斯和我站在哈尔雷斯工业园所在的方山上时，马席斯说："有人想让这里看起来像个高尔夫球场。"煤炭公司在废弃煤矿重新植树造林的招数之一就是种植牛奶子，而种植牛奶子也是露天采矿控制和恢复法案鼓励的措施。牛奶子是一种茂密的灌木，遍布于阿巴拉契亚东部地区的废弃煤矿上。这是一种从亚洲引进的植物，适应性极强，有着银绿色的叶子，一到春天，就会散发出一种强烈的臭味。它已经占领了从北卡罗来纳州到俄亥俄州的大片牧场。而现在，土地经营者想利用被废弃的山巅移除采矿点重新移植本地树木，例如，刺槐和壮观的美洲栗。美洲栗又被称为"东部的红木"。根据内政部肯塔基露天采矿办公室的一份报告，在一场"被认为是……20世纪最大生态灾难"的栗树病虫害中,美洲栗几乎全军覆没。①

2009年,一项名为"跳板行动"(Operation Springboard)的计划开始实施,废弃煤矿所在地开始种植栗树。此后,来自阿巴拉契亚各地的志愿者队伍重新种植了数百英亩的栗树。在护林人和土地经营者看来,重新引进本地树种,其意义远大于恢复生物多样性。治愈土地,也能帮助治愈社会。露天煤矿办公室的作者在报告中写道:"通过种植栗树推动重新植树造林。在这些开过矿的土地上,观点针锋相对的人(矿工和环保主义者,教师和学生,年长者和孩子们)通过种树相聚在一起,他们深入地探讨如何保护本地区,促进其可持续发展,保证其未来的健康状态。"②

在明戈县,在所有这些交谈中,人们总会提到一个人,他就是已故的詹姆斯·H."巴克"·哈尔雷斯(James H. "Buck" Harless)。他是阿巴拉契亚地区的大亨,既有煤炭巨头开辟自然资源的才华,也能像环保主义者那样,相信能让自然资源可持续发

---

① 克里斯托弗·巴尔顿(Christopher Barton)、迈克尔·弗兰奇(Michael French)、费松林(Songlin Fei)、凯瑟琳·沃德(Kathryn Ward)、罗伯特·帕里斯(Robert Paris)、帕特里克·安吉尔(Patrick Angel):《阿巴拉契亚露天煤矿为美洲栗的回归提供了独一无二的环境》,载《解决方案杂志》,2010年7月第1卷第4期。

② 同上。

第一部分 死亡曲线

展。他与唐·布兰肯西普和鲍勃·莫瑞这类贪婪而又不服输的人截然相反。他以管家的心态看待开矿采煤的生意，又以邻居的视角看待煤矿所在地的社区。哈尔雷斯于1919年出生在洛根县的塔普林，出生后不久，母亲就因罹患肺炎身故，他是由姑姑和叔叔抚养长大的。从吉尔伯特中学毕业后，他也像绝大多数同辈人一样，受雇于煤矿。20岁时，他和一位叫琼的姑娘私奔，一段时间后两人正式结婚，直到她于1999年去世。他在红夹克煤炭公司的地下矿井干了好几年，在攒够500美元之后，投资了当地一家锯木厂，这是他一生中所做的第一笔精明的交易。第二次世界大战结束后，哈尔雷斯已拥有高中学历，他特别看重阿巴拉契亚地区工人的彪悍本性，而其天生又具有商业头脑，知道如何做成合算的买卖。他把公司发展为一个地区性的企业集团，主营业务是煤炭、木材和运输设备。不过，他虽然尊敬善良诚实的西弗吉尼亚州矿工，却容不下要求集体议价的人，也容不下过度热衷环保的人。《华尔街日报》曾将其描述为"西弗吉尼亚州煤炭业与工会做斗争的头领"。哈尔雷斯终生都在支持山巅移除采矿法，并且认定，只有使用这种采矿法，阿巴拉契亚地区的煤矿公司才有能力参与世界市场的竞争。他坚信自己是对的。①

---

① 汤姆·汉堡（Tom Hamburger）：《一位燃煤发电厂的斗士带来关键的胜利，为候选人布什助一臂之力》，载《华尔街日报》，道·琼斯公司，2001年6月13日。

到了50多岁的时候，哈尔雷斯已成为亿万富翁，在盖恩多特河的一座岛屿上拥有带有停机坪的私人庄园。他是明戈县最大的地主，经营着自己的第二产业，并成为西弗吉尼亚州共和党的慈善家和元老。2000年总统大选竞争激烈，一方是已被右派描绘成极端环保主义者的阿尔·戈尔（Al Gore），另一方是石油大亨乔治·布什（George W. Bush）。正是在这场选举中，哈尔雷斯登上了全国政治舞台。

从赫伯特·胡佛（Herbert Hoover）总统开始，就没有在任的共和党总统获得过西弗吉尼亚州的支持。布什竞选总统的时候，由于对手是南方民主党名门望族的子弟戈尔，布什也因此不愿在西弗吉尼亚州投入资源。不过，哈尔雷斯确信，由于戈尔有意通过禁止山巅移除采矿法，让阿巴拉契亚地区的煤炭公司倒闭（在查尔斯顿联邦法庭提出的一桩针对阿奇煤炭公司的起诉中，起诉方要求有效关闭西弗吉尼亚州所有使用山巅移除采矿法的煤矿，而克林顿政府支持这项诉求），产煤区将转而支持布什—切尼这对共和党总统候选人。

使用山巅移除采矿法采煤，需要将山头炸平，才能挖到地下的煤。环保主义者对此持反对意见，这就伤害了哈尔雷斯的宗教感情。他告诉《华尔街日报》："我和你们一样，认为应该保护环境。

第一部分 死亡曲线

（不过，）如何采煤，要由生产者根据煤的实际用途决定。"①

哈尔雷斯和布什在奥斯汀的一场捐款活动中见了面。这位煤炭大亨让石油大亨相信，应当遵循"煤炭和汽车"的竞选策略：生活在俄亥俄河流域"锈镇"的那些选民，很多人现在或曾经受雇于汽车和煤炭行业。要让这些选民确信，他们应投票给这样一位共和党候选人：他提倡实现自由市场，并且自己所在的州立法规定了劳动权，允许雇员选择是否参加工会。

这一策略果然奏效。布什赢得了西弗吉尼亚州5张选举人票，这一结果让戈尔心烦意乱。最终，正是这微弱的票数差，决定了布什问鼎总统宝座。布什的当选让煤炭业赢得了喘息之机，在21世纪的头10年再次获得稳定发展。布什就任后不久即违背竞选承诺，没有采取行动限制碳排放。西弗吉尼亚州的水质标准并不严格，声名欠佳，在布什任期内，环境保护署对这一标准的态度没有那么强硬。正是由于这一决定，2014年爆发了艾克河灾难，7500加仑用于洗煤的化学物质泄漏到艾克河中，导致近30万人没有饮用水。此外，司法部也拒绝进一步限制采用山巅移除采矿法，这些做法直接导致从1950年开始日渐衰落的采煤业再次复苏。阿巴拉契亚地区煤

---

① 汤姆·汉堡：《一位燃煤发电厂的斗士带来关键的胜利，为候选人布什助一臂之力》，载《华尔街日报》，道·琼斯公司，2001年6月13日。

炭业重现曙光，只不过转瞬即逝。

从另一角度看，就算巴克·哈尔雷斯帮助西弗吉尼亚州的煤炭时代延长了一些时日，他仍是一个足够务实的人。他知道，煤炭行业无法永远兴旺发达。今天，他的名字遍布西弗吉尼亚州的建筑和机构中，而它们中许多并不是煤炭行业的纪念碑。例如，位于吉尔伯特的拉里·乔·哈尔雷斯社区中心，就是以哈尔雷斯儿子的名字命名的，他的儿子1995年去世时还很年轻；明戈县中心综合中学（由四所分散在县城各处，已经岌岌可危的中学合并而成）的哈尔雷斯体育馆；此外还有琼·哈尔雷斯农村教育研究和发展中心、巴克·哈尔雷斯学生-运动员学术中心，这两座建筑位于亨廷顿的马绍尔大学校内。旅游景点哈特菲尔德-麦考伊山小径穿越山区地带，所经之处大部分是私有土地。在兴建这条小径的过程中，哈尔雷斯发挥了关键作用。这条小径吸引了来自美国东南部各地的徒步旅行者和山地车越野爱好者。哈尔雷斯带头将实施山巅移除采矿法的采矿点重新规划为工业园区，让煤炭公司确信，后采煤时代的经济发展对其有利。他还是明戈县改造局的创立人之一。另外，可能也是最重要的一点，他一手栽培了泰里·萨蒙斯，其已成为西弗吉尼亚州向后煤炭时代转型的领军人物之一。

有些人的一生体现了其所生活地区无处不在的矛盾和冲突。萨蒙斯就是这些人中的一员。他是一个矿工的儿子，20世纪60年代在吉尔伯特长大。当时，露天采煤刚开始取代地下采煤，随之而来的就是露天采煤对土地的损害。

萨蒙斯告诉我："小的时候，我住在泥舔洼，那是一个人挤人、人挨人下井挖煤的时代。露天采矿兴起后，采矿人把所有挖出来的东西都倒入洼地。结果，一到下雨天，住的地方就开始发大水。直到现在，我都能回想起洪水的气味。那样的日子实在是糟透了，可是也只能接受这样的生活。我们住的地方是公司的房产，日子就是这么过的。"

他父亲只要能在煤矿找到活计就去上班，但是到了20世纪70年代，这种生活已经不那么稳定了。"我看到，父亲被解雇，然后再去上班，再次遭到解雇。当他无所事事回到家中时，总是让人担惊受怕……我们会时不时感到害怕，总觉得最终会不得不离开西弗吉尼亚南部地区。"

"但这里是我们的家，也是我们的传统和文化所在地。小时候的经历，让我对西弗吉尼亚州南部地区要有工作做、能持续发展特别重视，没有什么比这些更重要了。"

萨蒙斯和两个兄弟都不愿意接受这种一辈子下井挖煤的宿命，所以他们努力考上位于肯塔基州南部坎伯兰山麓的伯里亚学院。伯里亚学院被称为"穷人的哈佛"，主要招收来自阿巴拉契亚地区的穷孩子，而且对录取的学生不收学费。萨蒙斯在该学院获得了数学学士学位，然后着手研究"不戴安全帽，不到地下挖煤，也能在西弗吉尼亚州南部谋生的手段"。为此，萨蒙斯付出了各种努力：他教过数学，给人送过报纸，出售足球票，还给汽车加油。一天，他把一张足球票卖给了巴克·哈尔雷斯。这样的邂逅实属偶然，如果这段经历是狄更斯编造的，恐怕其本人都会感到尴尬。

大亨问他："你干了多少份工作？"

萨蒙斯答道："有多少做多少。"

"那么，我想让你来为我工作。"

由此开始，萨蒙斯成为一位煤炭工程师，他的学历越来越高，学业日益出色：先是拿下了西弗吉尼亚大学环境科学的理学硕士学位，最终获得哈佛大学法学学位。萨蒙斯开办的律师事务所在查尔斯顿和吉尔伯特均设有办公室。在其职业生涯中，主要代理煤炭公司的业务，负责和环保主义者谈判，反过来还能获得后者的尊重。对于煤炭业，他的善意无可挑剔，而在整个地区又长期从事各种友好活动。因此，对于主张发展煤炭业和主张多样化发展，观点存在分歧的两派人来说，萨蒙斯是双方一致信赖的少数人员之一。萨蒙斯长期担任明戈县改造局的主席，正带头重新规划，将实施山巅移除采矿法的煤矿改为工业园区，并将土地分割成小块用于种植大麻，发展农业。

"有没有人反对我？当然有。"萨蒙斯坦率地承认了这一点，"肯定有人认为，只要提出的发展方向与煤炭无关，他们就得起来反对。不过，我们永远也不该意见相左。这里发生的一切没什么秘密可言。只要向周围地区看一看，你就会明白，这片区域的未来并

第一部分 死亡曲线

不是发展煤炭业。如果我们能制定正确的规划，就有理由相信，我们能够盘活现有资产，找到更多的机会发展经济。"

实际上，反对者还是有一定理由的，在将美好愿望转化为实际行动的过程中，至少存在着某些现实的障碍。主要障碍之一就是岛屿的所有权。查一下明戈县的资产税征税手册，就能看到一些熟悉的名字（"哈特菲尔德"和"麦考伊"——这两个名字反复出现），还有一些不那么出名的本地家族以及大量公司都把总部设在明戈县以外的地方。在20世纪的大部分时间里，这些将总部设在外地的本地业主都是木材、铁路和煤炭公司。1974年12月，汤姆·米勒（Tom Miller）在《亨廷顿先驱公告报》（*Huntington Herald-Advertiser*）上发表了一系列著名文章，指出这些将总部设在外地的业主拥有或者控制了西弗吉尼亚州三分之二的私有土地。"这些人通常只需要付出极少的财产税，就能开采本州丰富的煤炭、木材、石油和天然气。而他们的这种活动，又不可避免地维持了一个明显相互矛盾的现象：这是一个有着丰富矿产资源的州，而这里的居民却过着赤贫的生活。"①明戈县总共有271040英亩土地。米勒用文件证明，其中有177322英亩土地，也就是65%的土地被四家公司所有，它们是：乔治亚-太平洋公司（GeorgiaPacific）、岛溪煤矿公司

---

① 汤姆·米勒：《在外地主支配了本地的土地所有权》，载《亨廷顿先驱公告报》，1974年12月。

（Island Creek Coal）、柯提加开发公司（Cotiga Development）和美国钢铁公司（U.S. Steel）。当时，美国钢铁公司是世界上最大的煤炭消费者之一。可以肯定地说，这些公司的高层管理人员并没有把西弗吉尼亚州的长期利益放在心上。

近年来，这种土地所有模式发生了一些改变，但是，当地居民并未从中受益。目前，绝大部分大地主都是大的控股公司或"资源管理投资公司"。其中两家公司，北卡罗来纳州的哈特伍德林地基金（Heartwood Forestland Fund）和西雅图的李子溪林地公司（Plum Creek Timberland），分别是西弗吉尼亚州最大和第三大土地所有者。

对当地积极分子和反煤炭的环保主义者来说，土地集中所有制是本地区发展落后、社会关系失衡，以及与外界格格不入的阴暗面中包藏最深、最纯粹的罪恶的主因。不过，在阿巴拉契亚地区，事情很少会如此简单。对于像萨蒙斯和改造局总裁史蒂夫·科米纳尔这样的地区改造支持者来说，土地集中在若干大地主手中有助于简化类似于哈特菲尔德-麦考伊山小径这种地区改进项目的获批程序。另外，至少在理论上，土地所有者应当欢迎对原煤矿所在地进行产业化改造，因为这种改造可以提供源源不断的收入。相比之下，如果只是退矿还林及恢复森林植被，那将只有成本，没有收益。因此，在西弗吉尼亚州支持经济再开发，就需要有足够的信心：上天给予的恩赐，通常都是裹挟在困难之中送来的，就像天使通常要在伪装自己之后才会出现一样。

萨蒙斯说："要想把事情办成，唯一的办法就是将所有负面因素考虑进去，然后说，我们就是这个条件，现在要看如何做才能利用当前的条件。我们也可以换个思路这样问：我们有的东西，哪一样是绝大多数地区没有的？我们拥有大片平坦的土地。不管你觉得这些土地好还是不好，这里从1976年开始直到今天都在实施山巅移除采矿法，因此有大片土地被夷平，等待着被再次利用。"

后来，当我把自己同萨蒙斯的对话告诉**玛利亚·根诺**的时候，**她说："全是胡扯。"**踩躏土地，不管踩躏之后有什么好处，仍是一种踩躏。"之所以有那么多平整的土地，就是因为他们喜欢说什么为了'经济发展'，结果就把原来的土地都毁掉了。"

我驱车一路北上，离开了塔格河流域，从威廉姆森前往查尔斯顿的时候，又想起了这个悖论。埃里克·马席斯告诉我："如果你和煤炭公司一起工作，环保主义者就会说你被煤炭业控制了。如果你想创造一个不依靠煤炭的未来，矿工就说你背叛了煤炭业。"两者之间的分歧就像阿巴拉契亚山谷一样深，而且更难跨越。煤炭产业留给阿巴拉契亚地区的真正遗产，远远超过被毁掉的溪流、有毒物质的溢出、高失业率、惊人的致残率和药品滥用比例。这些遗产深入人们的心灵，并在其中孕育了恐惧、对邻里的不信任和近乎公开的煽动——煽动本地人疏远政府。

离开威廉姆森几周之后，在一个名叫"煤炭之友"的基层组织的安排下，一个车队前往华盛顿特区，在通往国会大厦的台阶上组织了一场集会。几千名矿工，沿着往上数两代人的"自由乘车者"走过路线的相反方向，开着公交车到达华盛顿特区。在这里，他们听到了反政府和反奥巴马的演讲。他们高举标牌，上面写着"自豪的矿工——令人厌恶的美国人"，并且普遍表达了对现政府推行的反煤炭政策的愤怒。几个茶党的活跃分子和寥寥无几的共和党人出来目睹了这场表达不满但又无力解决的表演。除此之外，这次活动并未削弱摧毁阿巴拉契亚地区的市场力量。这次活动的围观者，很多都是在国会山工作的年轻的专业人员。当他们看到这些头戴安全帽同时又牢骚满腹的来访者从华盛顿特区环形路以外的地区聚集到这里，并不感到困惑。集会是点燃矿工那不够成熟的怒火的最引人注目的表达方式，集会也让旁观者诧异："既然这个行业给他们带来如此之大的痛苦，为何他们不离开？"

泰德·伯特纳来自西弗吉尼亚州预算和政策中心，他告诉我："如果说，我们扫清了奥巴马和环境保护署的阻碍，煤炭业就会迎来最好的时光，这对于矿工本身就是一种中伤。灌输这种反政府的情绪，让这些人最终以违背自身利益的方式来行动并投票，这种做法太狡猾了。"

2004年，托马斯·弗朗克（Thomas Frank）写道："在这里，不满情绪正被一股力量拉向仅有的方向：向右、向右、再向右。"①他说的是堪萨斯，不过，还是用这话来形容当代的阿巴拉契亚地区为好。

在驱车前往查尔斯顿的路上，我对这个问题也感到困惑。这样一群人，对正在消逝的生活方式念念不忘，而他们的这种怀念只会导致某种形式的自相残杀。仅靠发怒，无法让孩子吃饱和上学，而且，并非所有变化都会带来背叛。可是，你该怎么做，才能让他们相信这些话呢？阿巴拉契亚地区的居民，在其成长岁月中遭受了各种不幸和剥削，他们简直成了过苦日子的行家里手。就连绝望的情绪，忍得太久，也变成了一种自豪。没有人，包括他们自己选出来的官员，能让他们确信，只有取下钻头，摘下安全帽，扔掉枪，才能创造出一些新的东西，才能过上好日子。尼克·穆林斯（Nick Mullins）以前是个煤矿工人，在自己名为"沉思的矿工"的博客中写道："在群山之间进行的这场伟大的战争导致了太多的损失。煤矿工人以及……他们的家人似乎正面临着仅有的两个选择：要么为承诺能开出工资支票的一方而斗争，但这一方同时也会毁掉他们的家园，让他们疾病缠身；要么向……在山区家庭中泛滥的贫穷低头。"②

---

① 托马斯·弗朗克：《堪萨斯怎么了？因循守旧的人如何赢得了美国的心？》，纽约：大都会，2004年。

② 尼克·穆林斯：《煤炭战争》，沉思的矿工（博客），2011年9月20日，http://www.thethoughtfulcoalminer.com/2011/09/war-on-coal.html。

前方的路在陡峭而葱郁的山坡间拐来拐去。越往北走，越少见到煤车倾卸机和破旧的传送带。几十年来，这片郁郁葱葱又对外戒备十足的土地因采矿而被掏空。道路时而拉出一个弧形，时而拐回原来的方向。变革的时代已经到来，人们无力阻挡。

第二部分

激增

第四章　怀俄明州

我从道格拉斯出发，驾车经南部驶入粉河盆地。天气多变，这在9月份的北美大平原很常见。云朵像漂移的大陆，缓缓掠过天空；平原之上，风吹草低。沿途随处可见无人照管的深深的油井，在强风中横向燃烧的天然气火苗，还有垃圾处理区、火车机务段、修理厂、卡车坟场、燃料库、轮胎垃圾场，以及远方几乎不可见的比格霍恩山脉的东部边缘地带。与这条公路并行的是一条复线铁路，偶尔会有一趟长达1英里或1英里半的运煤火车向南方隆隆驶去，车厢上是像长面包条一样高高堆起来的粉末状黑煤，用来挡风。干净整洁的铁路，保养状况远超双车道公路。走汽车的公路是交通设施，运煤的铁路是货运设施，而货运才是有利可图的行当。

整片地区人烟稀少。这里的产业无须劳工和管理者参与，仿佛所有者和运营者都不在场。眼下，在怀俄明州东部，能源产业的机械化程度已达到空前的水平，其结果就是，偌大的地区空无一人、寂静清冷。如果美国西部的这个地方象征着一台巨大的机器，我们启动了它，之后就算我们离开，它也仍将继续运转。

看着天然气白白烧掉，我心中不禁恻然。毕竟，我们已置身天然气时代，成本低廉、储量丰富的天然气确保了美国的能源独立。很明显，由于成本过于低廉、储量过于丰富，在这里发展天然气产业很难盈利。这些矿井的所有者都想开发深埋在地表下2000英尺或更深处的石油。天然气难以储存，运费高昂，只能日夜不停地烧掉。结果，毫无用处的碳排放到大气中，在地表上空形成厚厚的覆盖层，缓慢而又不可阻挡地使地球变暖。

我离开科罗拉多州的那个早晨，身后就是气候变化带来的有目共睹的后果。我住在博尔德市，那里刚刚遭遇了一场百年不遇的大洪水。连续几年夏季酷热，冬季又不够寒冷，最终发生了旱灾，博尔德市北边沿着弗兰特山脉分布的林区都被炎炎烈日烤焦了。数百万平方英里的树木已被晒干，大部分枯死，或是受到山松甲虫的侵害，树体变成了棕色。一场森林火灾在所难免。3年前，这场林火曾经烧到博尔德市北部的山脚。我和家人从位于四哩峡谷的家中撤离，在外住了一个星期。大火烧到距房子只有几英里远的地方，但止步于峡谷上方，没有威胁到我们的住处。在之后的2013年8月，又连着下了4天季风雨。没有树木和灌木丛阻挡的洪水，沿着峡谷两侧咆哮而下，吞噬了弗兰特山脉周边的小镇。詹姆士镇和里昂市几乎全毁，博尔德市北部的大部分地区也被洪水吞没。山火之后，我们搬到了博尔德南侧的新居，此次大水导致地下室的地毯全部被泡。不过，我们的损失还不算惨重。从燃烧化石燃料，到弥漫于大气中的一氧化碳、二氧化碳，再到无法涵养水分的光秃秃的群山、被洪水填满的沟壑和沼泽、平原地带溃坝后的河流，一连串由此及彼不可避免的环境灾害已经吞噬了我们那小小的天堂居所。一切简直就是气候变化的预演。

开车一路前行，路旁灌木丛生的群山向天边延伸，路上偶然会见到动物的尸体，一般是狐狸或郊狼，偶尔也有叉角羚。从道格拉斯到吉列镇的110英里道路，横跨位于雷霆盆地国家草原的产煤区的核心地带。在这里，除了一个名叫莱特的煤矿小村庄，没有什么其他的景致。怀俄明州的人口接近50万，是美国人口最稀少的州之一。开车从南部驶入粉河盆地，一种深深的孤寂感和巨大的空虚感油然而生。当地的空旷当然完全也是人为造成的。不到150年前，这片土地上还有数百万只动物，水牛成群结队，更不用提北美大平原繁荣的印第安人文化了。粉河盆地占地2.4万平方英里，从空中俯瞰，形似某个巨大的神秘生物留下的足印，由北向南，延伸到蒙大拿州东南部。多少个世纪以来，这里一直居住着本土部落，这片土地就是各部落彼此争斗的战场，直到19世纪，欧洲人来到这里。克劳族人、苏族人和沙伊安人突袭过彼此的营地，偷窃过彼此的马匹。后来，他们发现了一个共同的敌人：白人。1876年，在盆地最北端的小比格霍恩河，当地族人杀死了联邦军将领乔治·卡斯特（George Custer），消灭了第七骑兵团。但是到了同年年底，在

第二部分 激增

"钝刀之战"中,当地人被彻底击败。次年,他们就被圈禁在保留地上了。

在19世纪70年代前,大多数来到粉河盆地的白人都会途经此地,但并不久留。从这里,他们向西奔赴加利福尼亚州的金矿,或向北前往美国西北地区的海岸森林,那里的皮毛生意几乎让河狸遭遇了灭顶之灾。达德利·加纳(Dudley Garner)和维拉·弗洛勒斯(Verla Flores)写过《消失的边界:怀俄明州采矿史》[1](*Forgotten Frontier: A History of Wyoming Coal Mining*),这本书讲的是怀俄明州的采煤史。书中写道,人们来到粉河盆地,顶着从加拿大吹来的凛冽寒风,"把怀俄明看成是地势较高、干燥的沙漠地带,只可穿越,不宜久居"。在怀俄明州,俄勒冈小道从位于北普拉特和拉勒米河交汇处的拉勒米堡向西延伸,穿越比格霍恩山脉。捕杀动物者、矿工和移民沿着俄勒冈小道到达粉河盆地西南部的南方隘口,这里成了人员往来的主要通路。不过,1840年以后,越来越多北美大平原的原住民在水牛和煤的吸引下,来这里长期居住。同时,水牛和煤也引起了新老居民的争斗。不到50年,水牛几乎被屠戮殆尽,而大部分煤仍然深埋地下。

1843年到1844年间,当时尚未成为"伟大先锋"的约翰·弗

---

[1] 达德利·加纳、维拉·弗洛勒斯:《消失的边界:怀俄明州采矿史》,博尔德公司:西景出版社1989年版,第4页。

里蒙特（John C. Fremont），和当时已成为传奇登山人的基特·卡森（Kit Carson）组织了一系列探险活动。他们穿越了比格霍恩山脉，然后继续西行来到内华达山脉。沿着北普拉特市的"峭壁"①，他们毫不费力地发现了煤床。看上去，煤的矿化并不完善，弗里蒙特充满热情地写道："某些煤层中的煤，压得十分紧密，看上去特别柔软光亮（原话如此）。"

当然，印第安人早就知道这里有煤，他们称其为"cahlí"（发音是chash-uh-lee）。有些大平原上的部落在汗屋举办仪式的时候，就用煤加热。华盛顿·欧文（Washington Irving）在那本多少带有一些想象成分的1832年邦纳维尔探险记录中，就称克劳族人对粉河上的"燃烧山"怀有"一种迷信般的敬畏感"："这里的地面炙热开裂；许多地方冒着烟和硫磺蒸汽，好似半遮半掩的看不见的火焰。"②这是对燃烧煤层最早的书面描述之一。但是，本地人没有开采手段，而且，就算开采出来，也不知应将其用于何处。

当地有一则流行的传说。1850年，吉姆·柏瑞哲（Jim Bridger）带领一支美国陆军部队在怀俄明州巡查的时候，发现了位于今天怀俄明州西南部罗克斯普林斯市附近的煤层。当时指挥这

---

① 达德利·加纳、维拉·弗洛勒斯：《消失的边界：怀俄明州采矿史》，博尔德公司：西景出版社1989年版，第4页。

② 同上。

群人的是成立仅10年的美国陆军地形工程师部队的霍华德·斯坦斯伯里（Howard Stansbury）少校。斯坦斯伯里出生在纽约，从未到过密西西比州西部。事实证明，他是个敏锐的观察者。他在日志中写道："我们在山谷北侧的峭壁发现了烟煤，所有迹象都表明，这里的烟煤储量丰富。"①摩门教教徒在西行途中，在摩门渡口建起了锻造厂，工厂的燃料就取自位于道格拉斯以西盆地边缘的鹿溪煤层。为了给布里杰堡和拉勒米堡的前哨基地提供给养，美国陆军开始采煤。陆上小径的沿途站点和铁匠铺就用煤做燃料。所有这些采煤和用煤活动都是临时性的，且仅限于当地，工业化的大规模开采还要等铁路开通后才能实现。

在美国西部，一向都是煤挖到哪里，铁轨就铺到哪里：燃煤带动了蒸汽发动机，蒸汽火车带来矿工，再把煤拉走。在美国内战之后的岁月里，美国联合太平洋铁路公司（Union Pacific Railroad Company）沿粉河盆地南端的边缘修建了铁路，也获得了铁路两侧数千英亩土地的采矿权，更不用说拥有对运输产品的独占权了。从一开始，铁路和煤炭业之间就存在着错综复杂的关系，这种关系维持了很长时间。按照怀俄明州著名历史学家T. A. 拉尔森（T. A. Larson）的说法，联合太平洋铁路公司"将煤作为燃料，

---

① 克里斯·普罗布斯特（Chris Probst）：《怀俄明，罗克斯普林斯》，WyoHistory.org，http://www.wyohistory.org/essays/rock-springs-wyoming。

高价出售，收取贵得惊人的运费以阻止竞争，由此赚了大钱"。①劳工政策很早就已制定：1871年，当矿工罢工，要求资方提供像样的工作条件和更高的工资时，怀俄明煤炭和矿业公司解雇了所有罢工工人，换了来自斯堪的纳维亚半岛的移民，开出的条件是日工资2美元，远低于付给本地人的报酬。4年后，在卡本县和罗克斯普林斯市，相同的一幕再次上演：铁路公司把每蒲式耳②5美分的煤价降低到4美分，煤矿工人如果罢工，就会很快被外国劳工所取代，而这一次来的外国劳工是勤奋的中国人。③

现在，铁路公司不再拥有煤矿，给矿工的薪酬也高多了，罢工很少发生，火车以柴油或从远方电厂输送过来的电能为动力。我乘坐的火车走的是原先的联合太平洋铁路公司和伯林顿北方铁路公司（Burlington Northern）共同拥有的一条支线，这条铁轨从肖尼换乘站向正北方向延伸，穿越盆地的隆起地带，终点是吉列镇南部的博地能源公司的卡巴罗煤矿。铁路分岔，向东延伸到庞大的露天煤矿：北羚羊罗谢尔煤矿和黑雷煤矿。

在怀俄明州，达到工业化规模的煤矿开采，最早始于拉勒米西部的卡本县和怀俄明州西南部的罗克斯普林斯市。到1870年，每周

---

① T. A. 拉尔森：《怀俄明州史》，林肯：内布拉斯加大学出版社1978年版，第114页。
② 谷物和水果的容量单位，1蒲式耳相当于8加仑。——编者注
③ 同上。

都有100车的煤被运往东部的奥马哈市和圣路易斯市,而怀俄明20年后才会成为一个州。外来人口和本地部落间实现了和平,后来,在黑山又发现了金子。从此,移民开始陆陆续续来到粉河盆地,由卡车运煤,无须接受铁路货运服务的"季节性小煤矿"也开始出现在盆地中。到19世纪80年代末,联合太平洋铁路公司的对手们纷纷开始将铁路线延伸到怀俄明州:芝加哥和西北运输公司开始将铁路线建到盆地的最南端,芝加哥、伯灵顿和昆西铁路系统将丹佛市和怀俄明州北部涌现出来的煤田连在一起。到19世纪90年代,沿着芝加哥、伯灵顿和昆西铁路系统,怀俄明州的吉列作为煤炭小镇迅速腾飞,到20世纪下半叶,吉列已成为煤炭小镇的样板。

香农·安德森(Shannon Anderson)告诉我:"**这里过去就是一片牧场**。吉列过去曾是牧民的前哨基地,为人们提供补给品。不过,这一切早已不复存在。"

我们开车沿着吉列北部的14号公路前行。平原上开辟了新的城镇和郊区,沿公路修建的麦克大厦可提供昂贵的补给品,新长出来的树木几乎无法为麦克大厦遮阴。当时是2013年,人们认为煤炭业正经历着严重衰退。不过,在吉列,却看不到煤炭业走下坡路的迹象。

当我们开车驶回吉列镇的时候,安德森说:"你看这些新建的住宅区,房子相当大——因为煤炭业从业人员的工资都很高。"安德森是粉河盆地资源委员会的区域现场指挥,也是怀俄明州本地人。安德森驾车从谢里登来,带我到四周转了转。安德森毕业于艾奥瓦州的格林内尔学院和波特兰的刘易斯克拉克法学院。5年前,她搬回怀俄明州。如果你来自怀俄明州,不从事能源产业,成年之后又回到怀俄明州,你就会觉得自己欠这个世界一个解释。安德森承认:"我对怀俄明州爱恨交加。谢里登和吉列完全不一样。谢里登更多元化,那里的旅游业更发达。而且,从谢里登出发,还能到达比格霍恩山脉。"

另一方面,吉列拥有一座新盖的活动中心,中心的观众席有9000个座位。这里还有一座中心消防站,富丽堂皇到足以把西班牙城堡比下去。这里的公立学校拥有体育场和运动馆,足以和更大城市的公立学校相媲美。吉列镇建于1892年,当初叫驴镇,算是铁路和煤矿的产物。这里还是一个盖了不少测量员棚屋的前哨基地。有位名叫爱德华·吉列(Edward Gillette)的首席测量员,在测量一条穿行怀俄明州东北部的新铁路线时改变了走向,这样一来,负责修铁路的伯灵顿和密苏里河铁路公司就能少修5英里铁路线和30座桥。为了表示对爱德华·吉列的敬意,心怀感激的公司老板就把小镇的名字改为吉列镇,这个名字一直沿用至今。19世纪末20世纪初,吉列镇只有150人,没有教堂也没有银行。一个世纪以后,化石燃料的开采迎来高速发展,这个小镇的人口也增长到2万人左右。石油、天然气和煤的开采,让小镇居民收入的中位数达到每年

7万美元，不但远高于怀俄明州的收入中位数，也高于美国整体的收入中位数。现在，这里教堂和金融机构随处可见。我前往吉列镇的时候，这里的人口又增加了一半，达到了3万人，收入中位数的数值很稳定。吉列镇的失业率微不足道，按当地人的说法，是否就业只是个人选择问题。对于煤炭行业行将就木的说法，吉列镇的人嗤之以鼻。

读到这里，是否感觉吉列镇的历史就像是西部数十个煤炭小镇的发展简史？不过，这些小镇中，没有多少像吉列镇一样，用镇名来命名一种疾病的症状。

在1974年举办的落基山脉美国科学促进会的会议上，埃尔迪恩·科尔斯（ElDean Kohrs）提交了一篇论文，题目是《怀俄明州快速增长的社会后果》（Social Consequences of Boom Growth in Wyoming）。论文开篇就写道："在怀俄明州，发电史和'快速发展'是同义词，它记录了人类对生态系统的损耗所形成的悲惨局面。没有足够的规划就在边疆地区大肆扩张，结果，糟糕的环境造成了人员伤亡，对各个城市也构成了严重破坏。"[1]

科尔斯将所记录的悲惨局面命名为"吉列症"，而他对吉列镇

---

[1] 埃尔迪恩·科尔斯：《怀俄明州快速增长的社会后果》，落基山脉美国科学促进会会议，怀俄明州，拉勒米，1974年4月24日至26日，http://www.sublettewyo.com/archives/42/Social_Consequences_of_Boom_Growth_In_Wyoming_-_Kohrs[1].pdf。

的描述让人想起英国哲学家霍布斯笔下的情景。在煤田干活的劳工都是流动的，他们在当地的煤矿干活，然后，在当地的酒吧花掉挣到的钱，他们的生活特征就是"旱灾、灰尘、大自然的威胁和为生存而进行的悲惨的战斗"。在科尔斯笔下，吉列镇拖车式活动房屋停车场上到处都是"离婚，生活在紧张气氛中的孩子，情感伤害和酗酒"。人们普遍感到抑郁消沉，尤其是家庭妇女，自杀率（或至少是自杀未遂率。在吉列镇生活的人向外界证明，自己并不擅长自我毁灭，真令人费解）远高于全国平均水平。按科尔斯的说法，这座繁荣小镇的道德观就是："顺其自然，反正我们还会再次陷入危机。"①

以21世纪社会学研究标准来看，应该这样说，科尔斯的这份学术研究成果并不算很严谨。论文充斥着对处于困境中的吉列镇居民的概括性描写（例如，"服用'某些用鼻子吸入的毒品'并不能解决困扰他们的种种弊端，虽然当地人并不认可这一点"）。科尔斯是毕业于纽约大学的心理学博士，对怀俄明州人来说，他就是个地地道道的外人。如果有人提到他的名字，或他发明的症状名称，当地人就会眼珠一转，愤怒地哼出声来。他所记载的种种社会弊端，

---

① 埃尔迪恩·科尔斯：《怀俄明州快速增长的社会后果》，落基山脉美国科学促进会会议，怀俄明州，拉勒米，1974年4月24日至26日，http://www.sublettewyo.com/archives/42/Social_Consequences_of_Boom_Growth_In_Wyoming_-_Kohrs[1].pdf。

在吉列镇近期的繁荣景象当中，就算没有彻底消除，肯定也已经有所减少。

尽管如此，吉列症这个名词已被人们所接受，而科尔斯那令人震惊的反应，不管是否带有说教的味道或自以为是的气息，都很难让人否认，它确实抓住了煤炭时代那些突然兴旺发达的小镇的一些本质特征。就算现在小镇上遍布教堂，小酒馆也已关张或升级，但这些本质特征仍未全部消失。在美国，至今还剩下几个行业，其雇员只需具备中学教育水平，就能拿到6万美元的年薪，并享受全部补助和相应的工作保障。煤炭业就是其中之一。

根据安德森的看法，吉列镇和怀俄明州其他依靠能源起家的小镇，就是在接二连三的快速发展期之后繁荣起来的，近年来，这样的发展期基本上每10年一次。20世纪70年代爆发了能源危机，很快，到了20世纪80年代，美国人为了抵消石油输出国组织限制石油供给带来的不利影响，拼命开发国内能源，当时开发的是石油。到了90年代，在1990年版的《清洁空气法案》通过之后，联邦政府实施了新的限制空气污染法规。当时开发的是煤，粉河盆地盛产的低硫烟煤获得发电厂的高度重视。到了21世纪，又掀起了一拨开发煤层中甲烷的狂热，这拨短期的开发行动过后，怀俄明州遍布废弃的矿井。现在，到了21世纪第二个10年，开发的车轮又倒退回到了煤、石油和天然气上面，因为利用新的钻探技术，人们在山脉连绵不绝的美国西部又发现了新的大量石油储藏。与此同时，煤的生产者也正在面对上涨的煤炭需求,这一点同样出乎他们的意料。

粉河盆地从怀俄明州东北部延伸到蒙大拿州的东南部,这里的产煤量占美国全国产煤量的43%,从这里产出的煤运送到三十五个州200座城市的发电厂。从华盛顿州的塔科马市到华盛顿特区,从杜鲁斯到达拉斯,发电厂都在利用粉河盆地生产的煤发电。每天都有将近70列火车满载100万吨煤从盆地出发,沿着将煤矿和主要铁路走廊连接起来的联合铁路线把煤运往美国北部和南部。这条联合铁路线成了世界上最繁忙的铁路之一。[①]在这里采煤太容易了,把这里的煤运往1400英里之外的美国东部各大城市,其成本比利用燃烧来自阿巴拉契亚地区的煤发电的成本要低得多。北羚羊罗谢尔煤矿、黑雷煤矿、鹰比尤矿、怀厄德克矿和柯鲁德罗乔等13个粉河盆地中正在开采的煤矿每年向大气层释放850吨的二氧化碳,占美国碳排放总量的12%以上。[②]1970年,最早的《清洁空气法案》通过;从那时到现在的几十年中,粉河盆地成为美国能源的宝地。到了21世纪,它看起来还是一个源源不绝地提供能源的聚宝盆,成为美国发电能源的主要供给地。

我们停下车,迎风而立,面前就是卡巴罗煤矿。和盆地里那些

---

① 《粉河盆地——全球变暖的主要原因》,载《野生地球护卫者》,http://www.wildearthguardians.org/site/PageServer?pagename=priorities_climate_energy_coal_powder_river_global_warming。

② 同上。

规模庞大的露天煤矿相比,这个煤矿规模较小,每年的产煤量不超过1000万吨。在我们身后,灰褐色的低矮灌木丛林地之上,干叉发电站的建筑在阳光下闪烁着银灰色的光。这座发电站,就算不是怀俄明州最后一个要修建的燃煤发电站,也是最后要修建的燃煤发电站之一。偶尔会有重型卡车轰鸣而过,团团气流将我们包围。火车铁轨穿过下方浅浅的山谷。在远方,草原上矗立着一座座装载站,好似遍布于北美大草原的大螳螂。一条条传送带斜穿过来,把煤送入巨大的立式筒仓之中。安德森注视着面前的景象,一副将信将疑而又无可奈何的神情。盆地里蕴藏的煤从露天煤矿开采出来,再经过燃烧从大烟囱里排出,形成了一个完整的生命周期。这一切就发生在我们周围。

大约8000万年前,白垩纪即将结束的时候,眼前的整片地区还是一片汪洋。一个巨大的水湾从北冰洋向南延伸到墨西哥湾,这就是西部内陆海道,它还有一个富有诗意的名字:奈厄布拉勒海。这片水湾覆盖了整个大陆的中部地区,包括我们现在站立的这片土地。数千万年,潮涨潮落,留下了茂盛的丛林和海滨沼泽,那里生长着最早的开花植物。巨大的蕨类植物、针叶树、气势逼人的棕榈树、橡树般大小的木贼、50英尺高的石松,这些"植物世界中的怪物",高耸在松软潮湿的沿海地区。[①]这些肆意生长的植物,凋零后

---

① 威廉·尼科尔斯(William J. Nicolls):《美国煤炭的故事》,纽约:约瑟亚·巴林格·里宾科特出版社1896年版,第33页。

落入泥土之中腐烂,然后形成泥煤。在成百上千万吨的表土覆盖层的重压之下,泥煤经过数百万年的时间演变成煤。作家约翰·麦菲(John McPhee)在其记录美国西部地区地质情况的《从平原上升起》(*Rising From the Plains*)一书中写道,大陆中部地带的沿海沼泽"本来可能像佛罗里达大沼泽地、东英吉利的泥炭沼泽地,或者爪哇海的边缘地带一样,只能维持短暂的时间。海平面一旦上升,这些地方就会被淹没在沙子和泥土之下,将来再以煤的形态出现"。①在粉河盆地发展煤炭业,利用的是已经消逝的森林的腐殖质。

向东远眺,我能看到矗立在蓝天之下的比格霍恩山脉的山脚。再近一点,东面就是黑山。像落基山脉的所有其他山一样,在粉河盆地以西的各座山形成于"拉勒米运动"时期,也就是从白垩纪晚期到古新世早期的造山运动时期。在这段时期,现今怀俄明州的温德河岭、比格霍恩山脉和拉勒米山脉等地的地壳隆起,经过若干地质时期,演变成今天的一座座高山,正是这些山脉确立了"美国西部"的样子。在古新世,如果将山脉顶峰的高度和山脉开始上升时期形成山脉的岩石高度相减,得到的山体高度比当今世界上任何一座山峰都高,例如,温德河岭的高度曾经达到6万英尺。刚开始上

---

① 约翰·麦菲:《从平原上升起》,纽约:法勒、施特劳斯和吉鲁出版社1986年版,第7页。

升时，这些高耸入云的峭壁几乎立刻就受到了水流和风力的侵蚀。在山脉与山脉之间，受到侵蚀作用而堆积起来的物质和火山岩浆充满了盆地，直到怀俄明州大部分地区变成一片平地。平地之上，只有若干低矮的小丘。这些小丘，是已经淹没于水下的巨大群山的山顶，凸起于平原之上。现在，我们就站在一座遗留下来的小丘之上。在不到1000万年前，又发生了第二次地壳抬升。结果，整片地区地势抬高，掏空山体，河水倾泻而出，由此形成深坑。这起地质事件，成为"落基山脉的剥露"，它形成了今天的北美大平原，也带来了丰富的煤层。其中一些煤层厚达数百英尺，距地表很近，非常容易开采。

是的，在粉河盆地采煤，找到煤并不是什么难事，问题的关键在于：知道在哪儿开挖能获利最多。在怀俄明州，就算一个傻子也能发现煤，整个州41%的土地以下都是煤矿床。面积为1.2万平方英里的粉河盆地下方都是含煤地层，如果开采，大部分地层都有利可图。有些地方，铁锈色的岩石从遍布草丛的地面冒出来，就像在水面上露出一角的沉船船头，这就标志着此地储藏有最好的煤。形成这些明显地标的岩石被称为矿渣或者煤渣，是长期在地下阴燃的煤火残留物。这种煤渣可能是被牧场火灾引燃的，也可能是被闪电击中后燃烧起来的，或干脆就是自燃，一旦燃烧，可能长达数年，将伴生的页岩和砂岩烤硬或融为一体。矿渣周围较软的岩石被侵蚀，留下微红的矿渣遗址，在地表上星星点点分布着。在最近几百万年内，数十亿吨的煤就在这些隐藏的熔炉里烧掉了。

不过，这里仍剩下大量的煤。而大的采煤公司，例如，阿奇煤炭、云顶能源（Cloud Peak Energy），还有最大的采煤公司——博地能源公司，正加紧开采剩余的煤。不过，到了21世纪，有人提出质疑：谁会使用开采出来的煤？

比尔·威尔（Bill Veal）操控着一台写字楼大小的挖掘机，**动作娴熟灵巧**，就像一个金刚石切割工。他一手握住一个操作杆，脚踩踏板，移动着8英尺宽的带齿铲斗，在采矿工作面实施切割作业。挖出来的是陈旧易碎的灰黑色煤。威尔坐在三层楼高的驾驶舱里，立体声音响中播放着Fixx乐队的热门歌曲《事情一发而不可收》。威尔花了1分钟把煤斗装满煤，然后将煤斗中的煤倒入一旁等候的卡车中。等待装煤的卡车已在挖掘机后面排起了长队。每个煤斗可以装120吨左右的煤，而每辆卡车可以装运400吨煤。威尔的挖掘机几分钟就能装满卡车车斗。除了发生机械故障，或遇到天气恶劣，否则，这里一天24小时，一年360天实施开采装运作业。威尔坐在装配七层楼高铁铲的驾驶舱内，开动着这台由欢乐全球公司生产的4100 XPC电动铲。电动铲的价格是1000万美元，还不算舱内仪表盘上密密麻麻分布着的电子设备。这台挖掘机开起来的时候，地面都在颤抖。人在驾驶舱内坐着，好似正经历一场持续不断的小型地震。

为了盖过机器的轰鸣声,我大声问威尔:"没想过开卡车吗?"

"没。有时候太阳太刺眼。"

我们身处北羚羊罗谢尔煤矿的埃尔克矿井,这是博地能源公司所有的巨大煤矿综合体,位于吉列镇南部。威尔操作的挖掘机,是在这个工作面运转的两台之一。威尔干的是两班倒的工作,每班12小时。我们见到他时,他这一班已经干了一半左右的时间。61岁的威尔在煤矿工作了40年,已经快退休了。在煤矿的各项工作中,开挖掘机是位于金字塔顶端的工作,威尔也是最棒的挖掘机司机之一。其实,他正在创造一个新的纪录。去年,他操作的111号挖掘机,创下北羚羊罗谢尔煤矿搬运物料的历史记录:1年搬运了3800万立方码的物料。

他的老板斯科特·杜尔金(Scott Durgin)后来告诉我:"这比我们以前干得多。依我看,这就是个世界纪录。不过,除非上了吉尼斯,否则我不会经常提。"

像北羚羊罗谢尔煤矿的大多数矿工一样,威尔来自外地:"我就是个南达科他州的农场小孩。"这位满头白发,措辞精辟的矿工,生活得相当不错:作为甲级技术人才,他的时薪为32美元,加班另算。采煤业历史上曾经充斥着劳资纠纷,不过,至少在怀俄明州,这种情况已经不复存在。矿工的工作令人垂涎,还可以子承父业,而博地公司也因员工待遇优越而倍感骄傲。对于居住在粉河盆地的人来说,煤炭业末日来临的消息不受欢迎。

威尔从挖掘机上下来休息片刻。"我想，还能再干两三年。永远都有一大堆挑战：要在特定时间之内完成任务，要让工作面保持整洁。我还在学习。"威尔从事煤炭业可算赶上了好时候：在变革降临粉河盆地之前，他就会退休。当他创下掘土方面的记录时，北羚羊罗谢尔煤矿正竭尽全力向前奔跑。

每天都有20列满载的火车从北羚羊罗谢尔煤矿的两座装煤设施出发，将煤运往东、西、南三个方向的各个站点。每趟列车挂125节车厢，每节车厢可装110吨煤，也就是说，每天从这个煤矿可以运走27.5万吨煤。去年，北羚羊罗谢尔煤矿的产煤量超过了1.07亿吨，到2013年，预期达到1.13亿吨，如此也就超过了2011年1.09亿吨的历史记录。如果煤炭业寿终正寝，对怀俄明州东部地区来说，将是灭顶之灾。

当美国正设法减少对煤的依赖之际，世界其他地区对这种燃料的需求却与日俱增。这类国家包括亚洲的发展中国家，特别是印度和中国，因为这两个国家的经济正快速发展，人们对于煤炭的需求也日益增长。不过，在某些第一世界国家，这种需求也在增加。近两年，德国和日本这样的发达国家正在逐步淘汰核电站，因而对于煤炭的需求也在不断增长。这些国家还采用了太阳能和风能等可再生能源发电，未来几十年，人们对此类能源的使用需求将不断增长。2012年，欧洲的燃煤发电量增长了18%。在中国，人们正开始采用煤以外的更加清洁的能源发电，这种努力已初见成效，不过，

第二部分 激增

他们只是降低了用煤量的增速，却没有减少用量。其结果就是，中国虽在2009年才成为一个纯煤炭进口国，当前消耗的煤炭量却在全球煤炭消耗总量中占比很高。在中国，每一家新建的发电厂对世界各地类似于博地这样的煤炭生产厂商来说都像是一种恩惠。

根据国际能源署（International Energy Agency）的统计，就在美国的煤炭需求不断下降之际，中国和印度的发电部门却在扩张。由此，未来5年，全球煤炭消费量将增加大约14亿吨。[1]

美国能源信息署估计，除非在节约能源方面采取大的动作，否则，世界能源需求从2010年到2040年将增长56%。[2]在所有能源中，煤炭所占比例将会有所下降，但也仅仅是1%左右。2012年，美国煤炭生产厂商出口了创纪录数量的煤炭。就算在美国，由于天然气价格从2011年和2012年的历史最低点奋力回调，煤炭在发电能源中的占比也出现了反弹。2012年，煤炭占比下滑到37%，到2013年至2014年间，煤炭在美国发电能源中所占的比例重新上升到40%区间。[3]2011年4月以来，类似博地这样的煤矿公司，股票市值已跌

---

[1] 《国际能源署在最新的5年展望中称，全球煤炭需求增长轻微趋缓》，国际能源署，2013年12月16日，http://www.iea.org/newsroomandevents/pressreleases/2013/december/global-coal-demand-growth-slows-slightly-iea-says-in-latest-5-year-outlook.html。

[2] 《2014年国际能源展望》，美国能源信息署，2014年9月9日，http://www.eia.gov/forecasts/ieo/pdf/0484(2014).pdf。

[3] 《每月电力最新资料》，美国能源信息署，2014年10月24日，http://www.eia.gov/electricity/monthly/update/。

去了四分之三；而到了2013年下半年至2014年年初，又出现了少许回升。看到煤炭使用量在上涨，博地的首席执行官格雷戈·博伊斯（Greg Boyce）预测说，以后会出现煤炭使用的"超级循环"。在这个循环中，天然气价格上升，发展中国家对煤的需求持续增加，再加上生产"清洁煤炭"新技术的出现，这些因素会合力抬高煤的价格，让煤这种黑色的化石回归其应有的地位，成为世界第一的发电能源。

正是怀着这样一种愿景，比尔·威尔才双手紧握XPC挖掘机的操纵杆，运输卡车才排成长龙，从矿井蜿蜒伸展直达中央轧碎机，再把碾碎的煤送入装煤设施，填满一节又一节火车车厢。我们祝威尔好运，然后爬回白色的博地SUV，开车向东，穿过平原之上那些黝黑褶皱层中带有矿井标志的灰色陷坑。我们在埃尔克矿井旁边停了下来，这是一个相对新一些的矿井，一个巨大的索斗铲正将前一两天从矿井工作面中吹出来的碎石和粉尘清走，以便露出煤层。

北羚羊罗谢尔矿共有4个索斗铲，体现了在露天煤矿采煤的强大力量。一个能够自由回转的铲斗，一次就能舀起135立方码的物料，足够填满100辆轻型运货车。铲斗的悬臂比橄榄球场的一边还要长，能够像钟摆一样旋转180度，左右两侧交错铲挖，以减小铲斗来回移动时产生的惯性，并节省时间和能量。在铲斗底部，有个小房子大小的座舱和控制中心。整个索斗铲看起来就像一个巨大的机械恐龙，正在审视平原，搜寻猎物。当铲斗倾倒完物料后，团团烟雾腾空而起;相比之下看起来极小的配套推土机疾驰到目的地,将挖出的表土倒堆成一个个整齐的土堆。在必要的时候,有着可收缩式轮胎的索斗铲也会以每小时1英里的速度前行。索斗铲也是电动设备,它的背后是和近处的柴油发电机弯弯曲曲地连在一起的世界上最大的延长电缆。怀俄明州的煤矿在产煤过程中消耗大量的电能,之后再靠燃煤发电又发出更多的电,就这样循环往复。由于煤矿用电量巨大,怀俄明州的人均用电量比美国其他州都多。[1]博地公司所付的每度电的电费远低于美国每度电的平均电费。只要电是廉价的,对煤矿来说,煤就不贵。

杜尔金站在我旁边凝视着运转中的煤矿。他是北羚羊罗谢尔矿和博地公司在粉河盆地其他三个矿的经理。38岁的杜尔金也是南达科他州人,以前是工程师,现任煤矿经理,二者之间的角色转换处理得游刃有余。20年来,虽目睹了眼前这座煤矿综合体的爆炸式增长,但仍对自己监督下的这座巨大煤矿的运行机制惊叹不已。"相当壮观,是不是?"在我们看着索斗铲在地面上转来转去的时候,杜尔金问我。

杜尔金对工作的热情至少部分来自他对煤炭业的信心。博地公

---

[1] 《2010年美国各州人均用电量》,载《能源年鉴》,加利福尼亚能源委员会,http://energyalmanac.ca.gov/electricity/us_per_capita_electricity-2010.html。

司在粉河盆地的雇员中，很多人像威尔一样已接近退休年龄，而杜尔金尚处于事业上升期，家中还有三个儿子。矿井有多深，他的切身利益与煤炭业长期繁荣的关系就有多紧密。对于拥有像杜尔金目前地位的人来说，眼前的一切（露天煤矿，索斗铲和挖掘机，轧碎机和装载设备，弯曲前行、永不停歇地将煤运往沿海各个城市的一列列火车）如果在工作生涯中烟消云散，简直是不可思议、不可想象的。他对采煤这个行当可谓全心投入。他个人的前途，家庭的未来，都和煤炭业，尤其是博地能源公司的运转状况紧密相关。

煤炭业能否保持长久的健康，不仅取决于达拉斯和底特律的发电厂，更取决于东莞和大连的发电厂。煤既可以燃烧发电，也可以炼焦煤，并用焦煤点燃锅炉冶炼钢材，而煤炭的使用，未来还要指望亚洲。

中国的煤炭消费量，已达到全球煤产量的一半以上。中国经济每年增速超过7%，几亿人渴望成为中产阶级——用上能体现自身地位的电冰箱、空调和平面电视。这就是说，为了实现人民的梦想和政府的目标，在未来20到30年中，中国必须大幅提高能源产量。在印度及东南亚那些飞速发展的国家，例如印尼和越南，除非能够开发出廉价易得的能源，否则，未来几年对于煤炭的需求也将快速增长。不过，中国即将成为驱动全球煤炭业发展的巨大引擎。

但有一点可以肯定，中国已开始减少对煤炭的依赖。中国实施了影响深远的可再生能源计划,该计划与世界任何一个国家的类似计划一样雄心勃勃(而且经费充足)。同时,中国还制定了一整套严厉的规则,旨在提高能源效率,降低能源强度(即降低单位国内生产总值的能耗)。在本书的第三部分,我将以亲身经历报道中国为降低煤耗所做的努力。不过,许多专家认为,在中国,煤耗的增加势不可当,而且,无论是政府、活跃分子,还是外部组织,对降低煤耗均无计可施。

威廉·德宾(William Durbin)是位于北京的国际咨询机构伍德麦肯兹(Wood Mackenzie)的全球市场总裁,在该公司于2013年6月发布报告《中国:煤炭峰值的幻觉》(China: The Illusion of Peak Coal)时,他也做了发言。他认为:"到2030年之前,中国的动力煤消费不太可能达到顶峰。之所以这么说,是因为中国为提高利用核能、天然气和可再生能源发电能力而实施的激进投资项目全部集中在沿海地区,而提高利用燃煤发电能力的项目则主要集中在中西部省份。"[1]

伍德麦肯兹还预测,到2030年,中国的煤炭需求量将翻番。看到这一前景,那些气候学家有些失望。不过,对博地能源公司及其

---

[1] 《中国:伍德麦肯兹说道,2030年,对于动力煤的需求将接近7btpa》,伍德麦肯兹,2013年6月4日,http://www.woodmacresearch.com/cgi-bin/wmprod/portal/corp/corpPressDetail.jsp?oid=11324244。

他大型煤炭厂的高级管理人员来说，这一前景又代表了足以制胜的长期战略。

2014年1月，在一个寒冷的下雪天，我在圣路易斯市中心采访了博地公司的首席执行官格雷戈·博伊斯，采访地点就是他的办公室。宽敞的办公室位于办公楼一角，窗外，坐落在密西西比河上的圣路易拱门顶端已被云雾笼罩。博伊斯热情地接待了我。他以前是采矿工程师，后晋升为管理人员，他的外表恰好反映了他的职业生涯。由于常年穿行于世界各地的煤矿，长时间的户外活动使其面色偏红。他领导的公司遭到许多环保主义者的攻击。如果你注意过政府间气候变化专门委员会（Intergovernmental Panel on Climate Change）发布的最新报告，就能看到报告中称，煤炭正在缓慢地，或者说，并不算缓慢地释放出二氧化碳，大量的二氧化碳把地球包了个严严实实。而博地公司还在加剧这一趋势。不过，博伊斯并未因自己的工作而辗转反侧，难以成眠。事实上，2013年，博伊斯从工资、股票分红和其他补偿金中赚取了1100万美元，看上去并不像夜里睡不着觉的样子。①

多年来，博地公司一直充当否认存在气候变化的急先锋。公司的主要游说者是好斗的弗雷德·帕尔默（Fred Palmer）。帕尔默之于博伊斯，犹如迪克·切尼（Dick Cheney）之于小布什。20世

---

① 《格雷戈·博伊斯》，载《福布斯》。

纪90年代后期，帕尔默就在一次采访中说，燃烧化石燃料和向大气中排放二氧化碳，那是"在做上帝的工作"。由于说了这话，帕尔默声名大噪。2013年6月，奥巴马总统发表了针对气候变化的讲话后，博地公司在一份针对这个讲话的声明中说："任何减少利用煤炭发电的行动，都会伤害美国人。"[1]

不过最近，博地公司基本上放弃了气候变化的战场。在公开声明中，博伊斯已转向一个不那么有争议的立场：煤炭给千百万人提供了光明、热量和电力，近两个世纪以来，不断提高人们的生活水平，为人类历史上生活水平最大幅度的提高做出了贡献。目前，仍有成百上千万人依然无法获得买得起又可靠的电力。我们比以往任何时候都更需要煤。

博伊斯坚持说："我们对环境变化的立场，在各种谈话中从来没有真正改变过。我们所做的，就是把讨论集中到全球面临能源贫困这样一个事实上。就气候而言，不管你做出何种设想，如果不能在解决能源贫困方面取得进展，环境问题永远无法解决。总得有人能够解决温饱之外的问题，然后才能处理气候变化。这才是排在第一位的挑战。你怎么才能解决全世界的能源需求？唯一的答案就是

---

[1] 《博地能源公司针对国家碳计划的声明》，博地能源公司，2013年6月25日，http://www.peabodyenergy.com/Investor-News-Release-Details.aspx?nr=286。

使用煤。"

我提出，市场可是做出了另外的抉择：煤炭价格正在不断下降，包括博地在内的煤炭公司股价也在一路下跌。煤炭业靠什么复苏？

"价格如何才能再升回去？我们看到，大量采矿项目已被取消。到了某个节点，不断增长的需求将消化掉过度的供应，而供给一贯滞后于需求，因此，价格就会再次上涨，直到形成新的供给。到那时，你就能看到，我们的平台在价格上涨周期中的表现了。"

博伊斯告诉我，到2014年，全球海运煤市场有望首次超过13亿吨。"新的燃煤发电厂和轧钢厂在印度和中国的沿海地区崛起，这里又是人口增长最快的地方，而这些工厂都需要海运煤。中国和印度都在以两位数的增幅进口煤炭。未来10年，每年都会有1500万到2000万人搬到这些成长中的城市。这么多人需要相应的能源满足他们的基本需要。在从A点向B点移动的过程中，煤炭的需求量不会下降，也不可能下降。"

我问："在向B点移动的过程中，有没有可能既使用了煤，又不毁掉所有人为了生存所必需的资源？"

"你看，从地球形成之日起，气候就一直处于变化之中。问题是，当我们看到大气中二氧化碳含量增加时，对我们处理能源和经济活动来说意味着什么？我们的观点是，每一天，我们都应采用比前一天更清洁的方式使用煤。"

第二部分 激增

博伊斯说，博地决心通过多种渠道向亚洲市场供煤。"我们从澳大利亚向亚洲运煤，我们通过在蒙古和中国设立的项目向亚洲各国供煤，我们通过专门从事第三方煤实际交割的贸易和经纪公司向亚洲供煤，我们还想通过美国西海岸将世界上最清洁的煤运送到亚洲的港口。"

这四条向亚洲供煤的途径中的最后一条，也就是从美国西海岸将煤运到亚洲，激起了美国国内的反煤运动。多年来，美国一直在向中国运送废品和垃圾，根据美国国际贸易委员会[①]（U.S. International Trade Commission）的统计，2011年，美国向中国运送的此类物品价值超过了110亿美元。而现在，我们又想把最脏的燃料运往中国，与此同时关闭国内的燃煤发电厂。印第安人部落、农场主、环保主义者和本地官员这些本来不太可能凑在一起的人已经组成了一个直言不讳的联盟，目的就是阻止在西海岸修建新的出口码头。2012年和2013年，环保主义者和地方官员在西海岸举行了一系列争论不休的公开听证会，他们从经济和道德层面激烈地反对将美国的煤运往亚洲。这些人也因此出尽了风头。

3年前，曾有人计划或提议在西海岸修建六座码头用于出口

---

① 约瑟夫·凯西（Joseph Casey）：《中国加入世贸组织之后的美中贸易模式》，美中经济与安全审查委员会，2012年11月，http://www.uscc.gov/sites/default/files/Research/US-China_TradePatternsSinceChinasAccessiontotheWTO.pdf。

171

煤。到2014年底,其中三座码头的修建计划已撤销,剩下的三座码头也遭到当地居民的强烈反对。此外,修建码头还面临着长达数年的环境影响评估,以及人们对于修建码头融资的种种质疑。

2013年8月,时任西雅图市市长的迈克尔·迈金(Michael McGinn)说:"如果在美国西北部修建出口煤的设施,西雅图的企业、居民及物业业主将面临无法接受的后果。除了西雅图,我们需要不断教育自己和他人:燃烧煤炭会产生全球性后果。烧煤会导致温室气体排放增加,而温室气体是导致本地环境污染和全球气候变化的主要因素。这种教育至关重要。"

2013年11月,迈金在竞选连任时被艾德·莫瑞(Ed Murray)击败。莫瑞是州参议员,他的竞选活动获得了商业团体和煤炭业的大力支持。不过,在距选举还剩几周的时候,莫瑞也出面反对扩大煤出口,他表示,将把迈金反对在皮吉特湾修建新的大型运煤码头的斗争继续下去。

当地人反对煤炭出口,是出于一系列不寻常的原因。那就是,他们反对在当地修建有害的公共设施,害怕发生气候变化。而且,他们实际上还担心,向中国运送肮脏的发电原料,在道德上说不过去。而煤炭业的官员对于反对出口煤炭的上述部分理由嗤之以鼻。例如,有观点认为,增加煤炭运输会导致煤屑从开放车厢飘散到铁路两侧,破坏公共卫生;而煤炭业也确实耗资数百万美元购置和使用表面活化剂,将其喷洒在煤表面,尽可能减少粉尘逃逸。如果煤的出口增加，将大幅增加从粉河盆地到华盛顿州和俄勒冈州沿海城市的铁路运输量，这一点是毫无疑问的。根据一些研究成果，如果扩大煤炭出口的提议获得通过，从怀俄明州到美国西北部地区的煤炭运输量将翻番。华盛顿州交通部曾经委托环境工程公司帕拉梅特里克斯（Parametrix）对此曾做过一项研究。研究表明，如果运煤火车堵在铁路道口造成交通瘫痪，当地企业每年就要付出38.4万美元到45.5万美元的成本，而运煤火车铁轨沿线的不动产价值将会下降2.7亿美元到4.75亿美元。①但众所周知，这类可产生连锁反应的后果难以量化。而煤炭业的反应也是可以预料的，他们拿出数据，表明如果修建新的码头出口煤炭，将会带来可观的经济效益。那就是，新增加将近1.2万个工作岗位，获得超过30亿美元的附加税收入，以及增加间接的经济活动。②

不过，当地人反对煤炭出口的深层原因，并非基于经济因素或对当地环境造成的破坏，而是他们深信，向亚洲出口的煤越多，亚洲烧的煤就越多，我们就越难遏制已经失控的全球变暖。

罗斯·麦克法兰（Ross McFarlane）是波特兰市气候方案活动

---

① 《迈金市长：运煤货车将显著增加铁路道口的延迟》，西雅图市，2013年12月22日访问，http://mayormcginn.seattle.gov/coal-trains-would-significantly-increase-delays-at-railroad-crossings/。
② 《工作和经济发展》，西北工作和出口联盟，http://createnwjobs.com/learn-more/jobs-and-economic-development/。

的高级顾问。谈到反煤炭运动，他指出："人们从不同角度，本着不同的观点参与到这场运动中。但是，有不少社区和个人从更广泛的视角看待这场运动，他们问：'发展煤炭业对我们所在的州，我们的经济和整个地球有好处吗？'他们的结论是'没有好处'。"

说得委婉一些，这样的表态让煤炭业的高管们倍感烦恼。

博伊斯在给我的一封电子邮件中说："有观点认为，限制向亚洲出口煤，无论如何都能削减煤炭在亚洲的使用。这种观点在目标和实践中都是错误的。如果美国不出口煤，中国和印度等国就会从印尼等其他急于出口煤的国家进口自己需要的煤。而这些和美国竞争的国家并不像美国那样，既有对环保的管控措施，又有保证安全的实际行动。因此，问题并不是亚洲是否会增加进口煤，而是这种反对毫无意义。问题在于，如果出口煤，美国的工作数量和经济效益是否会增加。如果人们明白了问题所在，答案自会一目了然。"

2010年，在蒙特利尔举办的第21届世界能源大会上，博伊斯推出了"博地计划"。该计划的内容包括：通过增加燃煤发电量，让数以十亿计还没用过电的人用上电，创造更多的工作机会，并为未来开发清洁煤技术。博伊斯在蒙特利尔的发言中说："21世纪，我们面临的最大危机不是计算机模型所预测的未来会出现的环境危机，而是当下由人类制造的一场危机。而这场危机，我们可以运用自己的力量加以解决。只有当全球经济不断增长，充满活力，让数十亿生活在能源贫瘠地带的人用上能源，改善生存条件，我们才能在降低温室气体等环境议题上取得更快的进展。"①

针对环境保护署推出的管控发电厂排放温室气体的规划,博地公司在2010年以相似口吻做出了回应。在写给环境保护署的请愿书中,博地公司称:"温室气体的排放,尤其是二氧化碳的排放,同现代生活的方方面面紧密相连。如果有人发现温室气体的排放危及公众健康和福利,那就相当于说,现代生活危及公众健康或福利。但是,实话实说,现实情况恰恰相反。"②

这种措辞手法令人印象深刻:它将世界上最大的采煤公司之一的利益和亚洲、非洲那些连电灯都用不上的贫穷民众的利益混为一谈。不过,不管你怎么看煤矿工人,发展中国家需要廉价电能这一事实毫无争议。尽管有了快速发展的页岩气,价格大幅下跌的太阳能,还有姗姗来迟的"核能复兴",煤炭仍然是成本最低,通常也是大部分地区唯一的能源。在亚洲那些蒸蒸日上的经济体中,情况也是如此。

---

① 《博地能源公司董事长和首席执行官格雷戈·博伊斯概述了"博地计划"旨在消除能源贫困和不平等》,博地能源公司,2010年9月14日,http://www.prnewswire.com/news-releases/peabody-energy-chairman-and-ceo-greg-boyce-outlines-peabody-plan-to-eliminate-energy-poverty-and-inequality-102882079.html。

② 《博地能源公司要求重新考虑的请愿书》,美国环境保护署,2010年2月11日,http://www.epa.gov/climatechange/Downloads/endangerment/Petition_for_Reconsideration_Peabody_Energy_Company.pdf。

博地能源公司不太可能将前途仅仅寄托在从美国出口煤炭。在煤炭大繁荣中断前的2006年，博伊斯以15亿美元的价格收购了澳大利亚最大的炼焦煤（通常称为"冶金煤"，用于炼钢和其他工业生产工艺）生产厂之一——卓越煤炭有限公司（Excel Coal Ltd.）。通过此次收购，博地打开了一扇至关重要的大门，走进了迅猛发展的中国市场。此后，他又组织了一个更大的战略性收购项目：耗资近50亿美元收购了位于布里斯班的麦克阿瑟煤炭公司（Macarthur Coal），这是澳大利亚仅存的几家独立矿产公司之一。

19世纪80年代，博地公司只是芝加哥的一个小公司，从周边煤矿购买储量煤，然后再将煤卖给市内的住宅和企业。在澳大利亚完成了几次收购之后，它正成为世界上最具影响力，也最能赚钱的煤炭供应商。这些收购也将公司股价推到了最高点，到2011年3月，博地公司的股价达到73美元一股。今天，博地在澳大利亚的资产收入已占公司收入的49%，其利润的三分之一主要来自向中国的炼钢厂提供冶金煤。[①]与此同时，博地也打入了中国国内的煤炭市场。新疆位于中国最西部，博地和新疆政府部门合作开发了一个巨大的煤矿项目，每年可以将5000万吨煤输送到中国沿海那些高速发展的城市。博地还是开发蒙古庞大的塔班陶勒盖煤矿的西方公司之一。这是世界上储量最丰富的冶金煤煤矿。

---

① 维克·斯威克（Vic Svec）：《博地能源公司》，与作者的私人交流。

第二部分 激增

维克·斯威克是博地公司投资者关系高级副总裁。按他的话说，无论是收购澳大利亚的煤矿，还是在中国国内和蒙古开发项目，抑或通过公司内部的经纪公司（称为"煤炭贸易集团"）买卖煤炭，当然还有扩大从美国西海岸出口煤炭产品，都是"服务于成长中的市场的全方位战略"的组成部分。"我们相信，随着时间的推移，从太平洋西北部也能出口产品。我们正在谈论一个可在美国和其他国家合法开采和使用的产品，不让任何地方出口，是没有正当理由的。"

这种全方位战略的实施取决于一个关键性假设：中国会一直不停地增加用煤量。不过，并不是所有人都这样认为。2013年初，中华人民共和国正式启动碳排放权交易。几个月之后，高盛集团（Goldman Sachs）的分析师就预测到"海运（煤）的需求突然减速"（从2007年到2012年的年均增速7%，降低至2013年到2017年的1%），并且表明"煤炭开采有利可图的投资窗口正在关闭"。[①]

2013年9月，花旗研究（Citi Research）发布了题为《不可想象：中国的煤炭高峰》（The Unimaginable: Peak Coal in China）报告。这份报告认为："中国努力降低灾害级别的空气污染，另外，

[①] 克里斯蒂安·勒龙（Christian LeLong）等：《动力煤投资之窗正在关闭》，高盛大宗商品研究公司，2013年7月24日，http://d35brb9zkkbdsd.cloudfront.net/wp-content/uploads/2013/08/GS_Rocks__Ores_-_Thermal_Coal_July_2013.pdf。

中国经济增速放缓。同时，中国正在降低能源强度，加速使用清洁能源和天然气，提高已有发电厂的生产效率。这些因素将叠加在一起，到2020年，中国对发电用动力煤的需求会停止增长或达到峰值。"①

如果以上预测成为现实，不但博地的未来战略将化为泡影，阿奇煤业公司和云顶能源公司，以及澳大利亚和印尼等国的大型煤炭出口公司针对中国的煤炭出口战略也将泡汤。与博地公司不同的是，采矿巨人必和必拓公司（BHP Billiton）的业务相对多元，涉足铝业、石油和铜矿。2013年10月，必和必拓公司取消了在澳大利亚东北部海岸修建一座新的大型煤矿运输码头以及修建铁路线将煤运往海边的计划。

换言之，有关煤炭出口的纷争，从本质上说，代表了对煤炭业未来发展的不同看法和做法之间的斗争。塞拉俱乐部"超越煤炭"运动高级负责人布鲁斯·尼尔斯（Bruce Nilles）告诉我，如果煤炭公司针对中国出口煤和与中国合作产煤这一招失败了，对博地公司和美国其他煤炭生产厂商来说，"一切就都结束了。没有中国对煤炭的持续需求，他们的故事就无从讲起"。

---

① 阮次山（Anthony Yuen）等：《不可想象：中国的煤炭高峰》，花旗研究，2013年9月4日，https://archive.org/stream/801597-citi-the-unimaginable-peak-coal-in-china/801597-citi-the-unimaginable-peak-coal-in-china_djvu.txt。

第二部分 激增

对于北羚羊罗谢尔矿,博地公司有一个计划,让这个矿能够继续开采60年。按照公司的说法,粉河盆地地下储藏着大量的煤。如针对亚洲的出口受阻,该煤矿的市场可能受到限制。

尼尔斯说:"有人将煤矿公司比作弗吉尼亚州的箱龟,那里只剩下成年龟,而成年龟已经太老,无法繁殖。因而,箱龟也就走向灭绝,但它们自己对此一无所知。"

灭绝有各种各样的形式。从人类的境况来看,就算你意识到自己死到临头,也不能保证一定能获得解救。按照地理学家、作家贾雷德·戴蒙德(Jared Diamond)的说法,人类这个物种,具有一种独一无二的做出"反进化选择"的能力。例如,做个简单的算术题就能证明,如果将粉河盆地所有的煤都烧光,肯定会剩下一个竭泽而渔的世界,当下人口众多的大片区域会变得荒无人烟。[①]可是,就算认识到这一点,人们仍在继续开采粉河盆地剩余的煤。怀俄明州东部干燥的高平原所面临的肯定也是这类竭泽而渔的问题。在那里,由于冬季温暖舒适,适于"树木杀手"山松甲虫生存和繁殖,它们在350万英亩的林地四处出没。在很大程度上,由于石油和天然气的开采,人口稀少的怀俄明州部分地区的臭氧污染水平常

---

① 贾雷德·戴蒙德:《为什么性是一种乐趣:人类性行为的进化》,纽约:基本书局1997年版。

常超过洛杉矶;在北普拉特盆地,水资源匮乏日益严重;在这里,前一阶段的能源开发,留下了随处可见的数百座废弃铀矿,甚至站在当地的主要煤矿就能看到这些旧铀矿。在这里,为了采煤而占用的土地,只有不到6%被完全重新开发。①这些都是人类自身选择造成的自然后果,所有这一切均与露天开采煤矿的巨大设备,以及将煤运往远方发电站的一列列火车直接相关,而那些已经感受到这一后果的人,也已注意到了这一点。

这些人中就有当地的农牧场主,他们与环保主义者有时会组成脆弱的联盟,共同谴责既不受限制,也基本上不受监管的煤矿开采带来的种种后果。现在,他们对后面还会发生什么事产生了疑问。L. J. 特纳(L. J. Turner)的祖父在第一次世界大战结束后不久就来到粉河盆地。现在,特纳在这片被煤矿一点点吞噬的土地上放养数百头牛羊。曾经有一条小溪流经他的房子附近,现在已逐渐干涸,这便是采煤可见的后果之一。

---

① 美国农业部林业局:《树皮甲虫情况说明书》,http://www.fs.usda.gov/Internet/FSE_DOCUMENTS/stelprdb5337223.pdf;克里斯蒂娜·施密特(Christina Schmidt):《预测:北普拉特水资源短缺问题加剧》,谢里登出版社2013年4月6日版;哈里斯·爱泼斯坦(Harris Epstein)、约翰娜·瓦尔德(Johanna Wald)、约翰·斯米利(John Smillie):《被破坏的承诺:复垦和露天采矿控制和复垦法案(1977—2007)的执行》,自然资源保护协会和资源委员会西部组织,2007年,http://www.worc.org/userfiles/file/SMCRA%20Report.pdf。

特纳告诉我："过去，这里有很多鱼洞和泉眼，现在，这里只剩下泥洞。而且还得是小溪里有一定水量，足够湿润能形成淤泥时才有泥洞。"

特纳说，不仅是地表水正在干涸。从怀俄明州延伸到南达科他州再到得克萨斯州的巨大的高平原含水层中，部分地方的地下水位也在下降。

"以前打出的水井，有五六个已在最近10年中干涸了。打几百英尺深的水井成本很高。不过，一旦我们丧失了这个含水层，就得钻到地下几千英尺才能再次打出水来。如果这样，你就打不起水井了。"

我们在特纳家的厨房交谈。从吉列镇出发，开车向南1小时左右即可抵达一片浅浅的洼地，特纳家就在这里。金色的阳光透过棉白杨树的树枝，洒落在屋内抛光木梁制成的地板、墙面和我们交谈时围坐的桌子上。72岁的特纳有着一张饱经风霜的脸，身体依然硬朗，身着手工磨砂、质地粗糙的格子呢工作服，是个彬彬有礼的农场主，同时又像一位老练的拳击手，随时都会发怒。看起来，他已经完满地解决了人生中绝大多数主要问题。

"地表含水层下降了5英尺。从这里流过的小溪，春天的时候本应有5英尺深。现在已经没有这么深的水流了。"

20世纪早期，特纳的祖父和外祖父在粉河盆地落脚，他们是沿着"横穿大陆的车辙"向西部进发的。所谓"车辙"，是指一个世纪以来向西部移民的车队及后来的机动车在穿越未经开发的高平原时留下的车印。"他们从夏延市出发，途径道格拉斯和罗斯。我想，他们曾经穿过一座桥，但剩下的路就只能涉水徒步行进了。"

祖先建起来的牧场现在面积已达到1万英亩，牧草高低起伏。我们坐在特纳和他妻子凯伦（Karen）2000年修建的房子内。这座房子就坐落在山脚下，与旧的牧场房屋和谷仓隔开一段距离。新房落成的前50年间，旧的牧场房屋和谷仓不止一次失火。特纳和凯伦共有4个孩子，现分散在各地居住。他们有个儿子，在执行北约组织的"维和"任务中阵亡，时年21岁。大女儿是个野生动物生物学家，专门研究动物种群中的炭疽病，目前在挪威奥斯陆工作。凯伦刚从奥斯陆探亲归来。小女儿居住在康涅狄格州，还有个儿子住在科罗拉多州。我们交谈的时候，凯伦从屋外花园带回一大堆刚刚采摘的各式蔬菜。时值9月中旬，在凯伦到海外探亲的三周内，轮到特纳采摘蔬菜了。

凯伦不动声色地打趣说："我看你错过了这个。"然后把一个斧柄大小的西葫芦放到桌子上。"你就没有摘到过这么大的吧？"

特纳不服气地说："我摘到过，冰箱里就有！"

除了私有牧场，多年来，特纳还在联邦政府所有的雷霆盆地国家草原上放牧。这个草原几乎占据了粉河盆地南半部的绝大部分地区。分布在盆地北部的很多煤矿都是私有的，而在盆地南部的煤矿，包括黑雷和北羚羊罗谢尔这两个大型煤矿，都是由采矿公司在从美国内政部土地管理局（Bureau of Land Management）或美国林业局（National Forest Service）租来的联邦政府的土地上修建起来的。从20世纪30年代开始，特纳家族的人就在政府拥有的牧场上放牧牛羊，不过租赁条件并不算优惠。然而，几年前，一切都变了。

"林业局告诉我们，博地公司正在新建煤矿，所以不会再发给我们放牧许可了。当时，我就在南边道格拉斯雷霆盆地的办公室，办公室有位女士说：'你得知道，你也就明年还能用这张许可证了。'这就是我收到的通知。"

特纳说，多年来，他已经丧失了6000英亩的牧场面积。除了缺水和失去牧场，他还得卖掉绝大部分牛群。此前，他饲养商业用途的牛，然后把牛卖给屠宰场，也饲养过注册纯种牛，用于培育。现在，他只饲养注册纯种牛。他长期拥有的放牧权被收回，这个取消的过程究竟是怎么一回事，他曾向林业局咨询过，却没得到任何答复。与此同时，新的煤矿已在紧锣密鼓地挖掘中。

这种情况并不少见。所有采矿权租赁计划都是由内政部土地管理局负责实施的。多年来，该计划执行得并不透明，争议四起，内幕交易频繁，而且管理不善。如果在县政府大楼内就可以授予采矿权，在私人饭局上就能交易采矿权，而监管形同虚设，公众审查又不到位，那么，采矿权租赁计划可真到了穷途末路的阶段了。

采矿权租赁计划的缺点几乎已成为公开的秘密。其实，2013年就是个标志性的年份，当年就有不少报告揭露该计划令人生疑的本质和给纳税人造成的损失，绝大部分报道都是谴责性的。2013年7月，内政部监察长办公室——换句话说，就是负责管理采矿权租赁计划的联邦机构——"发现目前的采矿权出售过程有可能使政府无法获得完整的租赁价值"。① 几十年来，煤炭公司将煤从怀俄明州等美国西部各州运走，但是为了获得采矿权，只支付了实际应付租金的一小部分。监察长办公室的表态仅仅是一种官方辞令，实际上，这已不是什么新闻了。美国政府问责署发现，一系列粉河盆地煤炭开采权的租赁交易向内政部上交了6200万美元，比内政部原先估计的交易金额少了350万美元。政府问责署的结论是：开采权租赁交易的公平市场价值比采矿公司实际上缴的费用要高出1亿美元，而这份1983年出炉的报告只涉及两笔出售开采权的交易。

以粉河盆地为例，这里有世界上最大的煤炭采矿综合体之一。这本来再明显不过，联邦政府却总是对此置之不理，认为这个盆地不适合开采煤，结果，所有租赁权买卖都发生在这里。1990年，一个几乎不为人所知的调查政府所有土地的组织"粉河盆地地区煤炭队"（包括三名联邦官员和两名本地官员）裁定，基于执行内政部租赁计划之考虑，粉河盆地这块煤产量占美国煤产量40%的地区，

---

① 尼拉·班纳吉（Neela Banerjee）:《监察长报告称：美国在煤炭开采权租赁方面损失数百万美元》，载《洛杉矶时报》，2013年6月12日。

"不在煤炭产区之列"。①这种奥威尔式口吻的裁定,彻底消除了联邦政府的作用——联邦政府无法决定哪些片区的土地应该租赁,也无法决定个人如何出售租赁权才能适应更广泛地区的状况。这种政府部门与私人公司一拍即合达成的协议,又被称为"按应用租赁",它的出现取消了竞争性租赁,因为个体公司都要花费数年时间和成百上千万美元进行勘探和地质研究后,才能设计和认定自己想要开矿的地段。马克·斯奎拉斯(Mark Squillace)是位于拉勒米市的怀俄明大学的前法律教授,目前在科罗拉多州教书。②他写道:"在当前的制度下,煤炭业需要先决定是否租地开矿,如决定开矿,在哪里租地,租赁多大面积的土地采煤,都要经过土地管理局的批准。"

1990年以来,根据这套制度,政府出租了将近80亿英亩的土地,比大多数经济学家认为市场能够承受的土地数量还要多,而出租价格比煤炭的实际市场价格低得多,租赁条款又基本上由采矿业说了算。通过这种公私双方一拍即合达成的协议,美国纳税人的损

---

① 杰里米·尼克尔森(Jeremy Nichols):《请愿书:重新认定粉河盆地为煤炭产区》,载《森林护卫者》,2009年11月23日,http://www.wildearthguardians.org/support_docs/petition_powder_river_11-23-09.pdf。

② 马克·斯奎拉斯:《联邦采煤租赁计划的可悲故事》,载《自然资源与环境》2013年冬第27卷第3卷,第35页。

煤炭战争：能源的未来与地球的命运

失估计高达280亿美元。①

在这里，如果将煤炭视为一种不断贬值的资产，是不无裨益的。看看从2001年到2013年12年间的煤炭价格图表，就可以发现，这张图表很像迪纳利国家公园的地形图：在21世纪初，价格还处于山脚，随后一路攀升，到2008年达到顶峰，然后回落到山脚。②在格雷戈·博伊斯接任博地公司首席执行官两年后的2008年6月，煤价上升到接近140美元一吨。此后煤价一直在下跌，但尚未达到2001年的价格谷底。2001年出现了经济衰退，煤产量创下新的纪录，而政府严控硫的排放。在这些因素的共同作用下，煤价一度下跌到25美元一吨。虽然后来价格有所回升，但趋势很明显，那就是2013年煤的价值已经下跌了20%，降到了60美元一吨。分析师预测，煤价未来还会进一步下跌。美国银行美林全球研究公司（Merrill Lynch）的大宗商品分析师在2013年底写道：煤炭市场已经供大于求，煤炭的"前景绝不乐观"。③

当煤炭价格达到最高点时，联邦政府和州政府的监管人员尚未

---

① 汤姆·桑奇洛（Tom Sanzillo）：《价格极低的租赁权买卖：对于美国以低于公平市场价格出售联邦政府所拥有的煤的长期趋势的分析》，华盛顿：能源经济和财务分析研究所，2012年。
② 《煤炭的历史价格和价格图表》，载《煤矿投资》，2014年11月11日。
③ 亨宁·格洛斯坦（Henning Gloystein）：《由于中国寻求参与竞争，全球煤炭价格进一步下跌》，路透社，2013年9月11日。

谈下数十亿美元的项目。既然煤价已开始下滑，而且这种下跌很可能是永久性的，针对煤炭开采权租赁的改革就不可能再回到此前的价格。最终，这场有关采矿权租赁计划的争论融入了有关21世纪煤炭前景的更为宏大的争论，而这样的争论已经持续很长时间了。

20世纪30年代，**内燃机车开始**投入运营，代替了以烧煤为动力的蒸汽火车。不过，直到第二次世界大战结束，铁路系统才全面采用内燃机车。1947年圣诞节的前两天，美国联合太平洋铁路公司关闭了其在怀俄明州的最后几个煤矿。1962年10月，最后一条采用蒸汽机车的标准轨距铁路——科罗拉多州和南方铁路线的莱德维尔支线——停运了最后一部蒸汽机车。自此，煤炭业快速衰落，直到今天也未能恢复元气。20世纪70年代，新的防治空气污染标准出台后，粉河盆地的低硫煤变得富有吸引力。1970年颁布的《清洁空气法案》是美国历史上最为成功的环保立法案例之一，正是由于这部法案的实施，怀俄明州变成了美国的煤炭生产中心，而这一事实很少有人提及。

采煤业的发展具有周期性特点，像格雷戈·博伊斯这类经验丰富的煤炭业从业人员，几十年来，度过了煤炭业的低迷期，也经历了煤炭业的繁荣期。那些在煤炭业处于低迷期时大胆投资的人到行业时来运转时都发达了。需求再度攀升，价格回调，客户再次发现廉价能源的吸引力。既然如此，为什么现在不同以往了呢？煤炭业从业人员受行业周期性发展观点的影响,看不到采煤业需要尽力摆脱它正面临的困境,甚至不愿承认存在这种困难。博地公司的维克·斯威克就告诉我,如果未来不再用煤,那么,在这样的未来,"电价必将飙升,工作机会转移到国外,经济停滞不前"。所以,这个世界不能没有煤炭。

至少到目前为止,情况的确如此。

戴维·弗赖登塔尔(Dave Freudenthal)是连任的怀俄明州州长,2002年到2010年间,一直在位于拉勒米市的州议会大厦上班。现在看来,这段时期,煤炭业的黄金期已悄然进入尾声。弗赖登塔尔属于日渐稀少的一类人:在2008年和2012年的总统选举中,怀俄明州强烈支持与民主党候选人奥巴马竞争的共和党候选人。而就在这样一个州,他作为温和的民主党人,却两次赢得了州长大选。从本质上说,他是个务实的技术官僚,在任期间监督通过了美国第一个为碳捕集和碳封存制定标准和规则的州立法项目。许多人认为,煤炭业要想生存下去,唯一可以依赖的技术是碳捕集和碳封存。弗赖登塔尔之所以能获得怀俄明州选民的支持,原因之一就是他直言不讳。

"依我看,他们正面临着一系列状况,但是他们不具备真正解决这些状况的能力。"弗赖登塔尔这样告诉我。他说这话,指的是格雷戈·博伊斯,博地公司的高级管理人员和整个煤炭业。"有些事情是你能控制的,有些事情你就得学会接受。我觉得,他们不具备区分这两点的智慧。"

按照弗赖登塔尔的看法,到了21世纪,煤炭业必须接受自己在能源经济中的作用日渐衰微的事实,因为产煤量、耗煤量和从煤炭中获得的收入都在大幅减少,而这一切又只能通过可以大幅降低燃煤过程中碳排放的技术才能实现。博伊斯及其他大型煤炭公司的高管们总在抱怨煤炭业被单独挑选出来作为气候变化的罪魁祸首,而所谓的煤炭战争更是在骨子里就不公平。州长没耐心听这类抱怨,他说:"你对行业趋势有何种感受,这一点无关紧要,将来必然要实现某种形式的碳捕集。他们会说:'老天在上,这不公平。'是的,市场并不总是公平的。"

弗赖登塔尔认为,煤炭业现状的根源,在于"彻底误读了与能源供应有关的市场预期"。马克·诺瑟姆(Mark Northam)是怀俄明大学能源学院的主任,他用另一套说辞来解读煤炭的前景:"把煤挖出来碾碎,再送到发电厂燃烧发电,还不用担心从烟囱里冒出来的东西,这样的日子已经一去不复返了。"

2006年成立的怀俄明大学能源学院,任务是研究如何以可持续的方式开发怀俄明州丰富的能源。对怀俄明州的前途,各方面争论颇多,争论的核心是怀俄明州正处于一种左右为难的困境,而能源学院在很多方面体现了这种困境。学院接受州政府经费的直接支持,而且迄今为止还从私营部门(基本上是能源公司)接受了大约4000万美元的经费支持。环保主义者认为,学院只不过是煤炭业的工具而已，因此对学院持不以为意的态度。另一方面，煤炭业的许多人，又把学院视为开发新能源技术以取代传统燃煤发电的载体。诺瑟姆一边说一边轻声笑起来："我去扶轮国际（Rotary Club）或吉列镇其他团体讲话的时候，觉得自己太嫩了，可是到了兰德县的时候，又感到自己离能源业太远了。"按照诺瑟姆的看法，现在已经不是让煤炭业实事求是面对变化中的市场的时候了。"如果你说，气候变化不是真的，那你永远也不可能在这场战斗中获胜。气候变化是否存在？对于这个问题，市场已经做出了回答。煤炭业必须意识到，它正朝着与以往不同的方向向未来进发，而我们则在尽己所能，帮助煤炭业顺利度过这段转型期。"

格雷戈·博伊斯，斯科特·杜尔金，还有成千上万的怀俄明州居民，他们的生计直接或间接地依赖有增无减的煤炭产量和煤炭燃烧量。对这些人来说，在这场转型中，他们会对其日常生活赖以形成的各种假设提出质疑。他们必须承认，多年来，要么是政治领导人和公司高管们在撒谎，要么是这些人搞错了。一般来说，他们还得重新评估自己的世界观。在粉河盆地的各种访谈中，我不止一次听到人们提到心理学家库伯勒·罗丝（Kübler-Ross）提出的"悲伤五阶段"理论，好像煤炭时代的消亡被视为个人死亡的过程。没有多少人能够真正达到"悲伤五阶段"的最后一个阶段"接受"。

但是，这并不是说，人们对于展望或做好准备迎接一个另类的未来无所作为。对纳税人来说，在联邦土地上的煤炭采矿权租赁

第二部分 激增

可以算得上是一笔糟糕的交易。不过，从1974年开始，怀俄明州就开始针对矿产开采征收采掘税，税收收入划入怀俄明州永久矿产信托基金。到2013年，该基金已达到56亿美元。[①]每位怀俄明州居民都可分到10万美元，也算是一笔不菲的离职金。当然，这笔钱怎么用，就是另一个问题了。

安·特纳（Ann Turner）是《吉列新闻记录》（*Gillette News-Record*）的出版人，在报社大楼的办公室里，她告诉我："煤很有可能只能再开采25年。到那时怎么办？"

《吉列新闻记录》创办于1904年，在其历史上的大部分时间里，都是由特纳家族经营的。该报对于能源生产的观点与吉列镇的煤炭矿工基本一致。特纳本人曾像王室成员出巡一样在加利福尼亚州的马林县生活了6年，然后回到家乡，扮演生活为她指定的角色。不过，她说话的样子，并不像在充当煤炭业的喉舌。

她说："煤炭公司很早以前就应当认识到，它们需要与人合伙开发新技术。现在再开发新技术，已经有点晚了。"

特纳、诺瑟姆和弗赖登塔尔一致同意，怀俄明州首选的经济发展前景如下：逐步降低传统煤炭的生产和使用量；投入大笔资金研发更清洁的煤炭新技术；形成由技能水平更高的劳动力支撑的更多

---

① 《怀俄明州永久矿产信托基金》，怀俄明州纳税人联盟，http://www.wyotax.org/PMTF.aspx。

元化的经济基础；大型煤炭公司的高管们曾在"我们与他们之间的对决"这种危机四伏的心态驱使下发出咄咄逼人的声明，今后这种状况将会有所改变。

不过，怀俄明州的居民尚未走到这一步。特纳断言："我们不承认存在问题。20世纪80年代，日本车开始出现的时候，密歇根州是什么样子？我对此并不了解。不过，一旦看到有家煤矿公司破产，你猜奥巴马会不会转身去拯救这家公司？"

另一个向新能源时代过渡可借助的资源应当是废弃矿山信托基金，这是由国会于20世纪70年代设立的联邦计划，用于补偿那些因采矿环境遭到破坏的州。这笔款项每年都高达数千万美元，但于2012年被削减，结果，给怀俄明州的年度偿付金从大约1.5亿美元减少到不足1400万美元。①2013年9月，这笔资金得到部分恢复，而且，联邦政府在这笔信托基金中仍存有近30亿美元，只是尚无计划从这笔资金中拿出一部分给怀俄明州增加偿付金额。②在怀俄明州，要想激怒当地人，只要提起废弃矿山信托基金就行了。这一招屡试不爽。

---

① 《遭受废弃矿山信托基金损失的，不止怀俄明一州》，辛西娅·卢米斯代表办公室，2012年7月12日，http://lummis.house.gov/news/document single.aspx?DocumentID=303009。

② 塔伦斯·雷（Tarence Ray）、威利·戴维斯（Willie Davis）：《改造费用能够重燃复苏》，载《每日远方》，2013年8月11日。

但是，说了这么多，真相却是，缺钱并不是问题，真正缺少的是敢于面对未来的意志，以及运用想象力设想一个与当前大相径庭的未来。

有人已经做了尝试，尽管这些尝试并非一帆风顺。高原气化先进技术中心（High Plains Gasification Advanced Technology Center）最早在2008年就宣布，要成为一家附属于发电站，从事先进技术研究的机构。该机构将开发名为煤炭气化的工艺，借助这一工艺，实体煤加热之后将成为合成气，然后用于燃烧发电。这个中心需要通用电气公司和怀俄明州政府各出5000万美元。2011年，在州政府已出资接近1000万美元启动技术中心建设后，通用电气公司以"国家能源政策的不确定性"为由退出了该中心的建设。①怀俄明大学能源学院继续从事清洁煤炭的研究，但是现在，煤炭公司几乎不参与了。

离开吉列镇之前，我参观了位于其北部数英里的干叉发电站。这家发电站始建于2007年，2011年投入使用，是一家矿口发电站。也就是说，它全部依靠从附近干叉煤矿采出来的煤发电。这家发电站的装机容量核定为385兆瓦，足以为30万个家庭供电，而干叉煤矿也达到了业内领先水平。它做到了零排放，煤矿设施使用的水在矿内循环使用，煤矿采用巨大的风扇而不用水冷却发电涡轮机排出

---

① 《高平原气化先进技术中心的项目暂停》，美联社，2011年7月29日。

的蒸汽。发电站经理汤姆·斯塔尔卡普（Tom Stalcup）一边陪着我在发电站内四处转，一边自豪地告诉我：干叉发电站是造成污染最少的燃煤发电站之一。封闭的传送带系统将煤从矿井运到锅炉中，消除了传统煤堆在运送过程中颗粒到处飘散的问题。同时，发电厂还采用德国开发的"回流循环流化床干燥机"清除烟雾中的硫和汞。①干叉发电站达到了传统燃煤发电所能达到的最高清洁程度，但即便如此，未来40年内，它仍需向大气中排放300万吨碳。

干叉发电站并不代表未来的发展方向，它是耗资13.5亿美元的20世纪遗物。正如粉河盆地资源委员会所言，它代表了"20世纪50年代的发电方式"，而其所发出的电，大部分又实际用于能源开采，比如煤矿。②

能源学院的马克·诺瑟姆在评价怀俄明州未来20年的煤炭产业前景时并不乐观。他说："未来5年会很艰难，而这5年对于煤炭业的长期生存来说又至关重要。"

诺瑟姆则认为，未来10年，在怀俄明州会出现一些小的商业化煤制油（以及天然气合成油）工厂，这些工厂有些已处于运营阶段，有些处于建设阶段。不过，这类工厂还不够多，不足以掀起

---

① 《干叉发电站》，盆地电力合作社，http://www.basinelectric.com/Electricity/Generation/Dry_Fork_Station/index.html。

② 《干叉发电站》，粉河盆地资源委员会，http://www.powderriverbasin.org/dry-fork-power-plant/。

新的采煤热潮。他说:"我相信,未来10年,本地区不会出现单一的碳捕集和碳封存项目。"这话与煤炭业和联邦政府正大肆宣传的五六个规划项目的做法截然相反。

他说,从现在开始的20年内,"局面将大有改观"。届时,将修建和运行一批有可能是商业化的碳捕集和碳封存工厂;煤炭气化厂将生产合成气用于发电;煤炭将与天然气共存,而天然气也不再因价格低廉而让其他燃料失去竞争力。对煤炭的需求在未来10年前后将会降低,以后的煤炭业,规模会更小,发展上也更具可持续性。"我只是希望,未来几年,情况不会严重到煤炭公司开始破产的地步。"

或者,可能不会出现这种情况。美国能源的大本营可能要经历一场更加彻底的变革。

安·特纳告诉我:"有人说,蒙大拿、怀俄明和达科塔州应重新变回野牛遍地的地方。这种事很可能发生。"她说这话的时候,与其说愤愤不平,不如说悲伤而沮丧。

这话看似不合情理,实际上也并非完全是空想。二三十年前,罗格斯大学教授弗兰克·波普尔(Frank Popper)和作为地理学家的妻子黛博拉(Deborah)就共同论证说,当时对北美大平原干旱地带的利用方式是不可持续的,他们向"水牛公地"(Buffalo Commons)提议:将跨越六个州,面积达13.9万平方英里,属于北美大平原的干旱地区还给水牛。来自黄石国家公园,基因"纯良"

的野牛已被迁移到蒙大拿州和怀俄明州的旷野上，让这些高平原地区最早的居民能够在这片土地上重新繁育。有一部名为《回归》(*The Return*)的出色的电影短片，记录了水牛的这次迁徙。① 不过，不知道水牛公地是否同样会向苏族、科曼奇人和阿拉帕霍人重新开放。

粉河盆地资源委员会的香农·安德森在和我的最后一次交谈中告诉我："在东部，人们已经进入了后煤炭时代，而在这里，我们还处于煤炭时代"，"在阿拉斯加"，人们有计划在安克雷奇西部的丘依特纳河上修建大型露天煤矿，"他们还想从煤炭中找到未来"。

"从经济史角度看，我想，过去是什么样子，我们的未来就应该是什么样子：整个地区将恢复为农田和牧场，人们要对土地的使用方式负责。我们需要确保那些农田和牧场未来能可持续发展，就算采矿业不复存在了，这里的土地依然拥有含水层，依然拥有可用于放牧的青草。"

"如果煤矿工人离开，钻井工人也走了，那么，怀俄明州会变成什么样子？这才是真正的问题所在。"

在道格拉斯公路上，我开车朝南驶出吉列镇，公路两侧是矿井工人和煤田供应商，还有服务于能源产业的机修店、轮胎店和管道

---

① 道格·豪斯-戴维斯（Doug Hawes-Davis），导演：《回归》，高平原电影公司，2012年。

安装店。公路一路延伸下去，变为两车道的公路，穿过黑雷煤矿、北羚羊罗谢尔矿及其他大型煤矿。一路上，我可以隐约瞥见远方的一些露天煤矿。它们看起来并不像伤疤，更像是低垂在地平线上的灰色的云，就像天气一样变化多端。前面是段下坡路，车驶入后，露天煤矿就从视野中消失了。

第五章　科罗拉多州

1980年，刚从印第安纳大学研究生院毕业的杰夫·特罗格（Jeff Troeger）第一次来到斯廷博特斯普林斯市。他从小在南本德市长大，在布卢明顿上学，因此想远离熟悉的环境，到西部生活。壮丽的扬帕河谷横跨丹佛市城外两座巨大的山口，斯廷博特斯普林斯则如珍珠般撒落在河畔。不过，那个时候，这里只是一个略显粗制滥造，路有点远，但对于像杰夫·特罗格这样的人来说还能负担的地方。此外，他和朋友还有个商业计划：他们准备向煤炭公司销售分析软件，因为扬帕河谷到处都在采煤。

特罗格告诉我："主意倒是不错，但我们很快就意识到，煤炭市场的购买周期是以年为单位的。向这样的市场出售软件，我们的资本远远不够。"

这家初出茅庐的公司，还曾计划涉足合成燃料领域，不过在短期内即损失惨重，宣告失败。因为这个市场的发展时机同样尚未到来，而公司那一点点资本也耗尽了。特罗格住在斯廷博特斯普林斯市南部的一座小木屋里，再一次转行——但这还不是他最后一次转行。"我开始卖电脑，在黑市上卖苹果II型、戴尔，还有DEC电脑。1980年，我在斯廷博特斯普林斯的西坡开了第一家电脑商店。"

特罗格意识到自己真正的才能所在，也预见到电脑革命即将到来，因此他很快就开始教授电脑基础知识：各种电子表格、网络和数据库。最后，他入职科罗拉多山脉学院，这是一所沿西坡分布的几所两年制社区学院的联合体，并在那里执教20年。在扬帕河谷期间，他结了婚，还养了两个儿子。20世纪80年代和90年代，斯廷博特斯普林斯出现了房地产热潮。由于特罗格在此之前就定居了，便借此机会把自己那破烂不堪的小木屋换成了一所房子。后来，在不知不觉间他成了一个积极的环保主义者。

特罗格说："我开始阅读保罗·霍肯（Paul Hawken）和贝特西·科尔伯特（Betsy Kolbert）的书，然后开始仔细观察河谷里发生的一切。"我们驾车从斯廷博特斯普林斯南部出行，开启一天的旅程，以了解当地的能源史。特罗格身材消瘦而结实，留着灰色的寸头，目光锐利，一副饱经风霜的样子。一谈到经济学和环境，他就劲头十足，还对车外掠过的景象指指点点：山脚下起伏不平的绿色田野上，白杨树拔地而起，熊果树灌木丛一簇紧挨着一簇。我们身后是斯廷博特斯普林斯的滑雪场，8月初的阳光洒向还未积雪的赛道。

他说："我们基本上就是从地壳里提取资源，再把它们加热、搅拌和处理，做成临时的产品，用过之后再扔到地壳里的垃圾填埋场。这就是我们的经济体系。"

20世纪90年中期，特罗格开始在科罗拉多山脉学院教授可持续性研究。他喜好数据，关心本地景观，又善于不平则鸣，这些特质无不体现在他的学术生涯中。后来，他协助学校开办了科罗拉多州第一个以可持续性作为专业的学位项目。与此同时，他对工业社会的未来和环境变化的后果深感悲观。

当我们拐上113号公路，朝着平顶山方向前进时，特罗格说："我们迫切需要一场危机，尽管我讨厌说这样的话。没有紧迫感，也就没有对突发事件的处理意识。我们能够拍摄太空中飞过的彗星，能够详细说明人类的基因组成，而煤炭公司却找借口说'找不到替代品'，这话我可不信。其他形式的能源太多了——燃煤发电早就该停止了。"

"我可不想囤金枪鱼和子弹。我不想生活在这样的世界中。"

在考虑过可能出现的全球性灾难后，特罗格决定在本地开始行动。他加入扬帕河谷电气协会，这是一个面向农村的发电合作组织，它向斯廷博特及其周边社区供电，例如海登和克雷格。

"我第一次参加这个组织的会议，他们开的实际上都是闭门会议。我对前台的女接待员说：'我想参加这个会'，然后她问：'你有参会许可吗？'"

"我本来想说：'等一下，这是一个公开组织。不是有破门令吗?不是有你们必须遵守的阳光法案,也就是公开性保障法吗?开这样的闭门会议,不是违法的吗?'不过,这些话我忍住没说。"

最终,特罗格被允许进入会场。他很快就意识到,扬帕河谷电气协会就像许多面向农村的电气合作组织一样,其用电高度依赖烧煤发电。该协会从埃克西尔能源公司(Xcel Energy)购买电力。埃克西尔能源公司是总部位于明尼阿波利斯的公用事业公司,它向包括科罗拉多州在内的八个州供电。海登电站就是埃克西尔的七家烧煤发电厂之一,坐落在斯廷博特斯普林斯以西25英里的扬帕河上。对于特罗格和其他斯廷博特斯普林斯的激进环保主义者来说,很明显,1940年成立的扬帕河谷电气协会需要改变策略,购买更多的清洁能源。还有一点也很明显,在当时的协会董事会下,很难做出改变。"很明显,董事会根本不想进行变革。因此我们需要更换董事会成员。我们找到了候选人,他们都是对适应21世纪能源现实感兴趣的人。"

不到3年,董事会就有了很多新成员,其中大部分人倾向于采用煤以外的能源发电。但是,要制定新的发展路线,就需要长期担任协会首席执行官而且势力强大的拉里·考维罗(Larry Covillo)的合作。就像很多面向农村的电力合作组织(又称为农村电力协会)的领导人一样,考维罗态度强硬,他已经习惯于董事会成员对他俯首帖耳,而且抗拒做出改变。特罗格说:"农村电力协会成立于美国历史上的'进步时期',这么说真是可笑。随着时间推移,协会逐渐等级森严,协会的人也越来越保守僵化,而且对他人漠不关心。"

2012年5月,董事会破天荒第一次在考维罗没有到场的情况下召开了会议。会议结束后不久,董事会向考维罗提交了一份计划书,内容是改变合作组织用于发电的能源组合,不再采用燃煤发电。

特罗格告诉我:"以前从没有过这样的事。毕竟这是拉里的电气公司!以前没人有胆量告诉他该做什么。"

在2012年10月的月度例会上,考维罗宣布,自2013年3月起退休。这一宣布令董事会惊讶不已。他在扬帕河谷电气协会已经工作了32年。特罗格说:"我想,他已经做出选择,为实现退休的目标,他已经熬够了年头。他能看清未来的风向,但他本人并不想做出改变。"

这些变化中还包括与位于博尔德的一家名为清洁能源集体企业(Clean Energy Collective)的公司合作,在扬帕河谷修建一座"太阳花园"社区。

清洁能源集体企业位于科罗拉多州的卡本代尔,很早就开始推广社区太阳能发电模式。在这种模式下,个人和企业可以购买太阳能发电设施中的电池板,而不是私人拥有或租赁。公司的创立者保罗·斯本塞(Paul Spencer),也是公司的首席执行官,把这种模式称为"面向大众的太阳能"。他指出,大多数人要么没钱使用太阳能,要么居住在太阳能不那么充足的地方。清洁能源集体企业与目前的公用事业机构签订电力购买协议,然后以认购的方式预售太阳能发电能力(公司将其称为购买太阳能电池板),再把从认购中获得的收入作为建设项目的融资,而这笔收入从本质上说就是抵押物。当现有的太阳能电池板售罄,公司向放款人付清借款。客户没有必要实际获得来自太阳能电池阵的电力,因为太阳能电池阵已经与当地电网并网,客户用电之后,账单上就会注明"可再生性能源信用余额"。公司向客户收取比发电成本稍高的加成,通过这种办法赚取利润。公用事业公司对这种商业模式非常满意,因为它满足国家法定的可再生能源的标准,并能由此获得信用;同时,客户也很满意,因为他们既不用花钱也不用出力,就可以把电池板安装到自家的屋顶上,进而获得价格低廉的太阳能。这类社区是摆脱陈旧的、集中供电和依靠燃煤发电的输电网的有力范例:清洁能源集体企业于2010年修建了第一个太阳能花园,现在已经与遍布于九个州的19家公用事业公司合作修建了45个花园。斯本塞预计,到2015年底,花园社区的数字将会翻一番。

不过,在扬帕河谷,清洁能源集体企业的发展面临一个问题。

当最早一批到达这里的人(很有可能是犹他人和阿拉帕霍印第安人的祖先)穿过拉比特厄斯山口到达扬帕河谷的时候,他们一定认为自己发现了天堂。此后来到这里的参观者和定居者也有同样的感受。

扬帕河发源于鲁特县南部的高山之上,平静的河水向北流去,穿过斯廷博特斯普林斯之后向西急转弯,流过科罗拉多州西北部,汇入恐龙国家纪念公园的壮丽峡谷。扬帕河沿途大部分都是一条清澈而缓慢流动的浅溪,偶尔会有几处硫磺温泉,其中一处就叫斯廷博特,斯廷博特斯普林斯就是因其得名的。据传,法国的捕兽者将地表温泉冒泡的声音当成用桨轮推进船只前行的声音。在欧洲人到达扬帕河谷前,犹他人夏天在扬帕河谷打猎,饮用或沐浴具有药用价值的温泉水。在溪流沿岸,有海狸藏身的池塘,还有牛轭湖。在尚未开垦的河段,溪流两侧密布柳树、接骨木、梾木和壮观的三角叶杨。白鹭在树上筑巢,迁徙中的鹅群聚集在河边草地上,红隼和红尾鵟凭借下方热气流的托举在峡谷上方翱翔,驼鹿和熊是这里的常客。在斯廷博特斯普林斯西部,地表景观突变,从茂盛的草地和具有亚高山带树木特色的山坡,一变成为高海拔荒漠高原上被红色岩石覆盖的平顶山。19世纪中期,养牛人和农民到达扬帕河谷。他们和这里土生土长的人一样,发现这是一片富饶而迷人的土地。扬帕河漫滩很快就成为美国西部山区最繁荣的牧场。

J. B. 道森(J. B. Dawson)是后来被称为"木匠牧场"的创办人。这个牧场占地900英亩,是地球上最美丽的地方。道森给留在美国东部的朋友写信说,扬帕"是块新天地。这块公有土地是全开放的，周围没有围栏……那里的群山遍布鹿、麋鹿和羚羊，溪流中到处都是鳟鱼"。①

1908年，丹佛西北铁路公司（Denver Northwestern）和太平洋铁路公司的铁路铺设到扬帕河谷，将河谷和平原地带的大型牛市场连接起来，给这个本来遗世独立的小镇带来了新的繁荣。随着铁路修通，挖煤人也移居至此。多年来，扬帕河谷的居民在自己的炉子里烧煤。到了19世纪末，斯廷博特斯普林斯的创建人詹姆斯·哈维·克劳福德（James Harvey Crawford）在镇子西北部找到了一个巨大的煤矿。这块地后来卖给了麋鹿头无烟煤公司（Elkhead Anthracite Coal Company）。此后人们在平顶山近旁，靠近克雷格的地带和河谷西部有了更多的发现。到1904年，《矿地和矿物》（Mines & Minerals）杂志已经记录了扬帕煤田，而当铁路修到扬帕河谷的时候，这里已经有了一个现成的市场，煤可以从这里运往东部和南部。

埃德娜矿是这里最早被开采的煤矿。此后，1977年捕猎者煤矿被开采，1983年"二十英里煤矿"被开采。扬帕河谷风光宜人，吸引了很多滑雪者、渔民、漂流者和山地车手。不过，他们当中很少有人知道，鲁特县和莫弗特县共同构成了科罗拉多州大型煤炭产业

---

① 《木匠牧场》，自然保护，http://www.nature.org/ourinitiatives/regions/northamerica/unitedstates/colorado/placesweprotect/carpenter-ranch.xml。

的中心地带。站在斯廷博特山山顶的空中缆车车厢里，扫视山谷，一眼就能看见1995年关闭的埃德娜矿。当我8月份前往埃德娜矿的时候，平坦的山脊让人一眼就看出这是片废弃的矿区，比起周边未被开采的山坡，上面覆盖的植被更干燥，植物种类也更为单一。越过山脊，在埃德娜矿旧址的西部，就是博地能源公司所有的二十英里煤矿。

扬帕河谷同样烧煤。海登电站向埃克西尔能源公司的电网供电，而捕猎者煤矿存在的唯一目的就是向邻近的克雷格电站提供发电用的煤。克雷格电站是个装机容量为1200兆瓦，拥有三台锅炉的发电厂，向三州发电公司（Tri-State Generation）供电，而三州发电公司服务于分布在科罗拉多州、内布拉斯加州、新墨西哥州和怀俄明州的44家电力合作企业。

我们穿过橡树溪小镇，然后向西前往二十英里煤矿。杰夫·特罗格告诉我："二十英里煤矿是各个发电厂最大的客户。这些发电厂向各个煤矿输电，煤矿利用电力继续挖煤，然后通过燃煤发电生产更多的电。这是一个周而复始的循环。"

我们驾车经过克雷格县，看到了香槟粉雪滑雪坡、古色古香的镇中心、原生态的山谷，还有繁荣的旅游业。在这一切的背后，你都能看到"煤"的踪影。斯廷博特斯普林斯位于科罗拉多州最西边的方山地区，而克雷格位于其以西40英里。一直以来，克雷格就是个煤炭小镇，要在这里建立新的太阳能花园会遇到一些问题，因为大多数潜在客户都居住在峡谷东端的斯廷博特斯普林斯。但是，斯廷博特斯普林斯的地价已不再便宜，而清洁能源集体企业的商业模式又部分建立在不用为土地支付过多成本，就能安装太阳能电池阵列的基础之上。因此，倒也不用担心距离客户没那么近。

保罗·斯本塞告诉我："扬帕河谷电气协会向斯廷博特斯普林斯、海登和克雷格等地提供服务。因此，其客户对于在斯廷博特斯普林斯修建太阳能花园自然抱有很大的兴趣。但是，根据以往经验，我们知道，斯廷博特斯普林斯的地势比其他地方都高，降雪量比克雷格多10倍。从太阳能产出的角度看，需要产出尽可能多的清洁能源。所以，我们不想在斯廷博特斯普林斯，而是更想在克雷格修建太阳能花园。看看这片地：这里是沙漠，阳光充足，在此地修建太阳能电池阵列是再好不过的选择。"

在克雷格，有一处修建花园的理想地点：它位于扬帕河北岸，污水处理厂旁边，紧挨着克雷格发电站的烟囱。这里就像田纳西州塞维尔的那两座发电站一样，分别利用新旧两种能源的发电站并排修建，形成鲜明对比。斯本塞和扬帕河谷电气协会签订了一份电力购买协议，与克雷格县签订了一份换取免费太阳能的长期租赁计划，并且开始签约客户。清洁能源集体企业很快就签下了足够数量的客户，修建太阳能花园就成了一个可行的计划。但就在这时，问题出现了。

修建太阳能花园的土地为克雷格县所有，但是这块土地的地

煤炭战争：能源的未来与地球的命运

下采矿权却归三州发电公司，也就是捕猎者煤矿的经营者所有。在这块计划修建太阳能电池板的土地上，理论上煤炭公司可以在任何时间开挖采矿。三州发电公司的官员说，虽然公司不太可能行使开采权，但是也拒绝正式放弃这种权利。不愿卷入有关开矿权的争议中，负责这桩交易的不动产产权调查公司退出了交易。由于触犯了旧的煤炭经济的利益，新的清洁能源一度似乎要再次被其打败。

清洁能源集体企业的土地经理乔纳森·穆尔（Jonathan Moore）告诉《斯廷博特领航员报》（*Steamboat Pilot*）："我们自己，以及所有相关方，包括克雷格县，都对此感到失望。"①

保罗·斯本塞和克雷格县县长泰利·卡维尔（Terry Carwile）并不想轻易放弃。斯本塞笑着告诉我："我们到处求人，去借，去偷。我们得想办法绕过采矿权的议题，克雷格县帮助我们做到了这一点。"

卡维尔本人也是个退休的煤炭人，他对我说："是的，我们遇到过抵制，有人还口出狂言。于是，我就想在这个社区兴建一座耗资120万美元的建筑项目，该项目将给克雷格县带来经济效益。这个项目规模不大，不过，你不能总想着本垒打，还是先来个一垒安打吧。"

---

① 艾琳·芬纳（Erin Fenner）：《克雷格县不太可能修建太阳能电池阵列》，载《斯廷博特领航员报》，2014年6月5日。

反对派包括本地官员，其中就有莫弗特县的专员约翰·金凯德（John Kincaid）。金凯德否认二氧化碳是污染物。2014年7月，环境保护署在丹佛市举办了一场听证会。金凯德在会上作证说："限制发电厂碳排放的规定构成了一场'针对煤炭的战争'。"①

一天，我路过捕猎者煤矿的停车场，看到有辆重型皮卡挂着一条黑色标语，上面就写着："煤炭。枪支。自由。"不过，有时候，在原本没有希望的土地上也会孕育美好的未来。就连克雷格县某些煤炭业的从业人员也认为，采用干净、廉价的本地电力很可能是一件好事。斯本塞和卡维尔，这两个原本不可能结盟的人，反而在联手推动太阳能花园项目。到了2014年秋天，他们找到了一家言听计从的产权公司，此后太阳能花园的交易得以重启，清洁能源集体企业重新和客户签合同。双方实现了停战。在最受煤炭业务影响的地区，小规模的太阳能发电终于谋得一席之地。

斯本塞说："使用太阳能发电不是为了取代煤。太阳能发电需要安装大量太阳能电池板，会占用大片土地，因此只能将其作为一种补充能源。但无论如何，这么做都有助于建立一个低碳的未来。在我们看来，太阳能并不对煤炭业构成威胁。在某些鲜为人知的方

---

① 埃利·斯托科尔斯（Eli Stokols）：《在丹佛市，环保主义者挤满环境保护署针对碳排放规定举办的听证会》，福克斯31，丹佛市，2014年7月29日。

面，太阳能花园项目还初步弥合了代表产煤业的克雷格县和采用可再生能源的斯廷博特斯普林斯之间的裂痕。"

泰利·卡维尔在捕猎者煤矿**工作了30年**，他操作过几乎所有的机械设备。"我当过装卸工，还开过推土机、铲土机和拉铲挖掘机。我曾有机会全职操作拉铲挖掘机，不过，我厌烦倒班，所以又重新开始上白班。从赚钱角度看这不划算，但我喜欢这样。"

他在上班满30年的当天退休。卡维尔在克雷格开了一家书店兼咖啡馆"闹市图书"，我在那里见到了他。当我夸赞他店面整洁时，他说："谢了。想不想买下这家店？"

其实，克雷格就是一个建在煤田上方的小镇。它有一种紧张而小心翼翼的氛围，仿佛它被包围了，随时等待对方发起下一次攻击。2013年，二十英里煤矿的产量比上一年下降了10%，仅有720万吨，是2001年以来的最低点。这个煤矿的产量于2005年达到940万吨，这是它曾经的最高值，此后一直在下降，很难预料何时探底。西坡曾掀起开发石油和天然气的高潮，暂时弥补了煤产量下滑带来的损失，但是这种繁荣并不稳定。卡维尔说："2008年，镇上到处都在开采石油和天然气，你连一间汽车旅馆都住不上。之后，亨利港的天然气价格突然大跌，结果所有石油公司都撤了。当时有很多在建的旅馆，本来镇上的接待能力缺口是40%，一下子供过于求，很可能超出接待需求40%。"

有些牧场和农场还在挣扎求生，但是水资源日益紧缺，导致想靠种植小麦或饲养牛羊谋生变得日益困难。在莫弗特县，煤炭带来了将近三分之二的税收；卡维尔就像很多他的选区选民一样，正在关注并不确定的未来。"我知道人们为什么对科罗拉多州采掘业的未来感到忧虑。从我到这里生活，我已经看到六七个煤矿关停了。煤是一种有限的资源：某种储量的地下煤矿是有开采价值的，低于这个储量就不行了。但是，你既不能反对，也不能游说国会将更多的煤放入地下。"

人们对于美国境内大批煤矿的剩余煤储量有着不同的估计。同样，人们对于二十英里煤矿的剩余存量煤也有着不同的估算。在二十英里煤矿，卡车要行驶数英里进入矿井隧道，从长壁工作面采出一车又一车的煤，再将煤运到地面。博地公司与该煤矿签订了一直到2028年的为期16年的合同，给海登发电站供煤。博地公司表示，在二十英里煤矿，尚有3400万吨具有开采价值的煤；2013年，从该煤矿运出了720万吨煤。而煤炭公司对于"可开采的煤储量"的估计可能过高了，有人估计真正具有开采价值的煤也就接近2000万吨。按照博地公司给出的表面数字做个简单的算术题，都能看出二十英里煤矿来不及执行完它与海登发电站的合同，就会耗尽自己的煤储量。

当我们在公路旁停下车，凝视着煤矿出入口白色的装运设施时，杰夫·特罗格断言："二十英里煤矿具有开采价值的煤也就还能再开采两年左右。"联合太平洋公司的一条铁路支线向矿口一侧延伸。就在几年前,博地还计划在维奇煤层的西端开始产煤,以此填补二十英里煤矿中煤储量的缺口。维奇煤层和二十英里煤矿的煤属于同一煤层带,但在后者那一段,煤层已经几乎开采殆尽。新的煤矿被称为"圣哲溪门",这里的煤储量预计高达1.1亿吨——如果博地公司选择在这里采煤的话。

2012年5月,博地公司宣布正沿着圣哲溪推进采煤项目。重型钻探设备开始凿出地下通道,打通出入点,建立可以采煤的工作面。不过,此后就没什么动静了。大多数当地人对于该项目能否继续下去也没了信心。我和特罗格驾车经过一个废弃的岗亭,开进了圣哲溪矿。在模块化的低矮办公楼外,停放着几辆卡车。一面美国国旗在微风中摆动,门后透出亮光,但周围没有人走动,通往煤矿的土路或煤矿内部也毫无生气。在绿色山坡的映衬下,平整过的土地看起来几乎暗得发黑。

特罗格说:"到目前为止,他们花了两亿美元,现在看起来,这个项目推迟了。我想,博地正在和海登发电站商议解除这个合同。我估计,圣哲溪项目再也不会开工了。他们会关掉煤矿走人,还要推迟缴纳环境清洁费。受损失的是海登发电站和莫弗特县。"

同样的事情还发生在科罗拉多州。在该州西南部靠近佩奥尼亚的埃尔克溪煤矿曾发生一起爆炸,随后引发了一场无法扑灭的地下煤燃烧事故。结果,煤矿在2013年晚些时候被关闭,200多名雇员失业。相邻的西埃尔克煤矿也曾有过扩张计划。但是，法官的裁决是：尽管美国林业局和美国内政部土地管理局批准了这个计划，但却没有考虑到，实施这一计划会导致温室气体排放，而温室气体排放又会导致成本上升。最终，2014年6月，这个扩张计划被叫停。法院判决，在颁发开采新煤矿的许可证时，必须考虑采矿带来的气候后果，这在美国历史上还是头一遭。一旦开了这个先例，就会有效阻止在产煤区开发新煤矿。

不过，与克雷格不同，佩奥尼亚在采煤业以外焕发了些许新的生命力。北叉河流经巍峨的大平顶山，佩奥尼亚就坐落在北叉河畔壮丽的峡谷中。它已经发展成一个旅游胜地和小规模的有机农业中心，还拥有若干知名餐馆。到这里来的年轻人也越来越多，他们不是为了采煤，而是看中了这里的土地和自然美景。相比之下，克雷格就没有那么多便利设施可以倚仗。

泰利·卡维尔说："在这个地区，克雷格电站是个真正的经济游戏规则改变者。如果原来的一切不复存在，我们该怎么办？我不知道情势会如何变化，但肯定会有变化。你不是领先潮头，就是被甩在人后。要么坐在司机的位子上，要么在汽车保险杠后面被人拽着走。恐怕得剧烈地颠簸一下，人们才能在警醒中采取行动。"

这种颠簸可能是以新联邦法规的形式出现的。博地公司最终放弃了二十英里煤矿，而圣哲溪项目也以流产告终。这算是一种颠簸。它也可能隐秘地消亡：煤矿不再雇用矿工，让推土机、铲土机和拉铲挖掘机的操作者退休，或者随着煤炭资源耗尽、对煤炭的需求减少而逐步衰落。40号公路穿过克雷格，因此又被称为"胜利之路"；下午4点钟的时候，由于一场突如其来的沙尘暴，路上车辆行驶缓慢。天空充满不祥之兆，在矿井烟囱的顶部，警灯一闪一灭。

在丹佛市州议会大厦外面的林肯公园，**鲍勃·布佩雷斯（Bob Beauprez）给一小群不耐烦的听众讲述了一个移民的故事**。19、20世纪之交，有个人从比利时来到美国。他把家人留在故国，自己到新世界寻找工作。"不知不觉之间，他来到一个叫作科罗拉多的地方，"说到这里，相貌英俊的布佩雷斯在7月的骄阳之下变得激动起来，"他找到了工作，在一家发电厂铲煤。"[①]

这个煤矿工人最终攒够了钱，把家人从比利时接到了美国。他们在科罗拉多州靠近拉法耶特的地方定居了下来，赚够钱后又买了一家奶牛场。这个工人有一个孩子名叫约瑟夫（Joseph），就是布佩雷斯的父亲。布佩雷斯说："我能站在这里，是因为长辈找到了一份挖煤的工作。"听到这话，听众中爆发出一阵欢呼声。

布佩雷斯在拉法耶特长大，到博尔德市上了科罗拉多大学，然后回到奶牛场工作了几年，之后将奶牛场卖给了建筑开发商，开发

---

① 鲍勃·布佩雷斯，讲话，丹佛市煤业大会，2014年7月29日。

商则将其改造成高尔夫球场。凭借卖地的收入，布佩雷斯买下了一座本地银行，在12年内把银行资产从400万美元扩大到4亿美元。他是个坚定的自由市场资本主义者，之后当上了州共和党主席，又成为国会议员。现在，作为州长候选人，他正在"煤炭之友"大会上给听众打气。与此同时，在州议会大厦内，环境保护署正在举行一场听证会，这可是在美国西部举行的为数不多的听证会之一。听证会的内容是提议对发电厂的碳排放实施新的限制。与布佩雷斯竞争的是民主党技术官僚约翰·希肯卢珀（John Hickenlooper）。希肯卢珀宣传的是以牺牲传统化石燃料为代价发展清洁能源项目。布佩雷斯的竞选内容包括反对枪支管控，反对征收更高的税，以及反对科罗拉多州的左翼倾向：正是由于这种倾向，科罗拉多州成为美国最早实现大麻合法化的两个州之一。他还反对那些试图缩小煤炭业规模的人。

布佩雷斯用他那主持人般的声音宣称："我们正以前所未有的清洁、安全和更有效率的方式使用煤炭。这值得庆贺，不该受到处罚。当科罗拉多州的经济最需要有人拉一把的时候，为什么还要损害伟大的美国人和科罗拉多州的经济呢？"

站在台下前排的听众就像接到信号一样集体鼓起掌来。在这位候选人身后，簇拥着一群孩子，他们手举反对环境保护署的标志。活动的组织者分发橘色的T恤，T恤背面写着"有煤就有灯光"，正面是一个看起来很不协调的苏维埃式火炬燃烧的标志。布佩雷斯是最后一个发言人，在他前面还有沙龙·加西亚（Sharon Garcia），她是一位普韦布洛印第安人。这位单亲母亲是一名日托保育员，目前正在为天价电费而苦苦挣扎。电费之所以暴涨，部分原因是当地的公用事业公司不再用煤，而是改用天然气发电。加西亚的经历最近刚刚在《华盛顿邮报》（*Washington Post*）上刊出。①现场200名左右的观众几乎全是煤矿工人，他们满身大汗，满脸愤怒和恐惧，为自己被遗忘而愤愤不平。

现场，一位来自保守派电台的主持人大声叫嚷着："让他们现在就听到你的呼声！"人群声嘶力竭地叫喊起来。

现场一半的人来自克雷格，他们是科罗拉多州首府丹佛市的矿工和发电厂工人，带着家人分乘五趟公交车来到这里。弗兰克·莫（Frank Moe）是克雷格贝斯特韦斯特鹿园酒店的所有权人，也是新当选的莫弗特县的县专员。他告诉我："我们要求环境保护署到莫弗特县开听证会，结果被拒绝了。如果你不愿前往那些受影响最大的地区，和当地人面对面交谈，你的决策怎么可能有根据？"

我还见到了谢里·希律（Sheri Herod），她是一名矿工的妻子，三个儿子的母亲，全家都从事煤矿业。她手持一张宣传煤炭的传单扇着风。我告诉她，过几个星期，我就前往克雷格。她说：

---

① 莉迪亚·德·皮利什（Lydia DePillis）：《如果不关闭煤炭发电厂，情况会如何？》，载《华盛顿邮报》，2013年7月24日。

第二部分 激增

"到时候来看我们吧。"

我再次见到她是在克雷格的克拉里恩酒店。酒店位于山脚下,距离捕猎者煤矿不远。在座的还有她的儿子克里斯(Chris)。时间是下午3点。克里斯正在准备到煤矿上班,谢里的丈夫杰里(Jerry)当天外出到湖区。杰里从1978年开始在煤矿工作,现在是一名拉铲挖掘机的操作工,在捕猎者煤矿,按资历论排第四。58岁的杰里已经临近退休。谢里说:"他想干到60岁生日。这就得看未来几年的市场状况了。"

克里斯今年33岁,是三个儿子中年龄最小的。"老二是达斯汀(Dustin),老大是杰森(Jason)。达斯汀从地下挖出煤,我把煤送到加工厂处理,分析煤灰和湿度规格,清洗煤,再装上火车。杰森是三州发电公司的司机,就在科特斯市外面。他负责运煤。"

我问谢里:"你想让孩子们都干煤炭这个行当?"她摇了摇头:"没有。我们希望有更好的就业机会。我们和孩子们说,不希望看到他们一辈子都在煤矿工作,但他们还是在从事煤炭行业。这就是我们的现状,但是孩子们干得还都不错。"

杰森中学毕业后,先到海军服役,被开除后,于2001年9月来到西雅图当起了码头工人。"9·11"事件发生后,活儿越来越少,他只好回到科罗拉多州打零工,直到在三州发电公司当上学徒工。老二达斯汀在科罗拉多艺术学院获得计算机动画专业的学位,可是却找不到对口的工作。结果他也回到了克雷格。谢里说:"他和一个带着小男孩的女孩结了婚,婚后不得不去矿上工作,才能拿到补助金。补助金可是人人都需要的。"

克里斯说:"我的所有朋友都在二十英里煤矿工作。所以,对我来说到煤矿工作顺理成章。上大学或到外地谋生都是浪费钱。我就直接参加工作了。"

克里斯刚刚度过不平静的一周。他最好的朋友也是一名矿工,夜里开摩托车从工地回家,路上撞到了一头鹿,结果背部和骨盆骨折。那位朋友有段时间吉凶难料,到现在还不清楚是否已经痊愈。整个煤炭业都笼罩着一种焦虑的气氛。克里斯有两个儿子,一个7岁,一个8岁。一想到生活中的种种未知,克里斯就感到心情沉重。

如果问斯廷博特斯普林斯的人,如何看待那些因为煤矿停业或者发电厂关门而忧虑不已的煤矿工人,他们通常会做出一个连锁反应。首先是表示同情,其次是或脱口而出或心照不宣的疑问:他们为什么不能干点别的?为什么不搬到北达科他州?那里的天然气田正找不到足够的劳力、司机和技工。如果你所处的地方或群体对于地理层面或社会经济层面上的人员流动习以为常,那这样的提问很容易回答。

在我前往克雷格之后的几周,丹佛市有个著名的政治策略学家告诉我:"我每份工作都没干满5年。一个人一辈子不可能只做一个工作。如果不得不换工作,那这份工作一定要融入全球经济,而我们现在人人都生活在这样的经济环境中。"而没有说出来的话则属于政治算计：大多数煤矿工人都会投票支持共和党人。如果他们离开科罗拉多州，共和党也就失去这些选民了。

克里斯·希律说："中学一毕业，我就直接去了煤矿。我没有多少可以指望得上的东西。我想，煤矿经理正在让煤矿运转下去。我得让自己相信，他们知道自己在干什么。"

当杰夫·特罗格和我驾车穿过风景如画的海登市中心时，特罗格以惯有的恼怒语气说："煤上赚到的钱和煤的真正价值最终都留在了圣路易斯市，没有克雷格什么事，你还得让劳方支持资方。这两者怎么可能分开？"

我猜特罗格要提建议了。果然，他随后说道："你得让矿工们拿着钱退休。如果明天就让所有的煤矿工人都退休，得拿出多少钱？20亿美元？50亿美元？这可比应对底特律汽车业衰退的援助资金少多了，但煤炭业的兴衰对于国家的未来比汽车业重要多了。"

鲍勃·格林利（Bob Greenlee）从艾奥瓦市**搬到了博尔德市**。不过，他搬到这里并不是为了爬山、滑雪，欣赏漂亮女学生，或者做世界级的大麻生意，而是为了建立广播电台。作为广告主管，格林利一直有个愿望，在广播行业开拓更加辉煌的事业。尽管他仪表堂堂，还有一副圆润的男中音，如果他愿意，在麦克风前讲话或在摄影机前出镜都没有问题，但是，他想的却是创办自己的广播电台。他想住在大学城内，因为这样的环境有利于创造良好的广播市场。他发现，博尔德市就是一座理想的大学城；更理想的是，有一家日间广播的调幅电台正在低价出售，而且没人注意到这家电台。

在1975年购买一家调幅电台，看起来就像现在购买了一个老旧的燃煤发电站。不过，格林利有野心，有资本，也有战略规划。1978年，他创办的电台"KBCO"开始广播，这是一家面向成年人的摇滚音乐电台，后来成为科罗拉多州最为成功的地方电台之一。凭借KBCO的成功，格林利又购买并经营着奥马哈、图森和其他中型城市的许多家电台。在因特网和清晰频道通信公司这种广播巨头出现之前，一个类似格林利创办的中等规模的连锁广播网还是发展得不错的，而格林利本人也由此积累了一笔小小的财富。商人一旦挣了钱，就想进军政界，格林利也不例外。

1981年，格林利竞选博尔德市的市议员，但落选了。不过，1年之后，当某位议员去世后，格林利被任命为市议员。他当了18年的市议员。1996年年底，儿童选美皇后琼贝妮特·拉姆齐（JonBenét Ramsey）遇害，这起案件吸引了全世界的注意。10天后的1997年1月，格林利当选博尔德市市长。

这位当选的市长和这座城市并不般配。博尔德市是美国最开明的城镇之一，而格林利是个信奉自由市场的保守主义者。博尔德市经常被称为"博尔德人民共和国"，这里有着严格的分区法律，警察不慌不忙，居民受教育程度高且富有。这里洋溢着一种赶时髦

第二部分　激增

的、无拘无束的文化氛围，集中体现在以下几个方面：人们热爱户外娱乐活动，热衷于自我实现，爱喝精酿啤酒，住高价房屋。那些居住在博尔德市的幸运儿——比如我，深知这里堪比天堂，而且，对任何可能威胁到这座城镇品位不俗、随心所欲的生活方式的事物，他们都警惕万分。

格林利是个温和的共和党人，他和博尔德市那些擅长挑动政治争端的市领导人都相处得不错。他当市长虽然任期短暂，却非常成功。1998年，他在竞争美国国会议员的过程中，再次输给了对手马克·尤道尔（Mark Udall）。此次竞选过后，他决定结束政治生涯。他照管自己的生意利益，处于一种半退休状态。不过他并没有被政治所抛弃。

2014年夏季的一天，当我和他对话的时候，格林利回忆道："多年来，博尔德人一直在默默思考一个问题，也就是到底该从哪儿获得电力。每隔20年左右，到了又要和拥有特许经营权的公共服务公司（Public Service Company）续签合同的时候，人们就开始琢磨：'可能还有别的办法搞到电；可能该想想谁应当给我们供电；可能续签20年合同并不是最佳方案。'"

到了21世纪初，已年过60的格林利，曾经期盼着过上一种从容的生活：打理自己的投资生意，经营格林利家族基金，再和妻子外出旅行。但是，那些萦绕在脑海中的困惑挥之不去，最终他决定投身一场运动。曾为科罗拉多北部供电的公共服务公司已经并入投资者所有的公用事业公司——埃克西尔能源公司。而博尔德市的市民对其作为怨声载道，因为它正暗中为自己的能源未来布局。博尔德市市民最终得出一个大胆的结论：我们应当拥有和运营自己的城市公用事业。

博尔德市如要发展市属的电力事业，就等同于回到了以往的年代，也就是各个城市都有各自的发电站，运营电网的年代。这种倒退叫作"市政化"，它已发展成一种小型运动：根据美国公共电力协会（American Public Power Association）的统计，在过去10年，已经形成了17家新的公共电力公用事业公司，许多城市从现有的公用事业公司手中接管了供电事业，并取得了不同程度的成功。现在，在美国共有2000家公用事业机构。①

随着气候变化带来灾难性后果的证据不断增加，人们要求博尔德市实现城市自治的呼声也越来越高。对于博尔德市市民，格林利总是露出一副困惑而又容忍的神情，就像大学教授对待自己那些满怀理想主义的学生一样。不过，一旦搞清楚自治可能导致的后果，他将会大吃一惊。

格林利的家位于博尔德市外面的拉法耶特。他在家中告诉我："最近5年，这可真成了一个问题。想让博尔德市接手经营公用事

---

① 大卫·威廉姆斯（David O. Williams）：《博尔德市和埃克西尔能源公司争夺发电和供电权》，政府领导层，2014年7月14日。

业，是因为人们对公用事业的现状似乎并不满意，而且他们又特别关心博尔德市社区的环境问题。与此相关的是有关环境变化的争论。从理论上说，正是由于有了争论，人们才想要搞城市自治，依靠可再生能源而不是传统方式生产能源。换句话说，就是彻底不再使用燃煤发电。博尔德要想成为使用可再生能源的先驱：按照它的计划，就要完全采用可再生能源。不过，我觉得这种想法蠢得很。"

之所以说这是个愚蠢的想法，是因为它不值得追求。像大多数博尔德市民一样，格林利相信气候变化是一种危机，而不再使用燃煤发电，从原则上说也是个好主意。他半开玩笑地笑着说道："最后，我们将无法再在博尔德市区生活了。"于是，他在拉法耶特定制了一套房屋。这套房屋安装了太阳能发电装置，其规模之大，达到了法律许可的在私人住宅上修建此类装置的极限。不过，格林利是个务实的人。按照他的看法，博尔德市想全部采用可再生能源发电是一个危险的幻想。

"你看，我们采用19世纪的技术，在20世纪的监管环境下开发能源，在21世纪为人们供电，这样做没有问题。公用事业必须改头换面。现在，我们苦恼的是，如何才能顺利实现这种改变。不过，我觉得，如果博尔德决定一意孤行，在全部采用可再生能源发电这个方向上硬搞下去，那将会是一场灾难。"

换言之，格林利是"没有替代品"这种思想的坚定支持者：全部采用可再生能源发电当然好,不过,现在并不存在能实现这一点的技术,未来20年内也不可能。像博尔德这样的小城市,如想要担负起为自供电的公用事业,必将面临艰巨的挑战。不过,城市自治这种想法在人们的脑海中已经根深蒂固,一想到它,人们就会激动不已,或将其奉为金科玉律,完全不顾及其可能带来的挑战。

这场城市自治的运动由"规划博尔德"（PLAN-Boulder County）领导,这是一家市政组织。在地产开发商和商业社区看来,它的使命似乎就是拉起吊桥、提高门槛,抑制健康的经济竞争,信仰半社会主义和信托基金精英主义,搞一搞"雷鬼音乐",让乐队即兴发挥演奏爵士乐,让博尔德市维持一种半梦半醒的状态。如果有人想告诉"规划博尔德",城市自治的想法太过理想化,实施起来成本太高,而且过于超前,就像给意大利足球运动员出示黄牌,非但起不到警告作用,反而会坚定他们的信心。

从2004年到2012年,针对城市自治的问题,市议会委托了多项研究。其中一项为期4年,于2008年结束的研究表明,"如由市政经营电力公用事业,对客户收取的电费可能会降低,但也有可能明显高于埃克西尔能源公司预估的电价"。不仅如此,创办市政经营的公用事业公司所带来的"重大法律和公共关系方面的挑战"也意味着,该城市需要承担数百万美元的风险。[1]基于这些结论,市执政

---

[1] 鲍勃·格林利:《人民电力》,载《每日照相机》,2008年4月6日。

官弗兰克·布鲁诺（Frank Bruno）建议放弃城市自治的计划。在本地报纸《每日照相机》（*Daily Camera*）上，格林利喜形于色地写道："博尔德市市议会时不时地做出一些与其风格相悖的行为，往往令人张目结舌。这一回，市议会似乎全盘放弃了购买、拥有和运营城市配电系统的愚蠢念头，这倒令人惊喜不已。"①

不管这一计划是否愚蠢，它并没有被抛弃。博尔德市与埃克西尔能源公司就续签目前的特许经营协议进行的讨价还价直到2010年才结束。双方对于采用可再生能源发生了争论，结果谈判陷入僵局：博尔德市想要的东西，埃克西尔能源公司给不起，也不愿意给。自治活动的支持者只认一个简单的逻辑：这座城市需要"去碳化"。

市议员丽莎·莫泽尔（Lisa Morzel）宣布："我们需要摆脱煤。但在这件事上，我们并不指望埃克西尔能源公司能够解决。我们还没有遇到真正心甘情愿为我们排忧解难的合作伙伴。"②

最终，在2011年11月，博尔德市针对这一议题进行了投票。结果城市自治计划险胜，但是附带了若干条件。这些条件包括：如果由市政经营发电公用事业，电价要与目前人们支付给埃克西尔能

---

① 鲍勃·格林利：《人民电力》，载《每日照相机》，2008年4月6日。
② 艾利卡·梅泽尔（Erica Meltzer）：《博尔德市的领导在与埃克西尔能源公司达成协议上出现分歧》，载《每日照相机》，2010年6月3日。

源公司的电价基本持平；市政经营的公用事业机构要提供可靠的电源，要采用可再生能源发电，解决几乎所有的用电需求。持反对意见的是像格林利这样思想务实的人，还有国际商业机器公司（IBM）等在地方上也有业务需要经营的大公司。但是，博尔德市置这些人的意见于不顾，坚持走自己的路。

2012年，博尔德市雇用前公用事业机构行政人员希瑟·贝利（Heather Bailey）担任能源策略和电力公用事业发展行政主管。希瑟·贝利的年薪为25万美元（另有一笔住房津贴——毕竟这里是博尔德市），是市政府薪酬最高的雇员。在其任期的头两年里，贝利并没有实际创办电力公用事业机构，而是将时间花在应付针对城市自治计划提出的各种挑战。2014年5月，就在市议会正式批准成立一家由市政经营的公用事业机构之际，埃克西尔能源公司马上起诉博尔德市，说当地官员无法证明他们履行了当初投票人在通过自治计划时附带的条件。

在埃克西尔能源公司提出的诉讼请求中，有一项是给它留在博尔德市的搁浅资产作价。这些财产包括在博尔德市及其周边地区的电线及其他基础设施，它们都将由市政公用事业机构接管。埃克西尔能源公司给出了将近5亿美元的报价。[①]

---

① 《城市自治的成本是多少？》，埃克西尔能源公司，https://www.xcelenergy.com/staticfiles/xe/Corporate/CorporatePDFs/Final_1108x10_Daily_Camera_oct2.pdf.。

第二部分　激增

　　到2014年末，博尔德市已经卷入五起诉讼案，1年就花掉了300万美元，这些钱都付给了外聘的咨询顾问和律师，以便为供电做准备，但最终连1度电都没能提供。鲍勃·格林利等批评人士均称，法律诉讼的实际成本将比预计高出很多，但博尔德市和贝利女士没有直面这一严峻的挑战。据格林利的估计，即使不算埃克西尔能源公司所剩财产，城市自治的总成本也将高达12亿美元。

　　格林利告诉我："他们没有向公众完全透露真正的成本。我了解的情况，希瑟及其团队成员肯定也了解。但是，对于已知的一切，他们却不能做到开诚布公。"

　　就连部分市议员，一想到自治的挑战如此之大，也会心绪不宁。在一次公众会议上，市议员肯·威尔森（Ken Wilson）这样说："爬上山是一回事，从悬崖上跌落可就是另一回事了。"①

　　把埃克西尔能源公司和博尔德市推到悬崖边上的力量，以及这场市政化斗争的直接导火索就是煤。具体来说，就是修建在普韦布洛市附近的科曼奇3号燃煤机组，它建成于2010年，可以说是科罗拉多州建成的最后一座燃煤发电厂。

　　埃克西尔能源公司的要员将科曼奇3号燃煤机组称为最先进的

---

①　艾利卡·梅泽尔：《博尔德市的领导在与埃克西尔能源公司达成协议上出现分歧》。

燃煤发电机组。不过，对于2014年的环保主义者来说，该机组有点像世界上最先进的蒸汽机车。在多年的修建过程中，围绕该机组的争议和诉讼不断。在整个过程中，该机组共耗资13亿美元，最后却成了地地道道的淘汰品。

科曼奇3号是个技术奇迹，这一点毋庸置疑。同传统机组相比，它的高压"超临界"锅炉燃烧1吨煤能够多发5%到6%的电，其气流冷却机组装置可将发电厂总耗水量减少一半。它那最先进的减少汞排放的系统终有一天会安装在现有发电厂。此外，这台机组可"随时实现碳捕获"，意思是，如果有人发明了具有经济规模效应的碳捕获装置，该装置就能应用到科曼奇3号机组上。没有哪台装置能够像科曼奇3号机组那样清洁而高效地烧煤。不过，这台机组最与众不同之处，并不是它的机械部分有多先进，而是包括塞拉俱乐部在内的那些强硬的反煤炭环保组织，居然都同意使用该机组发电。[①]

这座发电站之所以能修建，是因为环保组织间达成了历史性的妥协。环保组织控告埃克西尔能源公司现有的燃煤发电厂（包括科曼奇1号和2号机组）污染空气。2004年，埃克西尔能源公司、州公用事业委员会，以及塞拉俱乐部领导的环保组织达成和解，果断引

---

① 阿伦·贝斯特（Allen Best）：《煤炭大王，政治和新能源经济》，载《科罗拉多商业》，2010年9月1日。

导埃克西尔能源公司对其能源策略进行重新定位，即摆脱煤炭，采用更多清洁能源。作为协议的一部分，埃克西尔能源公司同意不仅在科曼奇3号机组，同时也在1号和2号机组上安装先进的控制污染装置。①在科曼奇机组发出更多的电之后，埃克西尔能源公司将安排关闭其他五座年深日久的燃煤发电站。它还将把可再生能源的发电量在总发电量中的占比从2004年的2%提高到2020年的30%。埃克西尔能源公司还保证，投资近2亿美元成立需求侧管理项目，通过这些项目推动客户节约能源，提高能源使用率，减少对燃煤发电的需求。最后，也是最引人注目的一着，是埃克西尔能源公司通过税收、"总量管制和交易"规则或其他制度安排，将未来碳排放的预估成本纳入其能源规划模型之中。埃克西尔能源公司是美国最早一批这样做的机构之一。但是，这一让步却激怒了部分思想守旧的官员，包括当时的公用事业委员会主席格雷高利·索普金（Gregory Sopkin）。索普金对《科罗拉多商业》（*Colorado Business*）杂志说："所有证据都表明，征收这种税是必然的。这就相当于一脸严肃的证人断言：'这种事就该发生，你等着瞧吧。'"②

环保主义者则认为，科罗拉多州总算有了更为清洁的整体能源

---

① 《科曼奇发电站3号机组》，消息观察，http://www.sourcewatch.org/index.php?title=Comanche_Generating_Station_Unit_3。

② 同上。

系统，埃克西尔能源公司也建起了外表闪闪发光的新燃煤发电厂。问题是，它来得不是时候。正当科曼奇3号的建设接近尾声时，钻探技术的突破，例如水平钻井技术和液压破裂法的应用，带来了页岩气革命。天然气的价格几乎一夜之间就跌落到始料不及的程度，而投资高达13亿美元的燃煤发电厂也突然间变得华而不实，就像一头皮肤光亮的大白象。未来几十年内，埃克西尔能源公司都将为修建这家发电厂偿还债务，公司的客户也将为这家发电厂支付电费。

大卫·艾夫斯（David Eves）于2009年成为埃克西尔能源公司在科罗拉多州的子公司公共服务公司的首席执行官，他接管了科曼奇3号发电站。56岁的艾夫斯依然顽皮可爱、和蔼可亲。他可不是反对革新的公用事业机构主管。他要让埃克西尔能源公司朝着使用更为清洁能源的方向发展，进而成为行业领军企业。他从不会当众评说科曼奇3号是笔糟糕的投资，但是他明确表示，在可预见的未来，埃克西尔能源公司没有计划修建更多的燃煤发电厂。在城市自治方面，埃克西尔能源公司曾与博尔德市针锋相对；而按照美国电力部门的标准，埃克西尔能源公司堪称"进步主义的灯塔"，在博尔德市看来简直啼笑皆非。埃克西尔能源公司甚至承诺为博尔德市修建自己的风力发电场，到2020年便可以为城市提供90%的用电量。但是，对于公用事业机构的主管来说，就算是艾夫斯这类开明的主管，对于燃煤发电是否合算，也仍然是围绕着沉没成本误区进行各种计算和筹划的。也就是说，前些年对现有资产的投资决定了

第二部分　激增

未来使用这些资产的战略，而这是一种错误的观念。已经使用多年、效能欠佳的燃煤发电厂代表了公用事业机构尽管再不情愿也不得不注销的沉没成本。不过，想要注销一座上线不到5年，外观崭新、几乎没有贬值的发电厂，那可就难多了。埃克西尔能源公司及其客户都摆脱不了科曼奇3号。正因为如此，博尔德的居民才起身反对埃克西尔能源公司，转而支持自治。

从发电厂开工的第一天起，那套据说极为现代化的装置就运转不顺，这已不利于解决矛盾。更火上浇油的是，埃克西尔能源公司要求公用事业委员会将电价提高1.8亿美元，以支付在科罗拉多州的投资（换句话说，对科曼奇3号的投资）。当初，埃克西尔能源公司把博尔德市发起的自治运动视为一帮无足轻重的人和过度热衷环保的人的无聊之举，对其不屑一顾；后来又花费数十万美元打了一场考虑不周、围绕着恐吓大做文章的广告闪电战，结果却适得其反。这种专横的作风也不利于公司发展事业。在市议会就城市自治这个问题投出关键票的前夕，艾夫斯好几天都待在博尔德市，在一场又一场的秘密会议中游说市议员。当人们投票支持自治后，埃克西尔能源公司又在背地里搞起了拙劣的小动作——出钱让本地设立的一家傀儡组织呼吁重新投票，期望由此扭转城市自治的决定。

苏珊·奥斯本（Susan Osborne）是另一位前市长。她在《每日照相机》的评论版上撰文："埃克西尔能源公司从我们身上赚取利润，再把这笔钱投入永无休止的运动之中，试图挫败本地社区的

231

意志。这样做可能不犯法,但肯定是不道德的。"①

就算从未修建过科曼奇3号,"博尔德人民共和国"也会下决心和埃克西尔能源公司一刀两断,这种情况有可能发生;而一旦科曼奇3号上线,双方必将分崩离析,这种情况可是板上钉钉。

莱斯利·格卢斯特罗姆(Leslie Glustrom)是科罗拉多大学的生物化学家,也是博尔德市自治最直率的支持者。她说,科曼奇3号是个"代价10亿美元的错误。现在,我们得花费30年的时间承受这一代价"。

莱斯利·格卢斯特罗姆于1992年**来到博尔德市**寻求庇护。她天生是个活跃分子,热衷于挑战规模庞大的行业。格卢斯特罗姆的丈夫在亚利桑那州亚瓦派县的社区学院当老师,两人在普雷斯科特生活了10年,养育了两个孩子。能言善辩的格卢斯特罗姆目睹私人养殖的牛破坏了公地,怒火中烧,直言不讳地反对"明智利用"(Wise Use)运动。"明智利用"运动旨在保护私人在联邦政府拥有的开阔牧场上的放牧权。格卢斯特罗姆单枪匹马和亚利桑那州北部的农牧场主及内政部土地管理局展开了激烈的较量。像以往一样,她触怒了那些重要人物。

---

① 苏珊·奥斯本:《客人意见:埃克西尔公司紧抓博尔德市的策略不道德》,载《每日照相机》,2013年4月26日。

第二部分　激增

　　格卢斯特罗姆对于事实和数字有着惊人的记忆力。她经常碰到挑起她激动情绪的话题，总能滔滔不绝地发表长篇大论，一双冰川般湛蓝的眼睛直视对方，令人感到不安。对于煤矿主管来说，她简直就是一场噩梦：精力充沛，咄咄逼人，往往比和她辩论的官员还要消息灵通，就算被赶出会议现场也毫无愧色。她最近一次被赶出会场，是在2014年9月，和我们见面的前几周。

　　20世纪90年代中期，美国西南部地区掀起了"农牧场之战"。争斗的一方是对农牧场遭到破坏和过度放牧忧心忡忡的活跃分子，另一方则是不常在农牧场居住的农牧场主和为其撑腰的联邦政府官僚。与此同时，民兵运动也开展得如火如荼。民兵组织决心保卫自己囤积枪火和随心所欲使用土地的权利。他们在亚利桑那州北部等地集结力量。格卢斯特罗姆高谈阔论，引人注目，说的话经常被当地报纸引用。有人开始注意到她，不过这种关注对她来说十分危险。

　　格卢斯特罗姆告诉我："我们去了某个公共集会，房间的后半部分坐着戴着帽子的人，他们应该是民兵。他们的车里都放着枪，还知道我们的住处。这太吓人了。"

　　当丈夫失业，不能在学院里教英语后，夫妻二人决定搬走。他们几乎身无分文地来到博尔德："我们有两个孩子，背负着两笔按揭贷款，而且没有收入。"格卢斯特罗姆曾在威斯康星大学主修生物化学。她走进科罗拉多大学黛博拉·乌特克（Deborah Wuttke）

233

教授的实验室求职,强调不要报酬。自此,她断断续续地在实验室里上班,将大把时间花在她真正的职业上,即废除煤炭业。

到了这个时候,格卢斯特罗姆对于政府和政客采取有意义的行动,遏制气候变化已不抱希望。她说:"我明白,对于国会,我无能为力。我的斗争对象是燃煤发电厂。"这种斗争基本体现为与埃克西尔能源公司作战。格卢斯特罗姆已记不清有多少回被人侮辱,被戴上手铐,被人撵走。2013年4月,她和博尔德市另一位活跃分子汤姆·阿斯普雷(Tom Asprey)在抗议博地公司在吉列县开年度股东大会的时候被捕。在很多评论家看来,博地选择在吉列县开股东大会是为了示好,如果在其位于圣路易斯市的总部召开这场股东大会,会遇到更激烈的抗议。格卢斯特罗姆的标准反抗模式就是义愤填膺,这是她的固定对抗策略。2011年,在公用事业委员会对有关埃克西尔能源公司的案件进行仲裁期间,她实际上已被禁止进一步参与到相关案件中。①

她还整理出大量的报告和评论,反驳公用事业机构和煤炭公司提出的理由。这其中就包括一份有关科曼奇3号的报告,报告的题目自然是《10亿美元的错误》(The Billion-Dollar Mistake)。报告

---

① 劳拉·施耐德(Laura Snider):《博尔德市的监察人提出最后一次上诉,要求参与公共事业委员会针对埃克西尔能源公司案件的仲裁,但被拒绝》,载《每日照相机》,2011年10月20日。

称：这座新的燃煤发电厂实际上就是个赚钱的阴谋,"有充分的理由相信,修建这座燃煤发电厂的动机并不是为科罗拉多州提供最清洁和最廉价的能源,而是为了转移资本。这样,埃克西尔能源公司就能把投资回报分给股东,并开始弥补由于2002年股价大跌带来的损失"。①

我和格卢斯特罗姆的第一次面谈在科罗拉多大学通透而现代化的生物化学办公楼大厅内。她足足说了半个小时,我才有机会提出一个问题。我问道:"不过,你不觉得,埃克西尔能源公司……"话没说完,就被她打断了,她已经猜到了我的问题。

"是的,当然,埃克西尔在公用事业行当里算是数一数二的公司了。它声势浩大地承诺采用可再生能源,原因是因为我们强迫它这么做,尽管它满心不情愿。现在,它已不再心不甘情不愿,而是在降低风险。艾夫斯认识到,公司迟早都会背负碳排放的风险,并为此付出代价。"

"我的意思是,他们在D级和F级学生的班级里做着C级的工作。这样做还不够好。对地球来说,这样做还不够。"

对于像鲍勃·格林利那种自称为务实主义者的人,格卢斯特罗姆不屑一顾,认为他们既不愿意推翻既定的制度和规则,也不愿

---

① 莱斯利·格卢斯特罗姆:《科曼奇3号:10亿美元的错误》,载《清洁能源行动》,2010年3月31日,https://cleanenergyaction.org/2010/03/31/comanche-3-the-billion-dollar-mistake/。

意破坏现有的权力结构。"我们有无数的事情要做。我们要尽已所能，把一个几乎完全依靠化石燃料的国家，变成几乎不依靠这种燃料的国家。这是一个艰巨的任务，具体艰巨到什么程度，人们几乎无法想象。"

"我们如果不改变规则，就无法达到目的，因为我们只是在重复做着一件事，却指望能有不同的结果。我们需要制定一份计划，让埃克西尔能源公司在2030年或更早的时间关闭燃煤发电厂。如果做不到这一点，我们只是在重装泰坦尼克号的特等客舱，白费功夫。"

按照格卢斯特罗姆的估算，在某种程度上，煤炭战争已经进入最后阶段。简而言之，在像克雷格和哈兰县这种地方，煤储量已经不足，采煤和利用燃煤发电已不再有利可图。

"看看阿奇煤炭公司第二季度的损益表：它在粉河盆地煤矿的利润率已下降到每吨18美分。你站在街角卖铅笔，挣的都比这多。在肯塔基州和西弗吉尼亚州发生过的事情，正在怀俄明州重演。一旦生产成本高于利润，那就完蛋了。埃克西尔能源公司还在开采煤矿，它的假设就是煤能够从天而降，落到火车上，而且还能持续数百年之久。但这种事怎么可能发生？"

尽管博尔德市暂时赢得了城市自治之战，但这种胜利的后果究竟怎样，它自己也不确定。博尔德市与埃克西尔能源公司、其他利益相关方一共打了五场官司，截至目前，已经花费至少1300万美元，而1度电都没发过。在博尔德市，就算是可再生能源最热心的支持者，也对博尔德市单打独斗的大胆计划提出过疑问。

格卢斯特罗姆告诉我："在科罗拉多州现行法律下，再加上埃克西尔能源公司神通广大，我们完成任务就好比翻越一座高山。不是每个人都能登顶，不能保证成功。真正的目标是去碳化。博尔德市将沿着自己的路走下去，对此我有信心。据称科曼奇3号能运转到2069年，但实现去碳化要远早于此。"

当别人只能看到模糊不清的轮廓时，格卢斯特罗姆这样的人已经能清晰地看出道德分界线。在她眼中，城市自治的逻辑是显而易见的，但对于大多数博尔德市民来说，逻辑并没有那么清晰。我感到，博尔德市的很多市民投票赞成城市自治的规划，并非因为能够理解其所面临的挑战和所能带来的效益，而是因为他们觉得，埃克西尔能源公司是一家规模庞大，从事燃煤发电，以营利为目的的公用事业机构。因此，从定义上看，公司从一开始就站在了错误的一边。这里的市民在还没有真正弄清自己的意图之前，就已经在斗争中选边站了。如果你生活在博尔德市，你也会这样做：不管议题是选择草原犬鼠的栖息地，还是制定开放空间的法律，或是为学校筹款，你都要选一边站。你会投票支持开明进步的立场，推翻现有的范式。

而在科曼奇3号这件事上，博尔德市可能挑起了一场最终无法获胜的斗争。埃克西尔能源公司将这笔沉没成本估价为10亿多美元，并且要求博尔德市支付2.5亿美元，以便接管发电厂。而博尔德市则认为，发电厂实际上一文不值。博尔德市向联邦监管机构提交了请愿书，要求对此事进行仲裁，目前还不清楚监管机构或法院是否支持博尔德市。

根据市议会委托完成并在2013年年初发布的最新报告，就算博尔德市要为搁浅资产支付数亿美元，市政化的所有目标（以同样或低于埃克西尔能源公司的价格供应清洁可靠的能源，并且由地方控制发电和输电资产）都是能够实现的。①这些都是公民组织和博尔德市雇用的咨询顾问一致得出的结论。不过，在格林利和其他反对者看来，这些结论，往好了说是自欺，往坏了说就是欺人。

最终，这场关于自治的斗争归结为改良与革命之间的对抗：我们能在现有的权力架构之下，通过逐步采取措施，及时摆脱煤，限制灾难性的气候变化吗？还是只能砸碎现有的模式，重新开始？无论是克雷格的煤矿，扬帕河谷的发电站，科曼奇3号燃煤发电机组，还是运送煤炭的铁路，所有这些大型基础设施都修建于20世纪，目的是为了生产、运输和发电。就像厄普顿·辛克莱（Upton Sinclair）所说的那样，所有这一切都像阴魂一样，笼罩在这场辩论之上。辛克莱有一部名为《煤炭王》（*King Coal*）的小说，愤怒地揭露了在一战前的年代里，落基山脉煤矿中的矿工所面对的种种工作生活状况。辛克莱在描写20世纪初期那些囚禁和奴役大批美

---

① 马克·贾菲（Mark Jaffe）：《分析：博尔德市可能代替埃克西尔能源公司》，载《丹佛邮报》，2013年2月21日。

国人的经济、宗教和政治团体时,用了"阴魂"(dead hand)这个名词。城市自治意味着摆脱"阴魂不散"的煤炭产业。但是,大型发电厂不仅拥有雄厚的财力、多如牛毛的游说者,支持燃煤"没有替代品"的理由,还有一个残酷的真相,即以廉价燃料为基础的经济体系——燃料(煤)是薪水优厚且不愿摆脱"金锁链"(马克思主义术语)的工人从地下挖出来的。这些煤在发电厂的锅炉里燃烧发电,而发电厂耗费数十亿美元,历经多年才修建完成,还要再花费数十亿美元才能正式停用并把污染物清理干净。这前前后后就形成大笔沉没成本。正如一位市议员所说,博尔德市想要立于高山之巅,但就算是建在山顶的城市也需要电线供电,点亮高楼大厦。城市自治的支持者也不得不承认这一点。

在递交给联邦能源管理委员会(Federal Energy Regulatory Commission)的申请书中,博尔德市的律师们承认:"在向'未来电力公用事业'过渡的过程中,博尔德市不可能在新的市政电力系统开始运行的头一天就完全转变为采用可再生能源发电。这一转变需要时间逐步完成。在这段时间内,博尔德市很可能还得依靠碳基能源发电以满足一部分供电需求。"①

---

① 艾利卡·梅泽尔:《博尔德市寻求联邦能源管理委员会对其是否能够欠下埃克西尔能源公司"搁浅资产"的费用进行仲裁》,载《每日照相机》,2013年5月17日。

大卫·艾夫斯宣称,鉴于埃克西尔能源公司及其他考虑自建供电系统的城市已经有过合作的先例,公司并不会拒绝博尔德市的市政化。不过,如果博尔德市成功脱离了埃克西尔能源公司的供电系统,那么,像埃克西尔能源公司这种横跨多个州,具有半垄断性质的企业存在的全部理由将开始坍塌。采用由地方管理的分散式清洁电力将促使公用事业更快陷入恶性循环。埃克西尔能源公司将不惜一切代价阻止这一未来成为现实。

与此同时,格卢斯特罗姆、"规划博尔德"组织,以及投票赞成城市自治计划的市议员将整座城市采用无碳能源的权利看得至高无上,完全不顾价格和可操作性等相关因素。对他们来说,与不采取行动所带来的风险相比,计划无法落实的风险无足轻重。这些人已经走得太远,无法另谋出路。

一个多世纪以前,辛克莱就在书中写道:"要做到这一点,就意味着不仅要被打败,还要承认失败。正是由于这两者是不同的,这个世界才得以运行。"①

---

① 厄普顿·辛克莱:《屠场》,纽约:巴诺经典系列,2005年。

第三部分

大迁移

第六章　上海

　　游轮从码头缓慢启航，驶入黄浦江。黄浦江将上海一分为二，江面上船只密布，既有豪华游艇，也有运载着工人的平底驳船，还有用篷帆布罩着货物的平底船，以及类似我们所乘的游船。这些船陆陆续续驶入缓慢流动的江水中。我们乘坐的是一艘双层游轮，装饰着节日彩灯，霓虹字不停地闪烁着。乘客或排队准备进入自助餐厅，或围坐在大圆桌前就餐，或在露天的上层甲板上闲逛，或欣赏着江景。一群身着黑色燕尾服的黑发年轻女士组成的四重奏乐队正在演奏莫扎特的作品。整条船散发着亚洲大都市在春天夜晚特有的淡淡芬芳。

　　坐在游船上，抬头就能看到外滩建筑物的窗户。外滩是世界上最负盛名的滨水区，从19世纪至今始终是中国的金融中心之一。第二次世界大战之后，有一段时间，外国商人和银行家纷纷逃离外滩，黄浦江沿岸那些建筑与商业也随之变得黯然无光。2014年，在中国的经济奇迹进入第四个十年之际，金融业卷土重来，黄浦江沿岸的投资公司、银行和贸易公司鳞次栉比，灯火辉煌，重新照亮了上海的夜空。在我到达上海的当月，国际货币基金组织（International Monetary Fund）发布的报告称，据估计，至少从中国本国货币人民币和美元的购买力这一指标来看，中国经济在年底前就将超越美国。①

黄浦江东岸的浦东，一座座建筑灯光闪烁，好像一组光怪陆离的玩具，让这里的天际线充满未来主义色彩。面对这片绚丽夺目的摩天大厦，对岸的外滩上那些19世纪的老建筑显得无动于衷，就像上了年纪的贵妇审视着浮华的年轻一代。

聚集在游轮上的都是中国煤炭业的头面人物，既有相关部门的政府官员，也有腰缠万贯的煤矿大亨，以及来自主要煤炭出口商的外派人员、投资人，还有几位贸易杂志的编辑，等等。今晚，船上举办了中国国际煤炭大会的欢迎宴会。中国国际煤炭大会是一年一度在华举办的主要煤炭大会。在这场免费的晚宴上，在古典音乐的陪伴下，人们在觥筹交错之间窃窃私语。不过，表面上的歌舞升平难掩私下里潜滋暗长的某种不安。中国煤炭业高速发展，迄今为止已在整个世界独占鳌头，但是现在，这种快速发展势头即将被打断，这是此时此刻这些狂欢者谁都无法忽视的问题。

---

① 克里斯·翟里斯（Chris Giles）：《今年中国准备超过美国成为世界头号经济大国》，载《金融时报》，2014年4月30日。

243

煤炭战争：能源的未来与地球的命运

20世纪90年代，中国已成为世界上最大的煤炭生产国和消费国；到2012年，中国成为仅次于日本的世界第二大煤炭进口国。中国拥有世界排名第三的煤炭储量，仅次于美国和俄罗斯。而中国每年燃烧的煤，和全世界其他地区燃烧的煤总量不相上下。[1]美国在其用煤高峰期也曾有过相对多元化的能源结构基础，但中国不同于美国，中国经济高度依赖煤炭：燃煤发电占发电总量的四分之三以上，而且全部能源的70%以上来自煤。[2]如果不用煤，中国无法取得经济奇迹。在谈到能源的未来时，不能不谈到煤，而一谈到煤，就必然会谈到中国。

但是，在过去10年中，使用这种廉价能源的成本已变得越来越难以承受。由于采煤污染空气，大城市的居民常被呛得喘不过气，农村也笼罩在污染之下。哈佛大学和其他七家机构共同完成了题为"全球疾病负担"的一项研究，并在医学期刊《柳叶刀》(*The Lancet*)上首次发表了研究成果。该研究称，中国每年有大量人口因空气污染而过早死亡，[3]主要原因就是煤。运煤车将交通干道堵

---

[1] 同上；《煤炭统计数据》，世界煤炭协会，http://www.worldcoal.org/resources/coal-statistics/。

[2] 《中国分析》，美国能源信息署，http://www.eia.gov/countries/cab.cfm?fips=ch。

[3] 《中国的空气污染》，事实和细节，http://factsanddetails.com/china/cat10/sub66/item392.html。

得水泄不通,大型燃煤发电厂遍布农村和每座城市的郊区。每年,中国的燃煤发电厂排放出大量有毒煤灰。中国的北部和西北部遍布大型煤矿,这些煤矿周期性地生成"煤尘暴",这种煤尘暴随着强风飘散到沿海各大城市。另外,尽管最近10年,煤矿安全水平有所提升,但煤矿内的死亡率仍居高不下。

中国已成为世界上最大的温室气体排放国之一。除非大幅减少对煤炭的开采和利用,否则,中国在未来40年内的温室气体排放量还将进一步飙升。如果不加以控制,按照当前的趋势,到2030年,中国每年燃烧煤炭排放的碳总量将达到惊人的数字。

2014年11月12日,中美两国就减少各自国家的温室气体排放量达成了一项历史性的双边协议。这项协议要求美国到2025年的时候,与2005年相比,将温室气体排放水平降低26%到28%,同时也要求中国到2030年时,实现碳达峰。中国和美国是世界上二氧化碳排放量最大的两个国家,而这项协议的达成对两国来说具有重大历史意义。不过,达成这些目标是完全建立在自愿基础之上的。而要实现这一目标,中国就需要采取严厉的措施,严格控制煤炭使用,而一旦限制煤炭使用,必将导致经济增长放缓。在中美历史性会晤之后的一周,中国政府宣布,到2020年,煤的年燃烧量将达到42亿吨,此后不会增长,并将把煤在能源总量中所占的比例降低到62%。[1]

---

[1] 黄安伟(Edward Wong):《为降低碳排放,中国准备对2020年的煤炭使用量设定限额》,载《纽约时报》,2014年11月20日。

当我到达上海的时候，中国就像美国一样，在市场的影响下，煤炭业的就业数量已开始减少。中国政府在内地投入数百亿美元兴建相关设施，例如，核电站、天然气发电厂、太阳能和风能农场，以及在河流上建造大型水电项目，尽可能替代燃煤发电，减少对环境的不利影响。但是，由于中国的建设增速放缓，对钢，进而对煤的需求也在下降，诸多因素共同导致世界范围内煤炭价格大跌。尽管中国政府试图关闭没有营业执照的小煤矿，剩下的众多煤矿仍然无法盈利。为避免生产过剩和减少系统内的过量供应，据传，政府部门正在考虑对明年的煤炭生产上限做出规定。但是，政府对内地大型煤矿产量的控制能力是有限的。

中国的煤炭产业不是铁板一块，就像黄浦江边的派对驳船一样，虽被行业不景气的阴云所笼罩，仍在持续运转，并在"突突突"的声音中不停逆流而上。在拥有煤矿产业的各个城市，煤矿都是巨大的"国中之国"，拥有自己的保安队伍，形成自己的煤炭经济，也展现了产业的发展惯性。中国（太原）煤炭交易中心主任曲剑午在中国国际煤炭大会上发表讲话："在可预见的未来，煤在中国的能源供应选项中始终是不可替代的。"[1]

中国停用煤炭，对数以亿计的中国人，而且很有可能也是对

---

① 曲剑午：《煤炭运输和销售的现状以及煤炭交易平台对于市场及其发展战略的影响》，讲话稿，中国国际煤炭大会，上海，2014年4月10日。

生活在其他国家的几十亿人来说,都是事关生存的大事。2014年4月,绿色和平组织(Greenpeace)在其报告中写道:"中国的煤炭消费,已成为决定世界气候未来非常明显的重大因素。"[①]地球环境的未来,可能取决于中央政府限制使用煤炭的努力。不过,在上海举办的这届煤炭业最大的年度聚会中,限制煤炭发展的前景并不鼓舞人心。

在中华文明形成的初期,**煤炭**就和社会生活**紧密相连**。在中国北部和西部省份,可作为燃料的树木数量稀少,而人们在靠近地面的地下却发现了储量丰富的煤层。有证据表明,早在公元前4000年,人们就开始挖煤,并将其用于日常生活。又过了很多个世纪,西方才发现煤可以作为燃料。到公元前2000年,在现今的内蒙古自治区和山西省,人们开始采煤,并将煤用于房屋取暖和铜的冶炼。

帝制中国形成后,人们在全国各地有计划地开采和使用煤。中国能够取得数量众多独占鳌头的艺术和技术成就,原因之一就是中国人驾驭了煤这种廉价的能源。汉朝(公元前206年—公元220年)末期,中国人制造出精巧的漆器、精美的铜器,发明了完美的造纸工艺和风力风箱。这些工艺品和工艺流程的发明创造,很大程度上

---

① 李硕、柳力(Lauri Myllyvirta):《中国煤炭消费爆发式增长的终结》,绿色和平组织,2014年4月。

归功于当时已经有了多余的煤。①受煤的恩惠，到了11世纪，中国已形成一个复杂的、技术先进的中央集权社会，而还要再过3个世纪，欧洲才迎来文艺复兴。巴巴拉·弗里兹（Barbara Freese）在其关于煤的人类历史学专著《煤：一部人类的历史》（*Coal: A Human History*）中写道："当11世纪的中国开始通过燃煤冶炼出廉价的铁时，煤和铁就共同刺激了工业发展，其规模之大，在人类历史上前所未有，而再次出现如此规模庞大的工业发展，就要等到英国的工业革命了。"②通过利用煤这种储量丰富的能源，人们实现了史无前例的城市化：中国北宋（960年—1125年）的都城开封拥有100万居民，而同时期的巴黎只有不到20万人，在满地泥泞的伦敦定居点内生活的人还不到2万。

到了20世纪初，煤炭业虽仍处于零散的发展状态，但已遍布全国。19世纪中期鸦片战争之后，中国被迫对外开放，因商业活动增加，用煤产煤的规模再次扩大。尽管在清朝末期的几十年里，农村地区一片混乱，中央政府权力萎缩，但煤业依然加速了工业化：第一条被政府正式许可兴建的铁路可直达河北省开平煤矿。为了运煤，各地争相修建铁路。欧洲的银行出资兴建的铁路，从中国南方

---

① 崔瑞德（Denis Twitchett）、费正清（John Fairbank）：《剑桥中国史》第1卷，剑桥：剑桥大学出版社1986年版。

② 巴巴拉·弗里兹：《煤：一部人类的历史》，马萨诸塞州，剑桥：珀修斯出版公司2003年版。

第三部分　大迁移

的广东一直延伸到北方。20世纪初，中国修建了最早的大型钢铁联合企业，下辖位于湖北省的汉冶萍煤铁厂矿。①

煤炭在中国革命和政治运动中发挥了关键作用。抗日战争期间，在淞沪会战中，中国军队英勇作战，挡住了日军一次又一次进攻。这场持续了3个月的封锁，最终以上海在1937年11月26日的陷落而告终。而迅速起步的上海煤炭业，也开始行动起来，组织了上海煤业救护队，用实际行动支援前方将士。煤矿工人是中国共产党党员的一个重要来源。在上海陷落后，几十名司机开车加入新四军。这支初出茅庐的队伍，后发展壮大为中国共产党的一支重要军事力量。阿里森·罗特曼（Allison Rottman）在她关于上海革命史的书中写到，煤矿工人支持中国革命，最后"形成了煤炭业资本家、煤业救护队以及在农村建立根据地的中国共产党军队之间的三方关系"。②这种关系不仅促成了中国在战争年代多方互动的复杂局面，也促成二战之后以毛泽东为核心的中国共产党对中国的领导。斯大林通过在巴库组织石油工人运动获得声望；与之相似，毛泽东也在能源行业开启了自己的革命事业。在汉冶萍煤铁厂矿有限公司，有大约两万名工人辛勤劳作。毛泽东通过组织工人运动获得

---

① 史景迁（Jonathan D. Spence）：《追寻现代中国》，纽约：W. W. 诺顿图书公司1990年版。
② 阿里森·罗特曼：《抵抗，城市风格：新四军和上海，1937—1945》，伯克利：加州大学出版社2007年版。

了最初的革命经验，如著名的1922年安源路矿工人大罢工。这次罢工之后，还爆发了规模更大的革命。[1]

中国拥有储量丰富的煤炭资源，这成为各国交织的矛盾拼图上的一块，最终导致第二次世界大战爆发：资源贫瘠的日本在20世纪30年代入侵中国北部，部分原因就是要抢夺中国东北地区丰富的煤矿资源。

第二次世界大战结束后成立的中华人民共和国，以煤炭为能源，开启了经济实验。而在"大跃进"时期，为发展工业所做的尝试直接导致了煤炭短缺。根据中央经济规划成立的大型国有煤矿不但成为工业中心，还包办住房、教育和其他社会服务项目。在很多省份，这类"煤城"在当地经济生活中处于支配地位。进入21世纪后，这种局面依然维持了很长时间。

20世纪80年代，在经济改革扎实稳步地推进之后，中国对利用燃煤生产钢铁、混凝土及发电的需求暴增。最高领导人邓小平手下的改革设计者们很早就认识到，经济增长十分依赖丰富的煤炭供应。设计的政策就是要大力发展大中小型煤矿。如果你有镐头、骡子和运货手推车，你就可以当个煤矿矿主，而当时的数百万人就是这么干的。

---

[1] 伊丽莎白·佩里（Elizabeth Perry）：《安源：深挖中国的革命传统》，伯克利：加州大学出版社2012年版。

第三部分　大迁移

1987年，中国的煤产量首次超过10亿吨。从1980年到1996年，煤产量翻了一倍多，从6.83亿吨增长到超过14亿吨。[1]在产煤区，也就是从内蒙古延伸到中国最西端省份新疆的这一带地区，包括中国北部的山西省全境，煤矿四处开挖，当时很少顾及安全、供水、运输能力及环境后果。实际上，到20世纪末和21世纪初，中国的煤炭业和二战前相比，开采方式几乎毫无变化。尽管大型煤矿已开始实现机械化，但在大多数煤矿中，采煤仍主要依靠手工劳动完成。矿工匍匐着爬进阴暗的地下硐室，大力开凿岩面，因为他们也没有多少其他的谋生手段。而采煤的收入就像井下安全一样稀缺：在20世纪90年代实施改革前，煤炭业的亏损每年高达数亿美元。在1991年到1995年间实施的"八五"计划，要求每年减少40万个采矿工作机会。对采矿业来说，相当于要裁掉700万矿工中将近6%的人。[2]朱镕基总理以其大刀阔斧的管理风格推进国企改革。1992年的某一天，朱镕基出现在国家电视台的镜头里。当时，他正在山西省的某个大型煤矿满面怒容地对一群经理讲话，批评他们的浪费作风和挥

---

[1]　《国别分析概览：中国》，美国能源信息署，http://www.eia.gov/countries/country-data.cfm?fips=CH#coal。（根据我国数据，1987年中国煤产量为9.2亿吨，1980年煤产量为6.2亿吨，1996年煤产量为13.74亿吨。后文中，作者提到1996年中国的煤炭产量"不足14亿吨"，故此处"超过14亿吨"疑为笔误。——编者注）

[2]　尼古拉斯·克里斯托弗（Nicholas Kristof）:《中国计划大规模裁员煤矿工人》，载《纽约时报》，1992年12月28日。

霍一空的人员雇用习气。①在这样的批评声中,采矿业缓慢地被迫走向现代化。

与此同时,由政府管理的发电输电企业——国家电力公司,直到20世纪90年代中期才实施改革,掀起了一股兴建发电厂的狂潮。这股狂潮一直持续到21世纪的头10年,着实令人惊异。

中国共产党通过二战和之后的解放战争,在这个千疮百孔的国家掌握了政权。当时,中国的发电部门规模偏小、残缺不全,设备落后。全国总发电量只有1.85千兆瓦,也就相当于当时加利福尼亚州发电能力的一小部分。②在此后的70年中,中国的发电事业开始扩张,其规模之大、速度之快,在世界上绝无仅有。过去,中国的人均能源使用量远低于世界平均水平,更不用说和美国等世界发达国家相比。但是到了20世纪80年代,这种人均能源使用量开始稳步上升,最终在2008年达到世界平均水平。③1971年,亚太地区的能源消费总量只占世界能源消费总量的15%;到2010年,主要受中国能源消费总量增长的影响,这个比例已经上升

---

① 乔纳森·芬比(Jonathan Fenby):《企鹅现代中国史》,伦敦:企鹅出版公司2008年版。

② 路甬祥编,《中国的科学进步》,乔治亚州,亚特兰大:爱思唯尔出版公司2006年版。

③ 盖尔·特韦尔伯格(Gail Tverberg):《通过图表展示世界能源消费》,载《我们的世界是有限的》,2012年3月12日。

到38%。①1980年,中国的总用电量是250太瓦时②,仅比加利福尼亚州用电量略高。到2010年,中国的总用电量已经接近4000太瓦时③,几乎与美国的总用电量持平。④

大部分新的发电量都是通过燃煤发电方式获得的。在"八五"计划期间(1991—1995年),中国的煤产量每年增长4000万吨。从1997年到2005年,中国的发电量每周增加206千兆瓦,与一家中型燃煤发电厂的发电能力相当。⑤而这些只是官方数字,实际数字很可能更高,因为许多公司都修建起独立于国家电网的非国有燃煤锅炉,以便经营工厂、钢厂或水泥厂。

到了世纪之交,也就是20世纪末21世纪初,中央政府开始认识到,整个国家对煤的依赖就是在和魔鬼讨价还价。中国的煤炭产量每年增长率接近10%。中国的官员开始关闭小煤矿,结果,煤炭年产量从1996年的不足14亿吨下降到2000年的不足10亿吨。这次减

---

① 刘振亚:《中国的电力和能源》,新泽西州,霍博肯市:约翰·威利父子出版公司2013年版。

② 1太瓦时=10亿千瓦时(度)。——编者注

③ 根据我国数据,2010年全年全社会用电量为41923亿千瓦时(度)。——编者注

④ 劳伦斯伯克利国家实验室中国能源组,"2012年中国关键能源数据",劳伦斯伯克利国家实验室,2012年,http://china.lbl.gov/sites/all/files/key-china-energy-statistics-2012-june-2012.pdf。

⑤ 《国别分析概览:中国》,美国能源信息署。

产，最终证明只是一次行业暂停：21世纪以来，全球再次掀起挖掘煤矿的高潮，煤炭产量的增长也似乎没有尽头，从2001年到2004年翻番，达到20亿吨；再到2009年，达到30亿吨，但即使如此，也仍然不能满足需求。①煤炭进口也在一路攀升，到2007年，中国首次成为煤炭净进口国。②

同年，中国超过美国，成为世界上二氧化碳排放量最大的国家。

中国（经济）的年增长率仍然维持在7%到8%，这一速度让所有西方工业国家羡慕。但是，越来越多的迹象表明，中国煤炭业的发展要经历一次强有力的过渡，但其后果无法预测。

中国国家应对气候变化战略研究和国际合作中心副主任邹骥，在2013年的时候告诉在线新闻机构"中外对话"："我们这种类型的增长，已经达到了增长的极限。"③

2014年6月，能源信息供应商普氏能源咨询公司（Platts）报道，中国国有大型煤矿公司神华集团恳求公用事业机构和煤炭交易

---

① 《国别分析概览：中国》，美国能源信息署。
② 《中国和煤炭》，消息观察，http://www.sourcewatch.org/index.php/China_and_coal。
③ 徐楠、张春：《对于中国和气候变化，全世界对中国有哪些误解》，载《中外对话》。

商减少向该集团的码头运送过多的煤。①对中国这个世界上最大的产煤国来说,这是一个非凡的进步。神华集团是1995年由中华人民共和国国务院组建的。它已经成长为垂直整合的巨型公司,其利益不仅体现在煤矿,也体现在铁路、发电厂、港口、船运和煤液化等方方面面。集团的收入增长与中国经济的高速增长并驾齐驱,于2013年超过460亿美元,几乎是美国最大的公用事业公司爱克斯龙公司(Exelon)年收入的两倍。②神华集团在中国经济生活中发挥着举足轻重作用,它也是营利性国企的典型代表。煤炭行业的快速发展已开始放慢脚步。不过,就在其他煤矿公司遭受市场力量的重锤之际,神华集团却能独善其身,这得益于其煤矿开采成本低,以及该集团自身的庞大规模:2013年,集团的煤销售量比上年增长超过10%。尽管神华集团在全国各地修建了燃煤发电站,其国内生产总量依然赶不上它对煤炭的需求。2012年,集团宣布,它将耗资6亿多美元在沿海地区修建新的煤炭装运码头。③由于其位于国内的煤炭储备无法满足其需求,神华集团将目光转向了海外,计划在澳

---

① 《中国神华集团要求买家帮忙减少煤库存:信息来源》,载《最新消息——煤炭》,普氏能源信息,2014年6月23日。

② 《中国神华集团从2010年到2013年收入》,Statista统计数据,http://www.statista.com/statistics/227250/revenue-of-china-shenhua-energy/。

③ 《神华集团将耗资6.02亿美元修建新的煤炭装载泊位》,载《美国运输杂志》,2012年5月29日。

大利亚新南威尔士州修建一座巨型露天矿，这座露天矿计划年产煤1100万吨，连续生产30年；它还投资100亿美元，与俄罗斯国家技术集团（Rostec）建立合资公司，共同开发西伯利亚庞大的煤炭资源。①在煤炭市场尚处于过渡期的时候，神华集团看起来毫发无损。不过，2014年之后，情况发生了变化。

目前，尚未出售的煤炭已经堆积如山。在北方海滨的黄骅港，煤库存量2个月内跳涨68%，达到240万吨。神华集团每天需要耗资数百万元维护堆积在港口的煤。现在，它正恳求其客户把煤运走。2013年，神华集团的纯利下降接近10%；尽管如此，它的盈利情况还是要好于其竞争对手：中煤能源集团有限公司的当年盈利下降57%，而兖州煤业股份有限公司的同年利润骤降87%。几十年来，中国的采煤业第一次面临行业大收缩。2013年，中国可能有40%的产煤商出现亏损。②

中国的煤炭供应过剩，引发了世界市场上煤炭价格的灾难性下调。澳大利亚纽卡斯尔有世界上最大的煤出口码头，在这里，煤的现货价格下跌超过一半，从2011年1月的每吨142美元下降到2014

---

① 维奇·瓦里达基斯（Vicky Validakis）：《神华集团势在必得新南威尔士州煤矿》，载《澳大利亚矿业》，2013年5月13日；《俄罗斯国家技术集团公司和中国神华集团共同投资100亿美元开发煤炭》，载《俄罗斯卫星通讯社》，2014年9月7日。

② 《由于煤炭价格下跌，神华集团的年利润下降9%》，路透社，2014年3月28日。

年10月的每吨62美元。①不过，中国的煤炭生产却能逆供求规律而动，根据中国煤炭工业协会的统计，中国的煤产量在2013年又不可阻挡地上升至41亿吨。②

从黄骅港向西1000英里就到了内蒙古。在这里，由于煤炭业的急剧萎缩，一度熙熙攘攘的小镇重返煤炭开采前那种死气沉沉的局面。包府公路是通往鄂尔多斯采矿业中心的主要运输线路。几年前，这条路上曾经挤满了运煤车，交通拥堵通常会持续数日。按照路透社的报道，现在这条道路已基本上空无一车。报道称："一排又一排忙碌的餐馆已经关闭，餐馆两侧遍布打折煤的广告。在那些依然开工的煤矿，尚未售出的煤高高堆起，由于经受了长达数月的风吹日晒雨淋，已经失去了黑色的光泽。"③

根据中国新闻机构的报道，在大型采矿企业，薪酬降幅高达50%，而规模较小的矿井则干脆关停。中国的煤矿矿主就像美国的煤矿矿主一样，同时遭受着市场力量和政府政策的重击。这个等式的市场一侧很简单：由于中国国内和国外对于钢的需求量下降，过

---

① 萨拉·麦克法兰（Sarah McFarlane）：《除非煤矿减少煤炭供应，否则煤炭价格前景看跌》，路透社，2014年11月4日。

② 《中国的煤炭消费增长趋缓》，新华社英语新闻，2014年1月15日。（根据我国数据，2013年中国煤炭总产量为36.92亿吨。——编者注）

③ 《中国的煤矿矿主处于危机当中》，载《南华早报》，路透社，2014年4月2日。

热发展的经济正在趋冷,国家的建设速度放缓,兴建基础设施的热潮开始退却,政府正在朝着更多依靠国内市场而不是廉价进口产品的经济方向发展,这种发展模式更加具有可持续性。2013年,中国的国内生产总值增速达到7.7%,与2012年持平,是10年之内的最低增速。①经济增长放缓,表明对于煤的需求也有所减少。

2014年3月,上海超日太阳能科技股份有限公司成为第一家公司债务违约的中国国内公司。这一事件引发了恐慌,人们议论纷纷,认为可能出现公司债务违约浪潮。几周之后,又出现了公司债务违约事件。这回违约的公司与煤炭业关系更近一步:它是位于中国煤炭生产腹地的山西海鑫钢铁集团有限公司。这家大型钢铁厂未能如期偿还200亿元人民币(32.1亿美元)的银行贷款。一种不安的气氛在整个钢铁行业散布开来,因为该行业生产的锅炉主要用于中国冶金用煤。根据《财新周刊》杂志的报道,海鑫的债务其实比其正式承认的债务更多。而实际上,整个钢铁行业均有可能面临一场债务危机。《财新周刊》表示,2013年,钢铁厂商借款1.5万亿人民币(2410亿美元),其中大部分很有可能无法偿还。②就因为能搞到低息贷款,许多其实无利可图的公司还能长期混迹于钢铁、土建

---

① 鲍勃·戴维斯(Bob Davis)、威廉·卡泽尔(William Kazer):《中国的经济增速降至7.7%》,载《华尔街日报》,2014年1月20日。

② 王悦(音译):《财新:海鑫钢铁公司实际债务高于报道》,载《福布斯》,2014年3月21日。

和煤炭行业。不过，能够轻松拿到银行贷款的时代已经接近尾声。

与此同时，中国的经济结构也处于转型期。由于现代经济体的增长愈发复杂，经济发展所依赖的能源强度，也就是生产每单位国内生产总值所需的能耗也趋于下降。对于经济学家来说，这就是人们所称的库兹涅茨曲线的环境版。在西方，工业革命兴起后，在将近1个世纪的时间里，能源强度和相应的污染程度都在上升。之后，随着科技的进步，能源强度开始下降，产品创意性提升，人们也对喝到更清洁的水，呼吸到更清新的空气逐渐重视起来。

中国的发展也遵循这条曲线。现在，组装同等价值的苹果手机，所消耗的煤要少于制造同等价值的飞机所消耗的煤。

与此同时，中央政府正在指挥一场"煤炭战争"。和中国政府一比，奥巴马政府的措施就像是贵格会教徒的聚会。[①]中国的"煤炭战争"，首要目标是要关闭西部和北部省份那些遍布于农村的小（规模小）、散（独立）、乱（通常没有正规的营业执照）煤矿。这些煤矿大多设备落伍，位于地下，暗无天日，险象环生。据估计，中国的煤矿死亡事件，高达90%发生在这些小煤矿中。10多年来，中国一直在清除非法和丧失开采价值的煤矿，并在最近几年加大了打击力度。2014年4月，中国国家能源局宣布，到年底将关闭1725

---

① 贵格会教徒往往在宗教仪式中保持长时间的沉默，直到有人受灵光感动才说话。——编者注

家小煤矿，这些小煤矿的产能每年总计1.3亿吨。这个数字虽然不到中国煤炭总产能的4%，但所占比例也不小。[1]

数千座年代久远，煤储接近枯竭的煤矿将在未来10年之内关停，替代它们的将是年产量1亿吨或更大的大型煤矿。这些大型煤矿，多数聚集在中国北部和西北部的"煤炭基地"，我将在第8章中详细讲述。在"十一五"计划（2006—2010年）中，有一个关闭小火电机组的项目，目的是在"发电侧"关闭小、散、乱的发电厂，清理掉老旧低效的燃煤锅炉。然而，替代这些锅炉的是崭新高效的燃煤锅炉，而不是利用核能或可再生能源的发电设施。

在采取上述步骤的同时，中国还在一步步地朝着为煤耗量和碳排放量设定绝对限额的方向努力。这些措施，将会在中国迎来煤炭时代的终结。

中美达成碳减排协议之后，中方宣布，要在2020年之前将煤炭消费量降低到42亿吨。这个目标听起来不算是一项重大突破。不过，它会促成煤炭业历史性的收缩，并彻底消除成千上万个采矿、加工和燃煤工作岗位。中央政府还规定，在以下三个地区实施严格的燃煤限额标准：位于中国南部的广东省深圳市、香港工业区，上海及其周边地区，以及环绕北京市和天津市的河北省。这些区域都

---

[1] 杰夫·斯普罗斯（Jeff Spross）:《中国想在年底前关闭1725座煤矿》，载《进步思考》，2014年4月4日。

是中国商业和外商投资的中心区域,因此必须保证其空气质量。

2014年4月,绿色和平组织发布了题为《中国煤炭消费爆发式增长的终结》(The End of China's Coal Boom)的报告。报告中称:"此外,很多省份都承诺,要扭转用煤量快速增长的趋势,仅用4年时间就要在整体上削减煤炭消费量。尚无其他煤炭消费大国如此之快地调整其煤炭政策。"[1]

到目前为止,在全国34个省、自治区和直辖市中,已有12个省份承诺要实现煤炭消费的绝对目标。金融界也意识到,在中国,煤炭的鼎盛时期已经过去。高盛集团从最近所做的分析中得出的结论是:煤矿矿主每销售1吨煤,就要损失15%的收入。[2]2013年9月,花旗银行出具了一份有影响力的报告,题目是《难以置信:中国的煤炭峰值》(The Unimaginable: Peak Coal in China)。这份报告的出炉,标志着主要金融机构首次表态:中国煤炭使用量的增长并非永无止境。花旗银行的分析师称:由于政府对煤炭行业的限制,加上市场力量,煤的使用量不增反降,这早于大多数专家的预期。报告称:"许多全球性能源机构继续预测,在未来几年内,人们对煤炭的需求将保持在高位。但是花旗预期,在若干因素(清洁空气计

---

[1] 李硕、柳力:《中国煤炭消费爆发式增长的终结》。

[2] 克里斯蒂安·勒龙(Christian Lelong)、杰弗里·库里(Jeffery Currie)、萨曼莎·达尔特(Samantha Dart)、菲利普·科尼格(Philipp Koenig):《动力煤的投资窗口正在关闭》,高盛,2013年7月24日。

划，经济结构的转型和能源强度的降低，以及可再生能源和核能的强劲增长）的共同作用下，电力行业的煤炭消耗量将会适当放缓，并有可能在2020年之前不再增长或达到顶峰。"这一后果将波及全球经济。"而我们的观点是：尽管煤价下降将刺激其他地方（对煤炭）的需求，但是，中国对煤炭的需求放缓将抵销这种收益。那些一直以来指望未来煤炭需求依然强劲的煤炭出口国可能要冒很大风险。"[1]

这对于全球气候来说，**将是极大的**利好。绿色和平组织的报告称，如果到2020年，上述目标能够实现，中国将减少燃烧6.65亿吨煤，二氧化碳的排放也将随之减少13亿吨。减少的二氧化碳排放量，相当于加拿大和澳大利亚两国二氧化碳的排放量之和。如果中国的二氧化碳排放减少到这个程度，那么，实现全球变暖不超过2摄氏度的目标将指日可待。这"不但将从根本上改变世界上最大的煤炭消费国的煤炭消费轨迹，还将极大地重塑全球二氧化碳排放版图"。[2]

不过，在中国，就像以往一样，出现了势均力敌的正反两派

---

[1]　安东尼·袁（Anthony Yuen）等：《难以置信：中国的煤炭峰值》，花旗银行，花旗大宗商品研究，2013年9月4日，https://archive.org/stream/801597-citi-the-unimaginable-peak-coal-in-china#page/n0/mode/2up。

[2]　绿色和平组织：《中国煤炭消费剧增期的终结》。

观点。一方面政府采取措施，严格控制非法采煤；另一方面，也在修建大型煤矿项目。包括北京在内的一些城市，制定了能源发展规划。

与此同时，中国的能源使用量预计将在未来30年内翻番，这些电力不得用其他方式产出，而其中相当大的一部分将来自燃煤。

到2030年，中国能源供应总量中，燃煤发电仍将占据不小的比例，伍德麦肯兹咨询公司甚至预测达到64%。这家在新加坡和北京均设有办事处的咨询公司，对于中国沿海省份煤炭使用量出现令人鼓舞的下降趋势有些担忧。盖文·汤普森（Gavin Thompson）是伍德麦肯兹亚太地区气体和电力研究中心主任。他说："中国的煤炭故事，还远未结束。"①

在北京工作的伍德麦肯兹全球市场总裁威廉·德宾，在伍德麦肯兹发表了题为《中国：煤炭峰值的幻觉》的报告，他认为："在2030年之前，中国对动力煤的需求，不可能达到顶点。"尽管如此，煤炭行业还是强烈地感受到，该行业飞速发展的时代已经结束了。通常，人们会利用像中国国际煤炭大会这种行业聚会带来的机会，发表热情洋溢的讲话，在小组讨论会上沾沾自喜地发言，在推杯换盏中达成交易，或一连数日纵情狂饮，通宵达旦。而2014年的

---

① 《中国：伍德麦肯兹咨询公司说，到2030年，中国对于动力煤的需求将达到接近7btpa》，伍德曼肯兹，2013年6月4日。

中国煤炭业，这场行业大会却完全被愁云惨雾所笼罩。

来自国家发改委能源研究所的杨玉峰说："世界是不安定的。世界经济在经历了长达10年的高增长之后，已经进入了开支紧缩和再生时期。能源行业正面临着诸多不确定因素。由于地缘政治和经济问题，全世界的能源模式都在发生变化，而中国的煤炭业尚未对这些变化做出反应。"[1]

杨玉峰宣称，通过降低燃烧煤炭减少污染不仅仅是一个道德目标或环境目标，它还是通向持续繁荣的必经之路。"我们的经济发展仍然受到高碳能源结构的制约"，在此背景下，"不能忽视煤炭行业面临的挑战，而眼下，挑战大于机遇"。[2]

中国领导人面临一个左右为难的根本性困境：如果要获得持续的经济增长，煤就不可替代；但是经济增长又受制于污染、低效和持续燃烧煤炭所带来的社会成本。不过，极少有场合能把这种困境挑明。国家层面要求减少煤炭使用；就国家的意志而言，这代表它向前迈出了一大步。不过，实现这个目标要付出艰辛的努力。

中国煤炭科工集团有限公司副总经理范宝营说："这里有一个矛盾。我们必须在控制污染与保持经济增长之间实现平衡。对我们

---

[1] 杨玉峰：《煤炭在全球能源组合中的作用》，发言稿，中国国际煤炭大会，上海，2014年4月10日。

[2] 同上。

来说，这就是下一个大问题。"①

在中国，每年有关腐败和对环境破坏的反对声音时有出现。中产阶级的不断扩大，有利于进一步维护政府的法治基础，但如果越来越多的人不再买得起电冰箱、平板电视、汽车和空调机，那么，政府又怎么取信于民呢？中国无法做到快速关闭煤炭行业，因为这会带来衰退的风险。

此外，煤炭行业超级增长的年代已经结束——而大型煤炭企业对这一信息缺乏足够清醒的认识。在上海，我总算采访到大同煤矿集团有限公司（即"同煤集团"）的刘敬。同煤集团位于中国产煤大省山西，是当地最大的煤炭生产商之一。

刘敬承认："我们必须认识到，煤炭行业存在着局限性。从全球范围来看，煤炭市场正在萎缩。政府正在努力控制污染，治理环境。因此，我们必须进行改革，改变经营方式。不过，我们还是要继续强化产煤设施，产煤量也要保持稳定。"

我问道，不过，需求和价格都在直线下滑，这是否意味着同煤集团也必须减产或削减开支？

刘敬向我保证："不必多虑，需求和价格下滑所造成的影响将是次要的。我们是最大的煤炭生产商之一，扛得住市场衰退的压

---

① 范宝营：《正在引进的最新采矿技术将提高中国煤矿的开采效率并降低对环境的影响》，讲话稿，中国国际煤炭大会，上海，2014年4月10日。

力。此前，我们的业务集中在传统的采煤业，但是，我们做了大幅调整，实现了业务多元化。现在，我们的业务涵盖采煤、发电、煤基化工产品生产及建材。在保证老企业稳定运行的同时，我们也将对新的业务领域进行开拓。实际上没什么问题。"

不过，刘敬的上司，同煤集团的董事长在台上发言的时候，就没那么乐观了。他宣称："煤炭业压力非常大。去年，采煤业总收入下降了115亿美元，目前，现金流压力很大。"[①]

为应对所有这些压力，中国将煤炭企业迁往内地。同煤集团则将旗下所有煤矿合并为11个"团组"，或称煤炭基地，每个基地年产能至少要达到1000万吨，拥有1000名工人，利润达到10亿美元。在这些基地中，有两座已经完成，分别是同煤大唐塔山煤矿有限公司和王坪煤电有限责任公司/朔煤小峪煤业有限公司。这两家公司在2013年共产出价值40亿美元的煤。这些煤炭基地为修建"循环经济园区"奠定了基础。在循环经济园区中有各类工厂，例如，将煤炭转化成煤制合成天然气，又叫合成气工厂，此外还有混凝土厂、发电站，生产化工产品的设施，甚至文化旅游设施。同煤集团董事长称，建立这样的园区，将会促成中国煤炭业的"凤凰

---

① 《中国煤炭业企业合并的影响》，讲话稿，中国国际煤炭大会，上海，2014年4月10日。

涅槃"。①

根据《内部气候新闻》(Inside Climate News)的报道，这种大规模的迁移，也就是将煤矿、发电厂和工业设施合并为巨大的煤炭基地，集中生产和消费煤炭，再通过超大规模的特高压输电线路将电输送到中国东部地区，"无论从什么标准来看，……都是世界上最大的单一化石燃料开发项目"。②

在上海举办的中国国际煤炭大会上，国家能源局煤炭司副司长李豪峰说："我们将在中国西部设立多功能电力供应中心，在那里，发电厂将使用清洁煤炭发电，以便为沿海地区供电。"③一段时间里，中国的西电东送战略显而易见。李副司长的发布，算是对包括西方人在内的所有听众证实了这个战略。

为了把内地的电力全部输送到沿海地区，中国将投资近5000亿美元沿着从西向东的"电力走廊"修建特高压输电线路。今年年初，世界上最大的特高压输电线路开始从新疆哈密向1500英里之外的东部城市上海供电。

---

① 《中国煤炭业企业合并的影响》，讲话稿，中国国际煤炭大会，上海，2014年4月10日。

② 威廉·凯利（William J. Kelly）：《科学家说，中国计划清洁城市空气，这样做反而会毁了气候》，内部气候新闻，2014年2月13日。

③ 李豪峰：《中国能源展望——决定政策的主要因素有哪些？》，讲话稿，中国国际煤炭大会，上海，2014年4月10日。

将这些工业企业搬迁到广大的内陆地区，北京和上海的天空会变得更蓝，但就整个中国而言，还有很长的路要走。

在上海浦东大酒店的舞厅里，中国人和外国人几乎各占一半。那些来自太平洋地区的非中国籍煤炭企业的高管们，一提到中国煤炭业迫在眉睫的局面，几乎都是一脸的灰心丧气和无可奈何的恼怒。

克里斯·阿特金森（Chris Atkinson）是总部位于伦敦的采矿业巨头英美资源集团（Anglo American）的新加坡市场情报经理。他说，中国人在尽最大努力让更多人脱贫。他说到利用绿色能源，这里的人都对这个想法赞赏有加。不过，要利用绿色能源，就要扎扎实实地去做，不能只是换个地方继续采煤。

在全球各大产业中，对中国依赖性最强的莫过于采矿业。英美资源集团是由恩斯特·奥本海默（Ernest Oppenheimer）爵士于1917年在约翰内斯堡创建的，最初在南非开采金属矿是为了在一战中给英国提供作战原料。2011年以来，英美资源集团股价大幅下跌，市值已跌去了一半以上。集团首席执行官马克·库提范尼（Mark Cutifani）采取激进措施重塑公司，包括出售备受此起彼伏罢工困扰的南非白金矿，裁员两万人。但是，很明显，这个重塑公司的计划并不包括退出煤炭业。

阿特金森告诉我："你会听到，某些公司要退出煤炭行业，不过,这些公司中并不包括英美资源集团。"

"某些公司"肯定包括总部位于澳大利亚墨尔本的必和必拓公司,这是世界第二大采矿公司。必和必拓已做出果断的战略转型,要生产天然气而不是煤。尽管它仍是世界上最大的煤炭出口商之一,公司主管却努力在公开场合将公司与萧条的动力煤市场区分开来。2012年11月,该公司接受了《澳大利亚金融评论报》(*Australian Financial Review*)的采访,当时,公司铁矿石和煤炭部门的主管马库斯·伦道夫(Marcus Randolph)不小心说道,煤炭业的前景"乌云密布"。他还说:"在碳排放受限的世界,煤作为一种能源,是造成碳排放问题的最大根源。如果这种情况再持续30到40年,你会怎么想?我觉得,你必须先看清这个局面,然后你就会说,总的来看,动力煤的使用量将逐渐减少。坦率地说,这是应该的。"①这番表态令伦道夫的老板大为光火。而这次采访,也被反煤炭积极分子利用并大做文章。

伦道夫冲动之下说出的这番肺腑之言,在必和必拓公司墨尔本总部不受欢迎。伦道夫原本被认为是有能力角逐公司首席执行官的候选人,但这次采访之后,他被解除了必和必拓集团管理委员会成员的职务,很快就休了一次长长的病假。

---

① 贾米·弗里德(Jamie Freed):《动力煤的未来已经日暮途穷》,载《金融评论》,2012年11月5日。

不过，迄今为止，澳大利亚仍是中国最大的海外煤炭供应国，其次是印度尼西亚。和澳大利亚相比，印尼距离中国的煤炭市场更近。在过去10年中，这个群岛之国的采煤业发展迅速。各大企业集团动辄耗资数十亿美元开挖新煤矿，小煤矿矿主也在开挖新煤矿。通常，这类煤矿的矿主都是个体土地所有者，只要准备一台反铲挖土机，开挖一处露天矿，再雇用足够的廉价劳动力，就可以采煤了。在上海浦东的酒店会议厅里，我和马尼什·夏尔达（Manish Sharda）、里希·夏尔达（Rishi Sharda）兄弟俩坐在一起。兄弟二人都是30岁出头，经营着煤炭贸易公司维睿玛（Virema Impex）。这是他们的父亲开办的公司，总部位于雅加达。公司的供货商都是分散在印尼各个岛屿的小煤矿矿主。这些矿主在岛屿码头上将煤装上驳船，之后，这些船只就会开往位于中国的煤炭港口：秦皇岛、唐山和黄骅。描述此类船只的海上行程，那是英国小说家约瑟夫·康拉德（Joseph Conrad）的拿手好戏：没有固定目的地的货船悬挂着令人生疑的某国国旗，船上装载的都是来路不明、不受管控的煤，半文盲的煤矿矿主就在苍蝇乱飞、鱼腥扑鼻的港口做着买卖，与他们咫尺之遥的地方，站着多年以来管理着港口所属省份的小小官员。

马尼什告诉我："我们和专业的（煤炭）买家一起工作，然后，再转身和业余的矿主们打交道。我们的工作就是在这两者之间牵线搭桥，促成交易。"

里希补充道："我们不管身后发生的事情，我们只知道船上装满了货。"

兄弟俩说，他们通常会和目不识丁的煤矿矿主签订一份长达20页的合同。兄弟俩用现金购买煤，然后择机卖掉。这就意味着，如果他们到了最终目的地，而买家无法以有利可图的价格购买他们带来的煤，那么，维睿玛就面临亏损。在印尼水域，维睿玛按船上交货价格出售煤：卖家支付将煤运送到港口的运输费及装船费，买家支付运煤、保险和卸货的费用。所谓的采矿完全就是挖和刨，用马尼什的话说，就是"挖个洞"而已。兄弟俩1年可以销售300万吨煤，相比于中国对煤的极大需求，这是个微不足道的数字；不过，这个数字却足以让企业盈利，或者说，在煤炭业飞速发展的年代，企业有利可图。

皮肤黧黑、相貌英俊、举止果敢的马尼什说："煤矿矿主只要能降低价格，我们的日子就好过。问题在于，这些矿主什么时候会觉得买卖不划算，干脆下决心关掉煤矿？对许多煤矿矿主来说，这就是个迟早的事儿。"

就在我们交谈的这会儿，有关中国煤炭业不景气的新闻刚刚传到位于远方的印尼列岛。在那里，许多露天煤矿刚刚开挖。直到2013年年底，有煤而且有路子挖煤的人，没有一个不在增加煤产量。然而，局势骤变。2014年7月，印尼煤矿协会主席告诉路透社,印尼的采矿业"吓破了胆"。①大型煤矿公司,例如,布米资源公司(Bumi Resources)、阿达罗能源公司(Adaro Energy)和伯劳煤炭公司(Berau Coal Energy)还在拼命增加产量,以求在利润率下滑之时还能稳住收入;而许多无关紧要的小煤矿矿主正在关闭煤矿。其结果就是,印尼2014年的煤炭总产量预计将达到4.63亿吨,市场将陷入低迷。②在印尼的煤炭业,所有生产商都有一个共同的宗教般的信仰:煤总会有市场。只要你挖煤,就会有人在某个地方烧掉煤。

马尼什说:"我们的供应商肯定反应慢了。当市场需求回落的时候,他们最先倒霉。作为贸易商,我们也盼着市场态势上扬,不过……"

里希说:"不过,我们很现实,市场总是起起落落的。适者生存。谁能生存下来,等到下一次拐点出现,谁就可以盈利。"

3个月前,当我坐在圣路易斯市博地公司首席执行官格雷戈·博伊斯那俯视着密西西比河的豪华办公室里时,就听到博伊斯说过一模一样的话。我们必须做的,就是熬过这次低迷期。鉴于煤炭行业已经进入了一个缓慢而漫长的低迷时期,这次低迷会与以往

---

① 迈克尔·泰勒(Michael Taylor):《印尼煤炭公司正处于恐慌之中,已经出现倒闭——工业集团》,路透社,2014年6月18日。
② 同上。

有所不同吗？对于煤炭行业的人来说，行业低迷是难以想象的。作为最廉价的一种基本能源，煤永远都不会被取代，或者说，至少在我们的有生之年，不会那么快看到有什么改变。

马尼什肯定地说："价格还会反弹。印度和中国仍会继续购买煤炭。从长远来看，唯一能限制煤的开发和使用的，就是其他能源的技术进步。在亚洲，要实现这种技术进步，目前还遥遥无期。"

中国国际煤炭大会结束，当我登上前往山西省大同市的航班时，这种从煤炭到其他更清洁能源的重要过渡，似乎还很遥远。中国在经济方面的成功依赖煤炭，但面对较高的污染水平和国际对限制气候变化的努力，政府下定决心要控制煤炭。就像中国的一个成语：左右为难。

第七章　山西

一个星期天的早晨，在山西省最北部的大同市郊外，三位上了年纪的矿工坐在公寓外面晒太阳。他们背靠一堵矮墙，墙后的小区内是一排排黄褐色的五层公寓楼，小区的名字大致可以翻译为"和谐村"。穿过小区的公路一直通往青磁窑煤矿。这三位工人身着毛泽东时代的蓝色哔叽夹克，头戴深色软顶帽，享受着少有的雨后晴空下的阳光。他们三个人的工作时间加起来相当于在井下干了150年。

我从上海飞到了中国的煤都——大同。大同位于山西省最北部，距离长城很近，毗邻内蒙古。这座拥有500万人口的城市漫天灰尘，却生机勃勃。和我一起出行的人员包括一名司机，一位英文名字叫迈克（Michael）的地接陪同翻译，说普通话的人几乎听不懂他的一口山西方言，还有一位来自上海高端旅行品牌"Abercrombie & Kent"旅行社的全程陪同导游。我们要在一周之内在山西省完成一次煤炭之旅。在山西，市场的动荡和政府发起的反煤炭运动改变了普通中国人的生活。在从大同往西的路上，我们超过了一辆驴车,它在满街的丰田、现代和大众车中穿来穿去。在距离煤矿还有一定距离的地方,有一个中国人民解放军的驻地,基地围墙延伸了好几英里。基地大门外,一个人正在向行人兜售铁笼里的松狮犬和獒犬幼崽。

退休的矿工们已无缘感受市场经济的力量。他们领着退休金,住在狭小却舒适的"和谐村"住宅楼中。儿孙住得离他们不远。这里的人住得很近,从小就在一起长大,中学毕业之后直接到煤矿上班。青磁窑煤矿就像中国的众多煤矿一样,是一个自给自足的社区。其中的学校、住宅和商店近在咫尺,步行即可到达。从矿工干活的地方,能够望到四周褐色的群山。他们漫长的一生,就在这群山中度过。

梁生财(音译)头发花白,身体硬朗,虽饱经风霜,一张脸却透着慈祥。他说,自己在地下挖煤得有"四五十年"了。他估计自己76岁左右,这就意味着他这辈子经历了内战、第二次世界大战、中国共产党领导的革命战争、"大跃进"、"文化大革命"、改革开放初期,还有漫长的经济高速发展时期。如此波澜壮阔的历史事件,大多发生在他在井下挖煤期间。他也因此养成了达观的态度,喜怒不形于色。他告诉我:"在井下挖煤是个苦活儿。矿井在地下很深的地方。"矿工是三班倒:早晨7点到下午3点是一班,下午3点到晚上11点是一班,晚上11点到早上7点是一班。机器24小时都在运转。现在,矿井修得更好,井下也亮堂多了,方方面面都在确保井下作业更安全。

梁生财身体健康，甚至可以说体格健壮。他说，和他一起退休的矿工，有的人得了硅肺病，有的人没得。自从退休之后，他就看到煤储一天天枯竭，矿井一个个关闭。他说："省政府从10年前起就开始关闭小煤矿。当时的省长还在煤矿长时间工作过。他下令兼并小型煤矿，只保留大型国有煤矿。他们不再经营这些浪费大量煤的小煤矿了。"

他朝着自己工作过的煤矿指了指。"那是个地方性煤矿。采煤收益归地方所有，收入都留给地方。"

他一边说一边摆弄着手串，捻起一颗珠子再松手，让珠子滚过指尖。"现有的煤产量越来越少，这里产出的煤已经不算进政府的数字了。但是，不管是这里的还是其他地方的煤矿，还是能挖多少就挖多少。"

有人认为官方公布的国内可开采煤炭储存量不是那么准确。有研究也显示，按目前中国煤炭消耗的速度推算，中国很有可能在远远不到政府和煤炭企业所宣称的2030年之前就耗尽煤炭资源。

梁生财说："政府正在推广其他形式的能源，比如太阳能和风能，但当地人对于这类新能源没有概念。他们只是想着：煤挖得越多，赚的钱就越多。"

梁生财身旁的朋友朝他嘟囔了句什么，但是迈克没有翻译。听到朋友说的话，梁生财咧开嘴乐起来："我们很想一直挖下去，赚更多的钱！"他喊道，身旁的朋友也大笑起来。"不过，我觉得煤炭价格一时半会儿涨不起来，现在卖煤的比买煤的多。"

这就出现了一个悖论。煤储量逐渐耗尽，而市场又供大于求。梁生财有三个儿子一个女儿，均在煤矿的不同岗位上工作。他说："只能在煤矿工作，没有别的选择。"

"现在这个矿经营得也没那么好了。煤的质量不好了，挖煤也需要用更多新技术，但矿工又不懂。矿上开始拖着工资不发，现在才发到2月份的。矿工拿不到钱，年轻人干脆找不到活儿干。煤矿岗位满了，没有其他工作。你说这里的人该怎么办？"

但尽管如此，从青磁窑煤矿挖出来的煤，仍在不断地被装上卡车，运到其他地方。在一个温暖的早晨，我们开车上路，来到通往煤矿的入口。入口处有一个小小的门房，单斗装载机正在将堆积如山的煤倒入自倾货车中。同样的时间，美国北羚羊罗谢尔煤矿的采煤工作面能够装满三辆巨型运输卡车，这里只有一辆自卸卡车能装满煤，在轰鸣声中驶离矿山。接待我们的有两个人，其中一个身穿白色亚麻夹克，身上沾着少许灰尘。我们没有和这里的人预约过，也没有介绍信。迈克头一回讲起我们的来历，在此后一周之内，他多次重复下面的话：我在美国一家能源研究公司工作（这是实情）；我们考虑投资中国的能源行业（这话严格地说并不是真的，但也不能说全错）；我被派来调查，看看有哪些可投资的资产（这可不是真话）。然后，迈克问：我们能看看这座矿吗？

对我们的要求，这里的人表示要考虑一下。我们站在院子里，目睹煤的装运场面。另一个身穿公司开领短袖的人指了指我的苹果手机，然后摇了摇头，说道："不准拍照。"我们一行人的模样并不惹人注目，可能正是这个原因，让他们觉得我们算不上是什么威胁。过了一会儿，身着亚麻夹克的人挥手让我们上山前往煤矿。一条积满煤灰的灰色水流沿着泥泞的道路向山下流去。路旁堆积着30英尺高的煤山，而煤山对面杂草丛生的一块地上摆放着两辆废弃的推土机，看起来还是20世纪50年代后期"大跃进"时期的产物。在延伸到山体另一侧的高架传送带下，有几座低矮的石头房子。带我们走进煤矿的向导说，我们不能下到矿井里，不过可以看看他的办公室。我们跟着他走进一座狭窄的、两层高的楼，楼中间有一条中央长廊，长廊两侧是一间又一间布满灰尘的办公室。在一个狭窄的实验室中，三位女工作人员正在监控检测煤质量的设备。看到这一场面，我就想起玛利亚·居里（Marie Curie）实验室的黑白照片。身穿白色夹克的人名叫曹国章（音译），他是青磁窑煤矿煤炭质量科的科长。

他把我们引进一间杂乱无章的办公室。室内的木桌上摆放着一台2004年前后生产的电脑及电脑键盘，还有几罐煤的样品，罐身上贴着汉字书写的标签。一位女技术员从保温瓶里倒出滚烫的水，泡上茶叶。我们站在屋子里，聊起这座煤矿的前景，山西的煤炭业，以及中国能源的未来。

第三部分　大迁移

曹国章只有28岁，是同煤集团大同地方煤炭有限责任公司最年轻的科长。他毕业于坐落在江苏省徐州市的中国矿业大学。他对自己和生活中的地位很满意，这一点毋庸置疑。我们在他的办公室里待了半个小时左右，他一直笑容满面。

曹国章说起煤矿。"这个矿还可以再产50年的煤。我们的产量很稳定，成本不断下降，设备和技术也越来越好，所以用不着那么多人力。当然，这座矿也可能明年就关闭了。"他咧开嘴乐了，"谁都没把握。"

的确，青磁窑煤矿列在下一批要关闭的煤矿名单上。这座煤矿规模小，设备过时，生产效率低。它离城市不远。就像梁生财指出的那样，尽管它属于国有企业集团，但并不属于更大的矿业集群。曹国章说，这里的产量几乎没有多大增长，1999年的产量是120万吨，2013年的产量是150万吨。在山西省，就算煤矿实现了设备自动化改造，速度也非常慢。曹国章所在的办公室位于煤矿上方的小山顶。从办公室的窗户向外望去，我们能看到四组风电机组正在微风中缓慢运转，就像在预示一个更加清洁的未来。曹国章的妻子在另一个煤矿工作，就是大同南部的塔山工业园区。曹国章说："我不担心这个矿将来如何。"他是个资本高手，为了对冲青磁窑煤矿关闭带来的风险，他兼职当放债人。"我自己的生意，也是银行业的小生意，就是向本地居民放贷。不是什么大生意。借款利率很公平。"他一边说，一边再次咧开嘴乐起来。

曹国章同很多中国人一样，一看到煤价下跌，心中就五味杂陈。"从短期来看，我的收入减少了。不过，长期来看，情况会更好，对全世界来说都会更好。"

"这个矿是国有煤矿。这里的矿工并不担心煤矿关闭，因为他们清楚国家会兜底的，这正是国有公司的优越性。"当然，这也是这方面的主要缺陷之一：由于得到了国家支持，国有公司与市场会割裂。作为一个依靠产煤谋生的人，曹国章却支持进口煤炭。他说："为了留下更多的煤，应当进口更多的外国煤炭，少开采国内的煤。"他的这一态度令人惊讶。

不过，曹国章是一个乐观主义者，他相信，煤业不会一蹶不振。"现在的各种问题都是暂时性的。煤储量一旦下降，煤价就会上升。就这么简单。"

在给我们上过经济学课之后，曹国章带着我们在煤矿的附属厂房中转了一圈。在测试实验室中，技术员正在记录矿石的成分：灰、结块、湿度、潮气和热量。在实验室外面，几个身穿深蓝色连衫裤的工人正在一家机修店外晃荡。在一座库房大小的楼里，机身落满灰尘的设备堆到了房顶。这台设备是总部位于斯德哥尔摩的工业设备供应商阿特拉斯·科普柯公司（Atlas Copco）制造的。尽管买来只有10年时间，它看起来却像是很久都没用过了。曹国章不断地说："这台设备正在维护中。"阳光从高顶上的裂缝透进屋内，地面上有几摊积水。这座建筑一度喧嚣嘈杂，现在却寂静无声。我问道：这些机械设备什么时候才能再次运转起来？

曹国章耸耸肩，脸上又露出一贯的笑容："会发生什么事情，谁知道呢？这全都看命了，只有天知道。"

我们和曹国章道别后，从大同出发向南行驶。大同市的市中心周围有许多修建中的高层住宅，巨型吊车正在旁边忙碌着。大同市原市长耿彦波任职期间，雄心勃勃地启动了许多耗资较大的建设项目，修路、种树、盖房子，并因此名扬全国。耿市长的计划是整顿整座城市，以现代化的公寓住宅替代老旧的住宅区，吸引游客，减少大同市对煤炭的依赖。在其任职期间，大同修建了若干条环城公路，并沿环城公路修建了公寓住宅楼。为了落实耿市长的城市化规划，很多人被拆迁，另行安置。后来耿市长被任命为山西省最大的省会城市太原市的代理市长。与此同时，在大同市，有些公寓塔楼尚未完工，吊车还在周围停着。这些高耸的建筑和设备犹如一座座纪念碑，见证了耿市长的任期和中国经济史上一段快速消失的时期。

我问迈克："以后谁会住在这些新住宅楼里？"

他说："没人住。没人买得起。"

我们开车驶上同泉路，与那些环路边空无一人的高楼渐行渐远。旅途中满眼都是陈旧的景象。数英里的市郊景象有些破败，单调的混凝土住宅楼从车旁一闪而过，楼上遍布天线。住宅楼之间偶尔有一两座简陋的小房子，周围堆积着碎石，野狗在人行道两旁的食品摊间嗅来嗅去。

曹国章说，小煤矿的命运掌握在老天爷手里。但是，很明显，山西省在其长达两三千年的历史中，大部分时间并不被关注。它算边境地区，南侧是在平原从事农耕的农民，北侧是聚居在大草原上的游牧民族。历史上，山西省周期性地遭到野蛮人的侵扰，反过来，来自南方的军队也在这里驱逐入侵者。长城分为"内长城"和"外长城"，是山西省北部和内蒙古之间的边界。多少个世纪以来，作为战略要地，大同为边境地区无数个前哨基地提供支持。耿市长的规划之一就是整修大同的旧城墙。现在，我们在大同最西端的镇上还能看到旧城墙遗址。在汉语中，"同"字最早的意思是大厅或开会地点，现在的意思是"团结""和谐""相似"或"结合"。"大同"这两个字可以大致翻译为"（天下）大同"。这里的主要企业——大同煤矿集团有限责任公司，又称"同煤"，字面意思就是"和谐的煤炭"。这座都市古时的统治者周期性更换，谁入侵并打了胜仗，谁就可以统治大同。在历史上的不同时期，皇帝派来多达30万名的将士在此戍边。义和团运动爆发后，山西还出现了传教士被杀的现象。

目前，人口近3500万的山西省，已经成为污染最严重的地区之一。尽管政府正在这里努力改善环境，让水质和空气变得更好，但是，就算这些行动均付诸实施，也需要数十年的时间。（对山西人来说，这里的地势带来的后果对己有利，对他人不利。原因是，东亚大陆常刮西北风，会将这里的煤灰吹往北京和沿海地区。有的日子里，太原上空一片蓝天，而源自山西的污染物却随风飘往东南方向，将北京笼罩在一片雾霾之中。）

我们来到同煤集团总部所在地平旺区。总部大厦是白色的大理石建筑，大门两侧矗立着高高的柱子，看起来就像一个大会堂。同煤是一个无处不在的企业集团：我们路过无数家"同煤快餐"，这是同煤集团拥有的快餐连锁店。本地有无数家燃煤发电厂，大同第一热电厂是其中之一，它正在朝着黄色的天空中喷吐着充满二氧化碳的烟尘。在路的前方是光秃秃的山坡，被挖出一个个山洞，这就是所谓的窑洞。山西位于黄土高原之上。黄土高原是一片不毛之地，这里的黏土干燥易碎，一直被称为"地球上最易受侵蚀的土壤"。这里的山坡被雕琢成各种稀奇古怪的形状，有的像柱子，有的像穹顶，还有的像巨人的手指。多少个世纪以来，人们一直居住在成百上千座窑洞中。直到现在，依然有人住在这里。1556年，山西旁边的陕西省发生大地震，死亡80万人，多由于窑洞坍塌而被活埋致死。长征结束后，毛泽东和中国共产党领导的中国工农红军就住在陕西省延安市附近黄土高原的窑洞中。那里是中国革命的发祥地。

这里雨水稀少。贫瘠的土地上也只能种植旱作作物，例如土豆和玉米。尽管人们自古以来就以煤炭为燃料，但直到19世纪清朝末期,采矿、生产和运输设备实现工业化之后,山西才被改造为中国的能源宝库。山西省也在发展其他产业,但它们均以某种方式依赖于煤炭业。

在大同市的最南端,南北向的铁路线上不可避免地设有运煤站点,周围是一座座小小的煤山。一条喷涂着天蓝色"同煤"字样的传送带斜穿公路上方。再往前走,就看到沿着山坡分布的永定庄煤矿,这是南边庞大的塔山煤矿群之外的煤矿。附近有一座关帝庙,其中供奉的关羽是一位三国时期的将军。他被奉若神明,其事迹构成了《三国演义》中的一条情节主线。在有华人的地方,都能看到商店和饭馆里摆放着关羽像。不过,仅凭那张枣红色的脸和锐利坚定的眼神,关羽就特别适合山西,因为山西就是个让人面对现实的地方。在转了几圈之后,我们停下来,准备前往塔山煤矿。

有很多政治家试图将山西改造为旅游城市,耿彦波市长就是其中之一。山西省曾经是中国汉文明的发祥地,这里拥有许多著名的旅游景点,如现存5万多尊公元5世纪以来修建的造像的云冈石窟,还有风景如画的悬空寺。但是,无论怎样整修旅游景点,都无法掩盖山西省的基本工业特征:中国三分之一的煤炭出自山西,而在大同,每一位商店和面馆店主都知道自己的收入从何而来。这里有130多家采矿公司,既有依靠原始工具就地挖煤的公司,也有自给自足的大型煤城。在我们前往这些公司前,已经有人由于煤炭业的衰退而走向其他的路。有位名叫张宝的前"煤老板"目前在大同开了家马铃薯加工公司。有人成立了投资基金,起了个鼓舞人心的名字"诚至金开1号",为山西振富能源集团的煤矿公司融资,结果这家投资基金几乎陷入债务违约的困境,最后还是靠着一家国有背景机构的挽救,才在2014年1月得以幸存。而在此之前几个月,山西的邢利斌,就是那位以给女儿举办豪奢婚礼而名噪一时的煤炭大亨,也因为自己所创办的联盛能源集团负债近300亿元而经历了大起大落。

据《纽约时报》"中国博客报道"(Sinosphere)称:"该公司的困境凸显了一种愈发强烈的观点:在经历了若干年经济高速增长和承受高额贷款之后,中国有可能需要解决不良债权和资产带来的问题,而联盛能源集团很可能就是体现这种问题的一个引人注目的案例。"[1]

在解决煤炭业衰退问题的过程中,山西新出现的"回到土地"运动日益活跃。煤矿矿主又重新干起了祖先的老本行——农业。根据山西省统计局的数字,2012年到2013年,农业投资几乎翻番。[2] 政府支持这一运动,出台了许多有利于农业发展的政策,例如,对某些农作物提供价格支持,以及提供条件优惠的农业贷款。山西省

---

[1] 迪迪·塔特罗(Didi K. Tatlow):《中国煤业大亨债务缠身》,中国博客报道,载《纽约时报》,2013年12月18日。

[2] 《煤炭大亨重返农田》,载《东方新闻》,2014年4月10日。

社会科学院的郭卫东告诉新华社记者:"煤矿矿主凭借着资本、技术和市场营销的技能,已经成为发展农业的开路先锋。"①

但是,可惜的是,山西省位于干旱的高原地带,其可耕地数量本来就十分有限。由于肆意开采煤矿,可耕地数量进一步减少。几十年来,由于采矿不受制约,许多地方出现了地面塌陷和泥石流。2014年年初,山西省开始实施一项为期6年的监控地面塌陷和泥石流的计划,耗资近40亿美元。如果土地在脚下不断流失,就很难发展农业。②

如果煤炭价格暴跌,也很难采矿。曹国章一心认定:政府愿意照顾省内的煤矿矿主。这种想法,暴露了山西省财富转移中的矛盾:正当全国范围内传统国有企业不断完成私有化之际,国家却在山西省的煤炭行业发挥着越来越大的作用。根据中央政府的要求,山西省的矿道数量,将从2000多个减少到2015年的800多个。留存的矿道将被划入国有公司,而作为补偿,这些矿道的原有矿主也将获得国有公司的股权。在现代中国,集体经济已经过时,但是在山西省,它却依然存在,而且很时兴。③

在资本主义经济体中,收缩必然导致腐败。山西发起了一场减

---

① 《煤炭大亨重返农田》,载《东方新闻》,2014年4月10日。

② 《山西将开展大规模采煤沉陷区治理》,载《中国日报》,2014年3月11日。

③ 《钟摆偏向不利于矿井的一侧》,载《经济学人》,2009年10月17日。

少非法采矿，同时反行贿的运动。在反腐行动中，曾经的山西省委副书记、省纪委书记金道铭因以权谋私，最终被撤职，到2014年下半年的时候依然在接受调查。根据"财新国际"网站的报道，他的倒台"引发了山西官场的一场大地震"；从2013年年底开始，至少有18位省级高官接受了反腐调查。①

我们坐车**驶出大同市的外围地区**，眼前是一片棕色的土地，笔直的茶色沟渠两侧是一排排干枯的灰白色杨树。西部地平线上，在一片云墙之下，耸立着黑褐相间的山梁，那是吕梁山的侧翼。眼前是一片墓地，遍布简单的石碑，即传统的中式坟冢。在墓地之间，零星种植着参差不齐的蓖麻和甜菜。远处，将自己裹得严严实实的农民正在田间劳作，使用的农具自14世纪以来没有多大变化。烟雾笼罩着天空，几乎看不到太阳。我们开车走了很长一段时间，才看到塔山煤矿的筒仓和传送装置。

塔山煤矿位于塔山循环经济园区之中。园区位于大同以南20英里，其中修建了各种工业设施。这座经济园区是规模更大的晋北煤业的一部分，晋北煤业分布在山西西北部大部分地区。这座经济园区照例归同煤集团所有，它由这些设施构成：煤矿和铁矿；塔山

---

① 欧阳艳琴，《山西省第二号反行贿的领导接受调查》，财新国际，2014年7月24日。

发电厂，包括两台发电能力为600兆瓦的燃煤锅炉；一座以甲醇为燃料的发电厂；一座污水处理厂；生产化工产品的工厂；园区内部的铁路；还有一家用煤矸石生产砖头的工厂。作为一种含煤矿石，煤矸石是一种不易燃烧的材料。塔山循环经济园区的修建，从2003年就开始了。它被认为是中国煤炭行业新型环保产业园区的样板：从发电厂释放出来的多余热量用于员工宿舍的取暖；煤灰经过再循环，成为水泥厂的原材料。根据同煤集团的网站资料介绍，一家工厂排出的废料成为旁边"花园式采矿区"的设施原料，这样就能"美化环境，清洁空气，减少污染，……为员工创造一个清新、舒适、美丽的工作环境。"①

不过，在我们眼中，塔山并不具有"花园式"的环境特点，虽然这里为美化环境付出了不少努力。尽管几条宽阔的大道旁栽种了树木，筒仓和传送装置上喷涂同煤集团的标志性色彩——亮白色和天蓝色，但这座园区只是重工业污染的一个缩影：在山脚下的开阔地带分散着可憎的烟囱、巨大的筒仓，以及被污染的溪流和被破坏的土地。庞大的输电塔就像机器巨人一样，将高压电输送到远方。运货卡车一边喷着黑烟，一边在刺耳的轰鸣声中驶下土路。2008年9月，在塔山的新矿区建成前不久，一座尾矿库发生溃坝事故，淹

---

① 《塔山循环经济园区》，同煤集团，http://english.dtcoalmine.com/101784/18955.html。

没了下游的一个村庄，造成200多人死亡。

　　我在上一章"上海"中提到的长期能源策略，在塔山煤矿也有所体现。为了应对国家面临的环境危机，中央政府正在整合分布在各地的煤矿企业，建立了多个类似塔山这样的巨型煤炭基地。从理论上说，在这样的基地中，污染可以得到有效遏制，工厂排出的"三废"能够循环使用，矿工的生活也有保证。这是一种愿景。但是，这一愿景包含的问题，就像同煤集团积极宣传的塔山工业园区一样，不能解决这些集群化煤炭设施给环境整体带来的严重后果。

　　下午3点左右，煤矿又到了轮班时间。我们开车跟在一辆载满矿工的卡车后面。这些矿工满面煤灰，头戴蓝色的同煤集团头盔，挤在小货车车厢里返回基地。在返程的道路两侧，簇拥着由黄砖砌成的矮小车间、车库和工房。在一块空地，一群工人在一个矿坑底部忙着更换排污管。下班的工人从卡车上下来，鱼贯进入一座建筑集体冲澡。更衣室内，带锁的金属更衣柜门上耷拉着一条条肮脏的毛巾。一脸倦容的矿工脱掉工作服，洗澡，再穿上衣服，骑上旧摩托车——离他们的住宅楼还有一段长路要走。

　　在我前往塔山循环经济园区几个星期后，《中国日报》的记者李洋写道："100多年来，几代矿工一直在地下挖煤。他们经历了一个又一个时代：清朝、军阀混战时期、日本侵华战争和国民党统治时期，现在到了中国共产党领导的时期。"[1]塔山有大约20万名矿工，他们养活着80万名左右的家人。这些矿工家庭世代居住在矿井周边的小村子里或黄土高坡的窑洞中。2008年的那场灾难过后，人们对该地区的生活条件提出了强烈抗议。于是，同煤集团在工业园区的外围修建了宿舍楼。这些楼价格低廉，但居住没有问题，能用上公司提供的水和电，并配有基本的医疗设施，大部分楼外还铺了路。煤炭基地是一个自给自足的世界：生活所需的一切，这里应有尽有。从我站着的地方举目四望，约占全世界煤炭总产量6%的煤都产自这里。

　　李洋注意到："这些矿工出生在同一家医院，进入同一所学校，在同一个食堂吃饭，说同一种方言，口音一模一样。"[2]

　　这位《中国日报》的记者还认为，"他们的孩子都有着同一个梦想：到同煤集团当矿工，或嫁给一个矿工。"在我看来，这话是把梦想与现实混为一谈了。对同煤集团矿工的子弟来说，除了当矿工，没有多少其他能赚钱的生计。这种情况一直延续至今。矿工的工资一直是与煤价挂钩的，而与产煤量或工作时间无关。煤价上涨时，有经验的矿工1个月可以挣到5000块钱。按当时中国的标准，

---

[1]　李洋：《对于同煤集团几代矿工来说，现代生活来得太慢了》，载《中国日报》，2014年5月1日。

[2]　同上。

收入能到这个水平，日子可以过得很舒服。在山西，其他行业每月很难挣到这个数。但是，就像梁生财所说的，当矿工也已经不算是有保证的谋生手段了。除了企业之间的兼并，井下作业还实现了机械化。而实现了机械化，就意味着少数技能高超的工人能应付以往很多人才能完成的工作。在塔山，工作机会正在逐渐消失，这一点和肯塔基州的哈兰县一样。在美国，矿井作业机械化是个不可阻挡的进程，其结果就是与煤炭业有关的工作数量减少。现在，这一现象也慢慢地在山西出现了。尽管煤产量持续增加，能在同煤集团挣到高薪的矿工却是凤毛麟角了。

矿工穿好衣服准备离去之际，看到了我和我的同伴，满脸疑惑。在室外，一小群旁观者看着在坑里忙活的人，偶尔大声指挥着；有人正在清洗"大众"轿车；还有个身材瘦削的人，身穿暗色夹克，在距离众人稍远的地方蹲着，一边抽烟，一边在手里转动着一对仿玉的健身球。

他叫左章（音译）。据他自己估计，在塔山工作了"五六十年"。这话听起来言过其实了。如果他只有60多岁，那么作为一名矿工，他保养得还真是不错。他相貌堂堂，面相像狼，乌黑的头发偶尔夹杂一缕灰发。他说话随和，不时停下来措辞，还有一种前线军官的冷静矜持。我一下子喜欢上了他。

他的工作是把开采过的区域封闭起来，以防有毒气体外泄。他带着一班工人，开着推土机，将混凝土、石头和碎石倾倒进废弃的煤矿井筒中。左章尚未退休，因为他是监工。用他的话说："他们还需要我"，说着就轻声笑起来。我说，这个活儿可是够危险的。他耸耸肩膀，表现出矿工对于危险的蔑视，然后猛吸了一口烟。他就像我之前聊过天的大多数中国煤矿工人一样，对于自己的工作给全世界带来的影响并非毫不知情。他说："气候正在变化，我们每天在这儿都能感受得到。"从长远来看，关掉小煤矿是好事。"以后就没有煤可以采了。整块地都被掏空了。"减少污染，以及减少燃煤排放的碳，不光是人们期望实现的目标，而且也是一种绝对的必要。左章说："我们不能像以前那样继续干下去了。"他指的是近在咫尺的周边事物。见到煤炭业所造成的后果而无动于衷，比整顿煤炭业还要糟糕，尽管整顿煤炭业会让塔山不少人失业。

"短期来看，失业是个麻烦事。我是个体力劳动者，这种工作以后会越来越少。有些人会被迫退休，而且拿不到退休金，只能另谋出路。"刚下班的大多数矿工以前都是农民，由于煤矿及关联产业的扩张而离开家园。长远来看，他们的未来并不明朗。而左章则不同。他有终身医保，退休金可达在职工资的四分之三。在新的能源时代，倒霉的是年轻一代。左章有两个儿子和一个女儿。他的小儿子是山西工商学院的学生；女儿嫁给了同煤集团的一位拖拉机驾驶员。"对她丈夫来说这是个好事，他需要有个事儿干。否则，他还能到哪儿工作呢？"

他的大儿子呢？左章说："他和老婆孩子住在太原。"大儿子是化学博士。他是太原理工大学的研究员。

"他研究哪个专业?"我问道。

"煤炭液化。"

我说,我马上就要去太原,有没有可能和他大儿子见个面?左章说,可以,没问题。他掏出手机,读出电话号码。迈克在一旁翻译着。"我们现在能和他通话吗?"

几分钟之后,迈克已经和左章的大儿子左志军(音译)通了电话。左志军能说一些英语。我们计划次日到达太原的时候见个面。

我问老左:"你觉得以后会怎么样?等你的孙子长大了,中国还会烧煤吗?"

老左肯定地说:"我想,我们能够以更清洁和更有效的方式用煤。"截至目前,我很熟悉这个回答,因为和我交谈的所有煤炭行业的人几乎都这么说。"人们正在研究能减少污染的技术。但这是新技术,并非所有人都愿意投资。"

"那你儿子呢?以后他的工作能不能帮助中国改善环境?"

"我想是这样。"

"你肯定为他感到骄傲。"

他咧开嘴大笑起来。"是啊,是啊!"

我们在返回大同的路上,穿过了第二发电厂。这家发电厂位于大同市市中心的最南端。六座数百英尺高的烟囱喷吐着白色的烟尘,将碳排放到大气中,这些烟尘顺风向东飘去;六座冷却塔则喷涌出大量蒸汽。此时，我离自己在博尔德的家足有8000英里。不过，当我们开到这家发电厂的阴影下时，我忽然想到，它最终是在为我和我的家人发电。我的本田迷你SUV里的钢材可能来自中国；我穿的大多数衣服，毫无疑问产自中国广东；我用的苹果手机肯定也是在中国南方的富士康工厂生产出来的。国际气候谈判的首要绊脚石，一直是发展中国家不愿遵守严格的碳排放规定。但这些规定是经历过工业革命，现在即使减少煤炭消耗也能生活得很好，崇尚消费主义的现代化西方国家强加给发展中国家的。将两者分开的看法是错误的。在塔山挖出来的煤，在山西的发电厂里燃烧，为我们所有人提供电力。没有人能够回避这一事实——我们全都是消费者。只有将所有人和其他因素都考虑进去，才有可能提出解决污染的办法。

次日，我们离开大同，一路向南，行驶在前往太原的公路上。过了一会儿，我注意到，已经闻不到弥漫在大同市的那种带有酸味的硫磺气息了。我还注意到，在上海和北京，戴口罩的人处处可见，而在大同，很少有人戴口罩。干燥的土地向前延伸，路面平坦，两旁种着灌木。在雾气蒙蒙的远方，驼色的山脉连绵起伏；晴热无云的天空中，秃鹫在盘旋。我们下了公路，一路向西，前往安太堡露天煤矿。

穿过若干汽车经销店和小型办公楼区后，我们进入安太堡村。

按照迈克的说法,"安太堡"的意思就是"安抚大堡垒",也就是"安抚军队"的意思。我们沿着低矮的山路上行,到了村子里。我们左侧的峡谷里有蓝黄色交织的住宅楼,成百上千的行人穿行其间,还有购物中心、学校、实用的大规模办公楼群。安太堡村是从无到有建设起来的,旨在为安太堡煤矿工人提供住处,按中国标准衡量,它规模极小。这座小镇原先被设计成可容纳不到2万人,现在却可能容纳了5万人。我们沿着公路向上开到煤矿的大门口保卫处。其实,我们已经走到了路的尽头,这条路开往煤矿,并且延伸到煤矿内部。

我问:"你们看,咱们进得去吗?"

来自上海的全程陪同导游自称"杰弗里"(Jeffrey)。他说:"当然。在中国,我们可以灵活地解决问题。"

迈克和杰弗里走进低矮的木质办公楼,那里是安太堡的接待中心。楼门开着,身穿制服的保安在门旁边闲站着,一群人抽着烟,一边等一边看着我们的那辆黑色SUV。不到10分钟,迈克和杰弗里就回来了。

杰弗里说,进去要收费,标准是20美元。依我看,这很合算。我交出140元。几分钟后,我们拿到一个小小的标牌,把它放在仪表盘上方,然后开车穿过升起的金属大门。矿区内的土路宽阔得像北京的林荫大道,足以容纳巨大的运货卡车。这条路绕过巨大的储煤筒仓,然后向上拐到煤矿。我们开到另一个关卡,出来一个身材富态的保安，制服上的扣子绷得紧紧的。他问我们来访的目的。迈克像往常一样，说我是来自"美国的煤炭专家"，考虑在中国煤矿投资云云。我们带了所有的证件，问要不要请他费神看看。

保安懒散地挥了挥手，放我们过去。又过了5分钟，我们又到了一扇大门前，这次我们进不去了。我们的车上没有不停闪烁的蓝色顶灯，也没有在高高的弹性旗杆上悬挂的三角旗，因此煤矿内来往的运货卡车看不到我们这辆车。这里的运货卡车的轮胎高度相当于我们这辆SUV车身高度的两倍，卡车车厢能够轻松装下8辆正常规格的轿车。我们只能下车步行。

安太堡的露天煤矿在山路下方延伸，消失在灰蒙蒙的远方。在下午的光线下，煤矿上方的天空显现一种微弱的灰粉色。路旁是杂乱的煤堆和煤山，好似很久以前的一场爆炸之后留下的碎片。我们站在路旁俯视着煤矿。在我们左侧，是一台把煤从原矿中分离出来的轧碎机；面前有一道窄窄的峡谷，三条数百米长的传送带正将煤运送到五层高的圆锥形处理器中，按照岩石的精细度对煤分门别类。煤矿的输送带咔嗒咔嗒地响着，汇成一条黯淡无光的"溪流"，不知从何处来，也不知往何处去。我感到，自己就像几个月前站在怀俄明州北羚羊罗谢尔煤矿时一样，仿佛直抵事物的核心，获悉无人知晓的秘密。我看到的，是我们这个规模庞大、工业化、高能耗的文明——人们从地下挖出煤，然后在所有发电厂和钢厂的所有锅炉内燃烧，夜以继日，无休无止。这里就是现代世界给锻铁炉提供原料的地方，而从这里排放的气体已经慢慢地使地球的大气层碳浓度飙升了。

安太堡露天煤矿应是1987年建成投产的，当时是世界上最大的露天煤矿。此后，北羚羊和罗谢尔两个煤矿合并之后，就取代安太堡煤矿，成为世界上最大的露天煤矿。一开始，安太堡实际上是中国煤炭部和美国西方石油公司搞的合资企业，其融资来源盘根错节，成为哈佛商学院的著名案例之一。

20世纪70年代，人们就开始设想开挖这个煤矿，当时获得国家补贴的中国煤价只有世界自由市场煤价的四分之一，而中国矿工死亡率显然比美国的高。中国的煤炭，有三分之一以上开采于为本地市场服务的不受管控的小规模煤矿。当时的煤炭工业部希望在煤炭业实现现代化，创办一家拥有最新技术的煤矿公司，并且修建运输基础设施，使其满足针对日本、韩国和东南亚国家迅速增长的出口需求。山西省西部山区拥有丰富的矿产资源，在这里修建的安太堡煤矿面积将达到17平方公里，年产煤1500万吨（但投产后，该煤矿的产量比预期增长了很多倍）。北京的规划者知道，如此规模的项目既需要从国外融资，也需要国外技术。而兼具资本和技术的，莫过于当年已经70多岁的西方石油公司首席执行官阿曼德·哈默（Armand Hammer）了。

哈默是乌克兰移民的儿子，他与纽约市的共产党过从甚密，还为此坐过牢。在他20多岁之前，大部分时间都在苏联度过。最初，他将俄国的商品出口到美国,再将美国的药品和多余的小麦进口到俄国,这些小麦帮助成千上万俄国人度过了两次世界大战期间,由俄国过渡为苏联时的一连串饥荒。1930年,哈默回到美国后,通过一系列石油投资,成功地让自己早年积累的财富增值,最后控制了西方石油公司。

同共产党领导下的苏联做成生意的美国商人极少,哈默就是其中之一。1972年,理查德·尼克松(Richard Nixon)对中国进行了历史性的访问,从此中国市场向西方投资开放。哈默决定开发庞大的中国市场。据说,1979年邓小平访问美国期间,在一场宴会上,哈默不请自来。

邓小平大声说:"我们都知道你。你是在苏联需要帮助的时候帮助了列宁的那个人。现在你可要来中国帮助我们啊。"[①]

几个月后,哈默就访问了中国,并签下了在中华人民共和国勘探石油和开采煤炭的协议。在大规模的安太堡项目中,西方石油公司成为主要的外方合作者。起初,中国看起来就像哈默想象中的那样,是个财源。西方石油公司投资4亿美元开采煤矿,并全部通过"无追索权项目融资"的方式融资。换句话说,卡尔·凯斯特(Carl Kester)和理查德·梅尔尼克(Richard Melnick)在其撰写

---

① 阿曼德·哈默、内尔·林登(Neil Lyndon):《哈默》,纽约:普特南森出版公司1987年版。

的哈佛商学院案例研究中说过:"西方石油公司期望能拥有半座煤矿,而又基本上不遭受项目完工之后会遇到的风险。"①

但是,实际情况与预期大相径庭。就像在此前后的许多西方商人一样,哈默也发现,要想在中国做成生意,并不像一开始表现的那样通过直来直去的方式就能奏效。一旦开始,随之而来的就是旷日持久的谈判,西方石油公司被迫追加了2000万美元的权益资本。另一方面,1983年的时候,煤价每吨接近53美元,到1986年西方石油公司和中方达成交易协议的时候,煤价已经下降到每吨46美元。按照哈默的传记作家史蒂夫·韦恩伯格(Steve Weinberg)的记载,哈默本人身穿水貂皮大衣,头戴海狸皮的帽子,参加了煤矿的奠基仪式。②预期的收入一直没有兑现。1991年,西方石油公司从这笔亏钱的交易中抽身而出,而安太堡煤矿则自此一直在"叮咣叮咣"的金属敲击声中产煤,几乎不考虑市场的起伏不定,也不考虑采煤对环境造成的后果。

2006年,有记者采访了被安太堡煤矿污染的上麻黄头村。这篇报道描述了由采煤造成的令人吃惊的景象:运煤卡车从单车道公路上隆隆驶过,村里的水井已经干涸,而在村边由废煤渣堆起的人造

---

① 卡尔·凯斯特、理查德·梅尔尼克:《安太堡煤矿项目》,马萨诸塞州,坎布里奇:哈佛商学院,1991年。

② 史蒂夫·韦恩伯格:《阿曼德·哈默:未曾讲过的故事》,伦敦:伊布里出版社1989年版。

垃圾山随时可能倾倒，掩埋民房。

中国最大的煤炭出口商——平朔煤炭工业公司拥有三大煤矿，其中之一就是安太堡煤矿。它拥有自给自足的煤城，但其在地方政府的管控下运转，不像神华、同煤之类的大煤矿公司，由国家层面进行管控。

在中国，安太堡这样的大型煤矿至少占到煤炭业的90%。当国家要对煤炭业实施合理化改革时，没有什么迹象表明，这类企业会做出多大反应。它们离领导机关远，很难受约束。

明章（音译）是在英国接受过教育的年轻商人，他的家族在太原经营汾渭能源咨询有限公司。他告诉我："煤的新供应渠道逐渐增多，主要来自拥有更大生产能力的大型煤矿的企业兼并。但是，没有一家煤矿愿意降低产量，没人愿意做第一个吃螃蟹的人。他们说：'我正等着瞧，看谁当第一个白痴。'目前，还真没出过几个白痴。"

这种影响时间进程的力量贯穿中国历朝历代。中央和地方之间的关系是一种辩证关系，对立而又统一。史景迁是西方中国历史学者中的泰斗。他曾细述这种关系，并且在他的杰作《追寻现代中国》中特别描述了煤矿业所体现的中央和地方之间的这种矛盾关系：

> 邓小平也曾表示，他个人对采用外国技术开发大型露天煤矿很感兴趣。可是在山西省，中央政府就是不能全部实现自己对煤炭生产的意志……

在许多场合,小煤矿可能"劫持"火车车皮长达一到两周,把自己生产的煤运到本地或全国市场,之后才会把车皮交还给从技术上说本该拥有这些车皮的大型煤矿。因此,如果中央决定重新分配煤炭资源,或投产一家新的大型煤矿,就不是那么简单的一件事情……

中央和各省之间存在着这种潜在的紧张关系,而在各省内部也有层级关系。这种情况一旦失控就会使整个国家的规划随之瘫痪。通常,中央规划过程本身就需要通过纷繁复杂的程序,才能传达到地方。

清朝建立后,统治者花了两个世纪的时间,力求简化官僚程序,监控不听话的官僚,让各省服从中央,并且平息由于官员的腐败行为带来的社会仇恨和不满情绪。中华人民共和国的领导人也一直在尝试完全摆脱以往统治的旧习,但是,他们发现,就算是制定最先进的技术规划,他们仍然要和地方主义以及人性弱点展开无休止的较量。①

最终,决策者必须努力做到两全其美:限制煤炭的生产和消费,但生产商可能在违背政府规定和经济原则的状况下继续发展。例如,尽管对煤的需求已经萎缩,但安太堡煤矿依旧在生产。在山

---

① 史景迁:《追寻现代中国》,纽约:诺顿出版公司1990年版。

西省，煤炭业的发展有其自身的推动力。

我们回到高速路上，继续向南前往太原。从大同向南行驶100千米后，我们开始攀爬一串隧道。道路穿过峡谷，路两侧不时能看到低矮的松树。透过车窗向高处仰视，能看到山脊上有一段残破的长城城墙。这段城墙几乎坍塌成一堆瓦砾，与北京附近经过修葺、游人如织的长城城墙完全不同。路两侧没有城镇，没有供司机歇脚的地方，也没有挂着诱人招牌的快餐店。在山西，大城市以外的地方，如果没有煤，也就没有人烟。

我们开车穿过了黄土高原上的沟壑，进入太原。在流经太原的汾河上，建起了一座又一座拱桥。汾河是黄河最长的两条支流之一。它起源于北部的管涔山，流经山西省大部分地区。在太原盆地，人们依靠汾河水实施集约耕作。20世纪60年代，汾河上游修了多座水坝和水库，因此，太原一带的汾河干涸了。从20世纪90年代开始，省政府实施了大规模的整修工程。如今，汾河河床上又有水了。汾河公园长达6千米，修建了步道、庙宇、花园和游乐场。汾河穿过市中心。河西岸有座庞大的会议中心（但我们去的时候空空荡荡）、一个体育场和一座博物馆。太原在声势上并不输北部的姊妹城市大同，但更富有文化气息。

在熙熙攘攘的迎泽大街上，我们把车停在了距离中国煤炭博物馆不远处的太原理工大学门口。1902年，山西大学堂宣告成立，大学堂的西学专斋就是太原理工大学的前身,它是中国最早的现代化大学之一。太原理工大学已成为"华北地区的麻省理工"。这里的两万名本科生大部分主修工科或理科。我们打了一串电话之后找到了左教授。他的父亲就在塔山煤矿工作。左教授下楼,在路边的人行道上和我们见了面。我们快步穿过拥挤的校园核心区,回到左教授的实验室。这座实验室专门研究煤炭化学。

左教授一边带领我们走过他和研究生正在开展工作的项目海报,一边说:"这就是煤炭科学技术重点实验室。"这座实验室是在1984年由中央和省政府及煤炭业共同注资成立的。实验室只有一个核心使命:利用应用化学知识,找到能够以安全、清洁和盈利的方式再燃煤100年甚至更长时间的方法。实验室从事的并非基础科学研究。左教授说:"我们的重点是有针对性地利用应用技术解决实际问题,为煤炭业提供技术支持。"

实验室的核心理念是提高煤的转换效率,将煤转换成不同形式,用于发电和其他化学工艺。现年仅32岁的左教授,毕业于塔山附近的一所县高中,他获得了太原理工大学的奖学金。他发现,自己一生的使命,对于中国的能源安全来说至关重要,那就是,开发出一种工艺,将固体的煤转化成液体燃料。就像把小煤矿合并到大煤炭基地一样,煤炭液化技术同样居于21世纪中国煤炭政策的核心地位。

简而言之,中国煤储丰富,但是石油资源稀缺。中国正在努力开发页岩气，但是从地质学方面看，页岩气被锁在极具挑战性的"牢固的"岩层当中，而中国的开采技术比美国落后。中国是世界第二大石油进口国，仅次于美国，每天需要购买500万桶石油。购买的大部分石油都要通过马六甲海峡，也就是邻近新加坡的狭窄水道运到中国。马六甲海峡位于马来西亚和印度尼西亚苏门答腊岛之间，是连接南中国海和印度洋的咽喉要道。中国的战略家十分清楚，如果发生军事攻击、恐怖主义行动或国际禁运，马六甲海峡就会被封堵，威胁到中国的能源供应。因此，修建大规模的化工综合企业，将煤炭转化成液体燃料，不仅是具有经济意义的行动，从地缘战略角度来说也是必需的。2014年1月，中国国家能源局宣布了一项计划，到2020年，要从煤炭中生产出500亿立方米的合成汽油。这个数量的合成汽油可以满足中国天然气需求量的八分之一。

不过，生产合成汽油代价也很高。首先，制造液体燃料需要消耗很多煤：半吨煤可以制造出一桶油。如果将原煤转换成油，首先要在超高温无氧状态下将煤加热使之汽化，然后通过费托合成工艺再将气体液化，这就需要消耗大量的能源和水。一份由自然资源保护协会（National Resource Defense Council）2011年发布的研究成果，引用了兰德公司（RAND Corporation）早期的数据。研究发现，气化煤生产过程中排放的碳，与其运输、加热或发电过程中因燃烧气体释放出的碳相加，比仅使用传统汽油释放出的碳的总量还要高一倍。①

如要达到国家能源局提出的2020年"煤转气"的目标，就需要额外释放出120亿吨二氧化碳，所要消耗的水量也将远远超过目前煤炭企业聚集的中国西部干旱省份所能提供的。许多中国官员和科学家，都对能够永久分离、捕集和封存从烟囱里释放出来的碳信心十足。不过，尽管碳捕集和碳封存技术已经被研究了20多年，要实现规模化发展，依然是不经济的。左教授承认，让碳捕集和碳封存技术达到经济上可行的程度，那是"很多年以后"的事情了。

与此同时，他和实验室正在致力于一个更容易实现的目标：在山西省创办切实可行的煤炭液化产业。左教授承认，水是个问题："任何一项有关煤的新项目，先决条件都是用水，用水量低才能保证项目的可持续性。必须通过国家水资源部门的评估，否则就干不下去。"

对左教授来说，这些并非理论问题。他有个两岁的儿子，妻子就是学校的行政人员。他无法想象在缺少煤的中国，未来会是什么样子。在他看来，采用当前的技术，煤炭业的未来仍然不可持续。他知道，父亲几十年的地下劳动成就了他，使他进入知名机构，成

---

① 《为什么如果美国想采用石油以外的能源，液体煤并非是个可行的选择？》，自然资源保护协会，2011年12月，http://www.nrdc.org/energy/files/liquidcoalnotviable_fs.pdf。

为一位受人尊敬的科学家。煤炭的故事再一次贯穿父子的人生。"我上学的时候，没想过成为一名煤炭科学家。我对化学很感兴趣，而我的一位老师曾经从事煤炭工程。他引领我走上了煤炭研究之路。"

我小心翼翼地问他，如何看待工作中存在的那种本质上的矛盾：为一种最不可能持续发展的能源寻找一种可持续的未来。"您对自己的工作感到自豪吗？"

他停顿了一下，然后给了个很长的答复："每个年轻人都有自己的希望和理想。我的目标就是有一天能到海外工作，实现梦想。我想成为国际科学界的一员，而不只是在山西待着。我对目前的处境并不满意——我有更高的目标。"

我又试着问了一次。"您认为自己的工作有所贡献吗？在您儿子长大后，这个世界会因此变得更好吗？"

"啊，我懂了。我相信绝对会好的。煤炭业的技术还不够先进，尤其是中国。我认为我们所在的这个实验室正在多方面促进这个行业的发展。"

"您的工作在哪些方面能够减少煤炭对环境的破坏？"

"说到这个问题，我的个人研究成果并不能直接应用于减少污染。我们重点开发转换环节，也就是将煤转换成液体燃料、燃气及合成产品。但是，只有通过这种办法，我们才能让煤炭变得更为清洁，在使用上也更可持续。减少煤炭带来的污染需要许多团队共同努力，才能一步一步实现最终的目标。"

"这真是可钦可佩。我祝您好运。您觉得,我们距离最终目标还有多远?"

他轻轻地笑了,低下头。"我有信心,在我的有生之年,能看到这个目标的实现。"

实验室的光线本来就昏暗,灯光晃了几下,又暗了下去,好像在嘲笑他的理想。我看了看他那凌乱的办公桌上的设备,有几台布满灰尘的台式机,都是2000年左右生产的。如果这就是研制更清洁煤炭的科学研究中心,很难令人安心。之后,他的理想很快又在黑暗中闪耀起来:"你知道,中国的高行健获得了诺贝尔文学奖;就在两年前,莫言也获得了诺贝尔文学奖。不过,迄今为止,中国还没有人获得过诺贝尔科学奖项。"

他谦虚地笑了笑。这段话在安静的办公室中回荡了足有1分钟。屋顶上的荧光灯闪烁了几下,重新亮了起来。

按照中国城市的**标准**,太原具备长期繁荣的城市所拥有的活力。尽管它位于北方来犯者的必经之途,但是这里诞生了中国最早的银行制度;这里的商人也同时和来自草原地区的游牧民族,以及来自黄河及其支流的低地地区的人做生意。[①]这座城市中充满了攀

[①] 吉姆·亚德利(Jim Yardley):《勇敢的龙:一支中国篮球队,一位美国教练和两种文化的碰撞》,纽约:年代图书出版社2013年版。

龙附凤的野心家，大字不识的煤炭大亨，一夜得势的暴发户。我住的旅馆街对面，就是一座购物中心，其中开设了法拉利经销店和路易威登精品店。

我们到达太原的第二天，我坐在协天成（音译）律师事务所的会议室。这家律所开在一座高高的办公楼上，俯视着太原熙熙攘攘的街道。"协天成"的字面意思是"协和万邦，地平天成"，但是，律所的英文名称却简单得多，意思就是"人才律所"。我接受了律所的创办人王立峰（音译）的邀请，参加了一场主题为山西省煤炭未来的讨论会。会议是由曹霞教授安排的，她是山西财经大学的法学教授，也是菲利普·安德鲁斯-斯皮德（Phillip Andrews-Speed）的门生，后者是新加坡国立大学的教授和世界上主要的中国能源经济专家之一。桌上摆放着姓名卡，周围坐着来自律所的多位律师和一个三人专家小组，三人小组包括高建峰（音译），他曾是《山西经济日报》的编辑，现在是一家太原智库的研究员。我们花了一个早晨的时间谈论煤炭、煤层气、环境政策和即将到来的"后煤炭时代"的严峻现实。我一边听发言，一边小心翼翼地小口喝着玻璃杯内滚烫的开水——杯子里没有茶叶，只有水。不停地有人给我面前的杯子续上水。

王立峰说："从1949年到2006年，山西省每年的煤炭产量都差不多，都在5亿吨上下。从2006年开始，年产量提高到10亿吨。一直以来，煤炭企业调整得都很慢。大多数国有企业现在都负债累累。同煤集团的利润现在几乎为零。晋城煤业集团有18家子公司,去年的利润为零。"

王立峰相貌英俊、阔气而时髦。他身着价格昂贵的欧式套装,戴着一块精美的金表,在办公室的墙上挂着自己参加帕拉丁(Xterra)越野铁人三项赛事的照片。他的女儿在田纳西州上了一所基督教学院。这家律所是2004年开办的。创办的头几年,凭借为政府提供有关国企重组的咨询赚钱——当时正是私有化浪潮兴起的年代,每天都在诞生百万富翁。最近,律所服务的是投资煤炭、石油和燃气,尤其是煤层气的公司。在有煤层的地方,差不多都能发现燃气。现在,山西省就像整个中国一样,正在经历一场变革,从发展以煤炭为基础的经济,转变为发展以更清洁的能源形式、能源消耗量小的产业和更可持续的政策为动力的经济。但是,王立峰说,这个转变来得太慢,而且也太"行政化"了,只依靠政府的命令而非市场的有机转变来推动。他说,至少到2030年,煤炭都将是占统治地位的能源。

"煤炭企业盈利太多,在经营上没有规划,不懂如何将多出来的钱用于投资。有的公司养猪,有的出售飞机票;它们到处进行收购,而腐败也如影随形。眼下煤价下跌,它们便出售这些企业。我们需要的是没有那么多大风大浪的稳定经济;我们不需要盖那么多高楼大厦,我们只想过安稳日子。"

而这样的安稳日子如何才能真正到来,众说纷纭。政府要补偿下岗的煤矿工人；煤炭企业的所有者可以从事农业，就像那位现在卖土豆的前煤炭大亨一样；矿工可以安装太阳能电池阵列。我想起了埃里克·马席斯的梦想，还有西弗吉尼亚州的"可持续威廉姆森"项目，它们听起来也像是空中楼阁。企业合并能够改善现状。2006年之前，山西省有2500多家煤炭企业，现在只有1053家。这个数字我已经听过好多回了，精确得令人惊讶。高建峰谈到了集中化策略，即组建大型煤炭基地，成立规模更大、能效更高的发电厂，以及大规模修建特高压输电网。听到这话，我提问道：合并煤炭基地可以改善北京和上海的环境，但是，这样做对于从整体上减少煤炭排放的气体有什么作用吗？这个问题，我从在上海的时候就开始问，这次又问了一遍。

之后就是一阵沉默，夹杂着令人不适的叹息。律所的律师梁虎（音译）说道："这是个大问题，不过我们的首要目标是发展。换句话说，是要活下来。"

活下来是一回事，活得好就是另一回事了。王立峰正在把律所的业务重点转移到另一个商品上：煤层气。很多山西人认为，煤层气会带来下一拨繁荣。煤层气是在煤层的气孔内部边缘区域发现的天然气。很多世纪以来，人们认为这种气体对矿工构成危险，没有其他用处。因为从地表钻探的深狭孔洞会向外排放沼气，沼气所含的温室特性超过二氧化碳。直到20世纪70年代，人们才开始将煤层气视为一种有价值的能源。目前，美国和澳大利亚都拥有煤层气生产行业。但是和在页岩层中发现的天然气相比，人们认为煤层气价值低，开采难度大，只能作为替代能源。在中国，煤储量依然十分丰富，而由于页岩气产业的发展比预期更加缓慢，遇到的困难也更多，因此，人们将煤层气视为一种关键的国家资源。王立峰和律所正在协助起草第一批以煤层气的开采和生产为内容的规则条例。王立峰将这项业务看作是未来几年律所的一大收入来源。

迎泽大街煤层气加油站距离协天成律师事务所不远，加油站经理朱爱军（音译）说："到2020年，3000万辆车将采用液化石油气。"目前，太原所有的出租车都采用了从300千米外的煤矿运来的煤层气。早上开过研讨会之后，我们和协天成律师事务所的主要人员吃了顿礼节性的午餐。之后，我们挤进了朱爱军的办公室。"和天然气相比，采用煤层气的碳排放减少了80%到90%，杂质少多了，发动机运转起来也安静得多。"1立方米的煤层气比1立方米的天然气多13%的能源含量，使用成本只有天然气的一半。

煤层气汽车项目是一家由太原市和JAMG公司共同组建的。JAMG公司是山西晋城煤业集团的子公司，由中央政府资助在煤矿开采煤层气。公交车如果改用煤层气，每辆车将获得3000元的补助。如果利用以柴油为燃料的卡车将煤层气运到太原市，就算不考虑车辆改用煤层气所消耗的成本和能源，单纯从能源角度来看，采用煤层气也是一笔赔本的买卖。不过，如果能够以低廉的价格生产煤层气，再通过管道运输，煤层气将成为一种可行的替代性能源——它既可以替代运输车辆使用的汽油和柴油,也可以替代发电所需的燃煤。

王立峰说,煤层气的迅猛发展将给公司带来更多的服务需求:"由于我们的努力,产业链延长了。从勘探、生产、建立加气站,直到最终用户……所有人都将成为我们的客户。那样我们的利润就多多了!"他兴奋起来,"有了更多利润,我就到美国去看你!"

不过,在中国总有各种困难。如果要生产煤层气,就得在高压下将液体注入煤层中,这与利用水力压裂技术开采页岩气的方法有着相似之处,但是这项技术在中国并不成熟。而且,讽刺的是,尽管开采煤层气能为煤矿矿主带来额外收入,但是他们往往反对生产煤层气。我去过太原之后几个月,《纽约时报》的报道称:"许多中国煤矿经营者反对在煤矿附近生产煤层气,因为他们害怕将沙子和化学品注入矿井释放气体会导致不可预估的后果,也就是把气体灌进煤矿中。"①

把煤层气引入大城市也会带来问题。朱爱军说:"新的输气管道将建在城市边缘地带。但是,管道施工方和公寓开发商之间存在很多矛盾。在这些公寓地下已经铺设了很多管道,如果输气管道发生爆炸,将会威胁很多人的生命。这些城市自身的开发计划也与开

---

① 基斯·布拉德舍尔(Keith Bradsher):《中国天然气生产短缺》,载《纽约时报》,2014年8月21日。

发煤层气的管道矛盾。"

结果,煤层气的生产放缓。国家能源局局长在2014年7月的演讲中说,到2020年,煤层气的产量将达到300亿立方米,这比两年前设定的目标少一半多,这个产量仅能提供不到1%的电力。[①]抛开王立峰那充满信心的预测不谈,中国还要再经过几十年时间才会出现煤层气革命。

当晚我和明章**吃了顿饭**。明章是我在黄浦江的游船上认识的咨询顾问。山西行程结束之际,上海之夜那轻松舒适的氛围恍若几个月之前的事情了。明章曾在英国接受教育,一年半之前刚刚回国。他一口气说了半个多小时,话题是中国煤炭产业的未来。他说着一口完美的略带英国口音的英语。我们一边说,一边品尝着独具特色的山西美食:大饼、刀削面配老陈醋、煎炸饺子和羊头汤。明章已经快30岁了,回到太原帮助打理家族公司——汾渭能源咨询有限公司。汾渭能源咨询有限公司和全球能源信息公司——普氏能源咨询公司开发了中国煤炭指数,追踪中国的煤炭价格。明章说话略带讥讽,他对煤炭行业的看法并不受乐观主义的影响。

他说:"和10年前相比,现在更糟。不过,我们觉得情况还会

---

① 《在中国,由于预期产量减半,页岩气革命停顿》,载英文《旺报》,2014年8月22日。

恶化。"我问他,煤炭行业的混乱局面如何反映中国经济在更大层面上发生的一切。

"如果你仔细观察煤炭市场,你自然而然就能理解中国正在发生的事情。动力煤的最终客户是发电厂,焦煤的最终客户是建筑商。现在,建筑商已经取代发电厂,成为中国电力的最大客户。如果建设速度和规模下降,那么,煤炭业就会'砰'地应声而落,就是这样。"

不过,对于汾渭能源咨询公司来说,尚有可以开发的新的商业细分市场。"中国煤炭市场向外资和全球市场开放才12年时间。我们仍然有很多新机会,例如,在金融衍生物方面,尤其是期货和互惠外汇信贷方面。"

明章告诉我,最近一年半,郑州商品交易所已开始交易煤炭期货,而大连商品交易所开展煤炭期货交易已经有好几年了。"煤炭期货相当新,目前还不允许外国资本投资煤炭期货。我们觉得,这里面蕴藏着真正的机会。"

不管这些机会对于汾渭能源咨询之类的公司来说多么有利可图,采用投机性金融工具,对于中国煤炭业的未来未必是一件好事。我说,博地能源公司认为世界煤炭业将会经历一次复苏,中国有可能出现这种复苏吗?"许多人说,中国的煤炭业每10年经历一次轮回,因此下一次的回升将出现在2010年到2020年的10年中。但是,要出现这种回升,需要宏观层面的刺激。目前,政府已经不像以前那样愿意实施刺激政策了。这种刺激政策不可持续。你看，到处都出现了过度建设，这些豪华公寓根本没有人住。"

明章靠在椅子上，擦掉下巴上的面条油，然后开始反思中国的过去。"过去，中国需要短期的经济效益，因为人民需要看到希望。这就是中国政治制度好的一面，能在较短的时间内解决贫穷问题。"

在山西，政府努力引进从事新业态的企业，例如从事信息产业和服务业的企业。迄今为止，这种努力的成果还不多。明章说，有两个原因：一是政府方面，这点就像中国其他地方一样，算是一个由来已久的传统。

"第二，没有人才。具备信息技术的人才，没有人愿意来太原。你到游泳池游泳，肯定愿意和自己处于同一水准的人一起游。"

"而在山西，除了煤炭，还有什么？"

第八章　杭州

"做个中国人，真难。"说这话的时候，曹迪文（音译）正坐在杭州市华美达酒店的大堂咖啡厅里。她的意思是，处于现代世界的中国，人口过多，沿海城市很容易遭受台风袭击，面临各种自然灾害，资源还被滥用。不过，她也可能是在描述个人的生活经历。她是一个受过良好教育而家境殷实的年轻人，一直在想办法让祖国和地球变得更好。我是通过总部位于杭州的环保组织"绿色浙江"才见到迪文的。就在我到达杭州前不久，她刚刚离开这个组织。

她说："我是一个中国人，也是世界的一员，我现在的身份介于这两者之间。我知道自己的长项。有个问题问得好：我想干什么？我想找个定位，让我能帮助其他人成为变革的推动者……有很多中国人想知道：'我如何才能成为更有自我意识的人？我怎样才能做出贡献？'我想，我能帮助这些人更好地认清世界的整体面貌，让他们对如何使这个世界变得更好产生自己的看法。"

迪文已经快30岁了。她就像明章一样，属于中国当代史上独一无二的一代人：通晓人情世故，游历甚广，有社会意识，但不像许多老一辈那样，戴着有色眼镜看世界。像迪文这样的年轻一代活跃分子，正引领着人们树立环保意识，而这种环保意识已经在中国宣传了很多年。这一代年轻人有着自己的思考，同时他们也不接受构成中国社会契约底色的那种基本交易。要想减少中国对煤炭的依赖以及降低中国的碳排放量，还得依靠这批年轻人。与此同时，他们还意识到，自己游走在不同的世界中。他们已经不仅仅是中国人，而在更广阔的世界中寻找更适合自己的定位。

要想在中国找到一处启蒙环保意识的地方，那一定是杭州。2012年，杭州宣布，它不但要关闭城市附近地区的所有燃煤发电厂，还要逐渐停用煤炭。杭州是中国首个做出此类声明的城市。杭州市的官员保证，要寻找更加清洁的能源，以满足整座城市的能源需求。迪文说，当地人的集体环保意识已经觉醒。这种觉醒，可以从迪文及其朋友和家人在吃饭时的闲谈中感受到，也可以从当地人的无数次抗议中感受到；这种觉醒，还体现在地方官员身上，面对公众对环境破坏的强烈反对，他们也不愿意为了扩张煤炭产业而违背公众意愿。例如，迫于市民的压力，深圳取消了在市内新建一家发电容量为2000兆瓦的大型燃煤发电厂的计划。

迪文说："经济奇迹是在牺牲环境的基础上取得的。如果我们不做出改变，整个地区、整座城市将变得不再宜居。如果人们还有其他选择，他们就会离开。但是，对于绝大多数人来说，他们没有选择。这里就是他们的家园，他们没有别的地方可去。"

迪文属于还有其他选择的幸运者之一。她出生于杭州，父母是公务员，父亲为中国的海关机构工作了多年，母亲是当地政府的会计师。她的父亲是刑事调查员，负责跟踪沿浙江弯曲海岸线错综复杂的水路逃窜的走私者。他很熟悉那一座座海滨城市，还有在海滨喷吐着污染物的纺织厂，并且目睹了人们对河水和河湾的破坏。当迪文还是孩子的时候，污染渐渐严重，天空变成了铅灰色，充斥垃圾的溪水汇入令人作呕的海水中，但是没有人对这些现象提出质疑。当艾滋病的蔓延在中国成为紧急医疗事件后，很少有人愿意直面疾病暴发的原因及造成艾滋病传播的因素。迪文上大学的时候，就和其他人共同发起了一场本地运动，以保护艾滋病病人和艾滋病毒抗体为阳性的人群的权利。她热心于人道主义事业。大学毕业之后，她并不像许多雄心勃勃的中国毕业生那样直接去读硕士，而是加入了"全球志愿者网络"（Global Volunteer Network），成为一名行走四方的援助工作者，去过尼泊尔、印度和南美洲。她偶然来到新西兰惠灵顿，在怀卡托大学攻读国际发展专业的硕士课程，并成为该校管理学院高级讲师格林德·琼斯（Glyndwr Jones）的弟子。琼斯是个威尔士人，碰巧出身于电影《青山翠谷》（*How Green Was My Valley*）中所描述的那种农村矿工家庭。在琼斯的影响下，迪文确信，自己的事业就是去挽救家乡已遭到破坏的自然环境。

迪文告诉我:"看看道家学说吧。道家学说的核心概念之一就是保护自然环境。儒家的价值观讲的都是平衡、和谐和可持续性。这就是数千年来中国哲学的基础:与自然和谐相处。只是最近几十年来出现了变化。"

透过咖啡店的窗玻璃,迪文看着大街上熙熙攘攘的人群。"当我们把赚钱当作追求和信仰的时候,我们已经失掉了中国哲学的精华。"

最能体现中国哲学精华的城市莫过于杭州了。杭州就像一件装饰群山的丝袍。这座以西湖为核心的城市,风景秀丽,自从秦朝早期(大约在公元前220年)开始就吸引了诗人、思想家和游人。公元610年,大运河竣工。此后,作为大运河起点的杭州发展成为繁荣的商业和文化之都。到了蒙古人统治的元朝时期,杭州依然保持了它半独立的微型首都的地位。凭借着浙江的富饶耕地,它还是鱼米之乡。马可·波罗(Marco Polo)和14世纪的穆斯林旅行家伊本·白图泰(Ibn Battuta),都曾盛赞杭州。马可·波罗说,杭州"比世界上任何地方都更伟大"。①

19世纪50年代到60年代,中国爆发了太平天国运动。在此期间,杭州遭到毁灭性破坏,人口大为减少;到了中国内战时期,它

---

① 牟复礼:《帝制中国:900—1800》,剑桥:哈佛大学出版社2003年版。

已恢复元气，成了国民党势力强大的主要地区。迪文的母校浙江大学成立于1897年，是中华人民共和国的精英大学之一；它就像位于波士顿的哈佛大学和麻省理工学院一样，吸引了大批朝气蓬勃的学生和孜孜以求的学者。这些学生和学者滋养了杭州的精神生活，助推形成了自由思考和容纳异议的氛围。杭州还生活着一些宗教人士，城内的清真寺保留至今。

自古以来，人们就说："上有天堂，下有苏杭。"不过，就算是这样的天堂之地，由于经济发展和城市化进程失控，以往的优雅同样大为减色。德国博客博主和摄影师安迪·布兰道尔（Andy Brandl）在杭州生活，他写道："杭州不像上海。上海紧靠海岸，来自海面上的风可以吹走一部分雾霾；但是杭州就没有这种优越的条件。相反，它四面环山，一直都以雾气蒙蒙而出名。一旦这种自然的雾气不可避免地和各种排放气体混合在一起，就会形成超级雾霾。"①

全世界一共有十一座发电能力超过5000兆瓦的巨型燃煤发电站，其中有五座位于中国，这当中就有三座位于浙江，包括大型的嘉兴发电厂。出了杭州，沿着海岸向北就能到达这家发电厂。尽管浙江省政府正式宣布，浙江将缩小省内煤炭业的发展规模，并最终

---

① 安迪·布兰道尔：《引导人走向……更多污染之路》，载《光子混合：安迪·布兰道尔的摄影作品》，2013年10月1日。

彻底清除煤炭业，但是，根据"消息观察"的统计，目前，至少还有五座总发电能力达到8500兆瓦的新燃煤发电站正在规划或审批中。①

可以肯定地说，我在杭州的日子里，空气并不是太好，太阳似乎没露过面，城市灰蒙蒙的。

中国历史上自然灾害频繁发生，其中最出名的有几次煤尘暴。曾有媒体报道说，2013年3月10日，杭州市郊的半山国家森林公园的纪念碑和树木都覆盖了一层黑色的煤尘。②几个月后，雨季来了，倾盆大雨对杭州的排污系统进行了系统性的考验，结果，西湖湖水外溢，造成大量损失。

这些情况使杭州成为中国努力处理燃煤遗留问题的象征。2012年，杭州市政府就宣布了禁煤计划。迄今为止，这是中国各城市中最为雄心勃勃的。该计划称，到2015年，杭州将关停大量燃煤锅炉，或将其升级，使用天然气或可再生能源。"无燃煤区"计划将延续至2017年，覆盖杭州周边各镇，而杭州市市区将采用更清洁、含碳量较低的能源。

但是，官方的声明并未明确杭州将在何种程度上继续依靠"输电取代运煤"，也就是将电从远方的燃煤发电厂输送到杭州。不

---

① 《浙江和煤炭》，消息观察，2013年7月18日，http://www.sourcewatch.org/index.php/Zhejiang_and_coal。

② 后经过调查，主要是近距离的树枝、树叶焚烧所致，与工业污染的关系不大。应系作者有误。——译者注

过，对这座拥有250万人口，生活适度有序，又寄托了无数中国人最高理想的城市来说，这个展望无煤炭未来的计划的确是一个大胆的尝试。

和其他几座居民活跃、官员开明的城市一样，杭州也已经成为尝试以新形象示人的实验室。这种尝试，是为了在老旧文明的废墟之上建设一个干净、现代化且可持续发展的城市。迪文告诉我："我们正在寻找实现平衡的方法，既能找回我们的根，又能利用和保护祖先留给我们的遗产。如果人们在中国的其他地方能够做到这一点，他们在杭州也一定能做到这一点。"

对于离开"绿色浙江"的原因，**迪文并未明说**。除了她的个人经历，中国民间基层组织和以事业为导向的非政府组织的现状也存在很多问题。"绿色浙江"也不例外。

"绿色浙江"是由年轻的环保主义者忻皓于2000年建立的。成立的头10年，由于是一个非官方组织，一直处于不稳定状态，许多在中国开展活动的公民组织也是如此。忻皓是宁波人，在浙江大学一年级的时候就决心开启一场"冒险之旅"。这场冒险，姑且不论有多危险，看上去就不太可能实现：他花了36天的时间，在浙江省骑行2000千米左右，记录沿途看到的各种环境问题。在他的"千年环保世纪行"行动中，忻皓走过44座城市，拍下向河水中排放未经处理污水的工厂，由水污染引发的鱼类死亡，还有其他破坏环境的行为。当时,中国不鼓励这种仅凭经验搞的环保主义行动,但是,忻皓凭借天真直率的态度和充满活力的个性,没有因此而气馁,反而办成了不少事情。忻皓告诉我:"我们刚刚将发现的事实报告给环保局。我想,有些公司还是清理了废水。"尽管有些结果还不确定,但他在这种出行活动中逐步走上了创办环保组织之路,他创办的这个组织也成为浙江省最出名、最有影响力的环保组织。

忻皓接受了一笔国际奖学金,在马萨诸塞州伍斯特的克拉克大学花了3年时间攻读组织管理学,并且与一些环保组织建立了联系。忻皓告诉我,回国后,"我想过就当一个志愿者——我不想把环保当成事业,我想赚钱"。

忻皓身材圆胖,洒脱大度,说起往事喜形于色,笑声很有感染力。我是在"绿色浙江"的办公室里和他见面的。这个房间乱七八糟的,桌子一个摞着一个;墙上挂着毛笔字的横幅,旁边挂着详细的河流水系图;书架上摆满了中英文报告,还有一瓶黑方威士忌。"绿色浙江"原名是杭州市生态文化协会,算是全球护水者联盟(Waterkeeper Alliance)的姊妹组织。2010年,该组织获得了杭州市的官方认可;2013年,又注册为省级机构,之后取名"绿色浙江",组织的章程内容更加宽泛,态度上也更加直言不讳。忻皓轻声笑了出来:"熬了13年,我们总算成为合法组织了。"

获得政府的官方认可并非没有夹杂着利弊权衡。对此,迪文已经做了一些暗示。无论是像"绿色浙江"这种土生土长的环保组织，还是绿色和平组织和自然资源保护协会等更大的国际非政府环境保护组织，皆是如此。位于北京的各个组织明白，自己不能参与当地的街头游行活动；而基层组织也知道，自己虽然可以在一定程度上提醒人们关注环境问题，但是必须视当地的具体情况而定，或服从于政府的主动安排。许多环保组织都在未获得许可的状态下秘密活动，而"绿色浙江"则在很大程度上获得了政府支持。2013年，中央政府发起了建设低碳城市的倡议，并挑选了若干具有代表性的组织，提供了总额100多万元的经费，要求这些组织在两年内支持政府批准的活动——大多数是围绕新太阳能光伏阵列之类的主题，组织宣传教育活动，举办会议和振奋的剪彩仪式等等。这就是"绿色浙江"的主要经费来源，其余经费来自企业捐赠，用于支付办公室的租金和员工工资；还有一小笔收入，就是会员缴纳的会费，每年不到10万元。中央政府每年拨给国内的非政府组织2亿元活动经费。这笔钱既维持了非政府组织的运营，也对它们构成了约束。不过，忻皓并不把经费来源的问题当回事。

忻皓说："中央政府正以更加开放的态度对待非政府组织和人民的意愿。仅仅是几年前，人人还都梦想着劳动致富，政府让这种梦想变为了现实。但是现在追求变了，人们想生活在健康美丽的环境中，这样的环境也有利于子女的成长。人们或许很难想象，几年后的今天，他们会对环境治理提出要求；就像几年前，也很难想象自己想要勤劳致富。"

第三部分 大迁移

在忻皓看来，中国正处于政府与公司、非政府组织携手改进社会和环境面貌，改善个人生活的阶段。

忻皓兴奋地向我保证："地方政府正在尝试和学习，当然也会犯错甚至失败。不过，这算是一个积极的进步。他们知道必须改进，否则就会失去民心。"

忻皓对于国家的发展持有宽容的看法，这与他那包容的个性相符。当然，超越底线的抗议活动是不被允许的。2014年5月，杭州附近的旅游小镇中泰乡的民众，反对在附近修建新的垃圾焚烧厂，并发生了抗议活动。

其实，此次杭州市城市建设投资集团要在中泰乡修建的垃圾焚烧厂，是杭州市政府减少煤炭使用计划的重要一环。其建成后将成为亚洲最大的垃圾焚烧厂，通过燃烧城市固体垃圾发电，减少杭州市对煤炭的依赖。

在中国，已经有100多座类似的垃圾焚烧发电厂，中国还计划到2025年再修建多达400座此类发电厂。[①]垃圾焚烧发电厂将有助于解决两个问题：一是对煤的依赖，二是中国快速发展的城市所产生的大量废弃物。在中国高速发展过程中，废弃物数量的增长比例

---

① 迈克·内尔斯（Michael Nelles）、托马斯·多恩（Thomas Dorn）：《刺激亚洲龙：中国面临把垃圾转变为能源的挑战》，载《垃圾管理世界》，2012年10月。

十分高,而杭州的固体废弃物的增长速度比全国平均增长幅度高出不少。除了能够发电,现代化的垃圾焚烧发电厂是非常高效的,而且,相对来说也十分清洁。不过,在中国,此类发电厂一般属于同时发热发电设备,也就是说,它们作为燃煤锅炉的补充设备,通过燃烧废弃物发电;而目前发布的消耗煤的数量和依靠燃烧废弃物所产生的发电量有可能被夸大了。不过,垃圾焚烧发电厂能够提供高效的可再生能源,而且,这种能源释放的二氧化碳量要低于燃煤发电厂释放的二氧化碳量。但是,很难用这种理由去说服不愿意在其住家附近修建大型垃圾焚烧厂的居民。

中泰乡事件发生后不久,政府官员保证重新审查垃圾焚烧厂的规划,但此类焚烧厂的建设规划在其他地方似乎并没有停止,其中最有名也最重大的一个案例,就发生在传统的渔乡海南。

狭窄的琼州海峡将海南岛**与内地分割开来**。与中国南方沿海地区一水之隔的海南岛,就像耳垂上悬挂的珍珠。它到河内的距离比到北京的距离近得多。以前,海南曾隶属广东省;在封建时代,它是遭到贬谪的官员的流放之地。这个岛屿聚居的部分群体,他们说的语言,来自内陆的人听不懂。其中包括黎族和苗族,以及居住在临高县的临高人;在三亚湾,还有一小部分以船为家的疍家人。

从内地来到海南,很容易让人以为来到了东南亚的某个岛国,如印度尼西亚或菲律宾。海南是全部位于热带地区的省份，一到冬天就被海雾所笼罩。在海南岛中部高地上，火山高耸于浓密的热带雨林之上，而海岛四周大部分是人迹罕至的海滩。海南岛有900万人口，省会海口市有200多万人。尽管如此，以中国的标准衡量，海南岛的大部分乡镇，比村庄也大不了多少。

直到现在，海南岛的主要产业仍旧是农业。海南岛人种植稻米、椰子、剑麻和凤梨，在中央高地上还开辟了规模庞大的橡胶种植园。近年，政府发起了一项宏大的计划，要吸引大量游客来海南岛这座"中国夏威夷"旅游观光。1988年，海南被划为经济特区，也就是享有特别优惠政策的经济飞地，这里允许并鼓励开展自由贸易。此后，海南岛又掀起了房地产开发狂潮，大批开发项目随之而来，结果到了1990年，巨大的房地产泡沫破裂。自此以后，海南的增长一直很稳定。目前，海南岛拥有三十多座五星级酒店及一座新的会议中心，耗资近2.5亿美元。[①]海南岛每年都举办博鳌亚洲论坛，也就是"亚洲达沃斯"，吸引着数百位富豪和政治家到东海岸的博鳌港口。但是，直到今天，海南最出名的产业还是渔业。

海南岛以西是北部湾，以东是南海，自古以来就鱼类资源丰富。民间甚至存在这样的神话：你可以踩着鱼背从海南走到越南海岸。那里有无穷无尽的鱼群，比如，鲣鱼、鲭鱼、罗非鱼和金枪

---

① 《通缉外国人》，载《经济学人》，2014年8月28日。

鱼，还有海滨和浅水湾的大虾和螃蟹。这些鱼类产品让海南人过上了富足的日子，也建立了健康的对外贸易环境。但是，由于过度捕捞，鱼类的品种和数量急剧减少。在海南岛最南侧，也就是被称为"天涯海角"的地方，立着一尊渔夫远眺南海的雕像。

就像世界各地那些与外界隔绝的渔民一样，海南的居民充满自立自强之心，固守本土优势。2012年，当政府宣布要在海南岛西南部海岸的莺歌海修建一座大型燃煤发电站的时候，就引起了争议。污染和工业化捕鱼几乎毁掉了海边渔村的传统生活方式：海南岛的森林覆盖率一度下降了90%以上，而曾经为海南岛遮挡台风的红树林迅速消失。海南岛正在成为游客们的游乐场。

就像世界各地的其他煤炭支持者一样，海南省政府和国有公用事业公司——国电乐东发电有限公司为发电厂项目融资。它们指出，海南岛存在一个无法回避的事实：缺电。海南岛的旅游业年增长率有望达到13%，而且，这一增速将持续到2021年。海南岛现有的水力发电能力早已不能满足用电需求，因此迫切需要在岛上修建一座发电站，为经济增长提供支持。[①]在海南岛，发展可再生能源的潜力很小。为满足用电需求，唯一的解决方案还是依靠燃煤

---

① 《海南旅游业发展潜力》，世界旅行和旅游业理事会，2012年7月1日，http://www.wttc.org/focus/research-for-action/special-and-periodic-reports/hainan-travel-tourism-development-potential/。

发电。

此外，深圳也曾发生过类似的抗议活动，并**成功了**。深圳位处经济繁荣的广东省，在海南东北部约300英里处。在海南岛本地人抗议在莺歌海修建燃煤发电站1年后，一个由环保组织、商业人士等组成的团体让一家燃煤发电厂胎死腹中。

在中国，广东的污染状况也比较严重。最近20年，广东成为中国乃至世界大部分地区的工厂和库房。我到中国的第一天，就登上了从香港开往位于北部珠江三角洲的深圳的快车，沿途穿过湿地，周围分布着稻田、鱼塘和传统民宅群。每隔20英里左右，就能看到一座巨大的燃煤发电厂。开放式的钢梁塔架上是向各个方向延伸的超高压电线，在天空中纵横交错。放眼望去，只能看到半英里远。每当火车穿过珠江宽阔的缓缓流动的支流时，很难看到远方的河对岸。和塔山一样，广东也是我所见过的工业化程度最高的地区，但也是污染很严重的地区。

30年前，深圳就是一个拥有3万人口、以打鱼为主业的小镇。现在，它拥有1000万人口，国内生产总值达到2000亿美元，几乎和秘鲁不相上下。没有人到深圳来生活是因为他们想生活在深圳：如果让他们挑选想居住的城市，也许是上海；或者，如果能办成的话，他们可能去香港。尽管如此，在深圳这座不断扩张的大城市中，已经形成了特有的社会风气。

深圳能源集团股份有限公司要在深圳再建一个燃煤发电厂，为此已经筹划了将近8年之久。不过，在2013年年初，这个计划宣布之后，立刻激起了多方反应。尽管这家发电厂将安装最新的涤气器和过滤设备，减少排放气体中的汞、硫和亚硝酸盐，但是，这家发电容量2000兆瓦的发电厂毕竟要向50公里范围内的1700万人供电，将会排放大量有害物质。

在深圳反对修建燃煤发电厂的抗争活动中，人们没有发起街头骚乱，而是由本地的活跃人士和知识分子在社交媒体上发起了一场运动。这场运动很快为大众媒体所报道。市政府很快重新考虑这项计划，并在几周之内正式要求深圳能源集团停止筹备电厂项目。

不管是否被大肆渲染，对于保持深圳的现代性和保护深圳环境的力量而言，此次运动确实是一场胜利。绿色和平组织的贾斯汀·盖伊（Justin Guay）写道："这是头一个主要出于对空气污染的担忧而被取消的项目"。①

在实施大型基础设施项目的过程中，有必要增强透明度和公众参与度。此次活动，就是证明这种必要性的明显证据。《中国日报》也表示："对地方政府来说，要做的不是只顾劝阻当地居民不要反对项目，而是应当赢得当地居民的信任。许多地方政府尚

---

① 贾斯汀·盖伊：《出于对空气污染的担忧，中国的大型燃煤发电厂项目暂停》，载《赫芬顿邮报》，2013年8月13日。

未养成公开与居民沟通的习惯；大多数地方政府确实还没有意识到，提高透明度才是减少和排除政府与居民之间互不信任的良好途径。"①

绿色和平组织的能源活动家柳力乐观地宣称："广东仍然在酝酿修建新的燃煤发电厂项目。不过，由于公众担心空气污染，又存在着遏制使用煤炭的压力，这些项目越来越不可能实施了。"②

当赵中于2004年**来到兰州**的时候，他还是刚出校门的毕业生。他在兰州的中国科学院近代物理研究所工作，职务是核工程师。他之前对兰州没有什么概念，尽管他现在称兰州是自己的家。赵中在安徽省长大，生活优渥。在合肥工业大学，他成为中国第一代年轻的环保主义者中的一员。酷爱户外活动的赵中告诉我，当时，他开始注意到"群山正在死亡"。他帮助"绿色安徽"组织建立起来，这是新成立的基层环保组织之一。

22岁时，赵中被中国西部甘肃省省会兰州市周边的景色打动。在这里，大漠戈壁，黄土高原和青藏高原交汇在一起，呈现一种粗犷的美。黄河流经兰州，只给这个半干旱的省份带来有限的水源；

---

① 《改善信任度》，载《中国日报》，2013年4月2日。
② 柳力：《对于空气污染的担忧如何阻止中国修建一座燃煤发电厂项目》，载《绿色和平国际》，2013年8月14日。

光秃秃的祁连山高达1.5万英尺，与碧空如洗的蓝天融为一体。自古以来，甘肃就为途径丝绸之路的车队提供了主要通路，这些车队把中国的丝绸、瓷器和玉器运往西方，再把西方的金和银运回东方。

但是，兰州也是污染最严重的地方之一。石化炼油厂和采矿厂将重金属排放到水中，饱含重金属的水又毒化了大片农田。甘肃也开采煤，但是甘肃更多的是出产稀土，可用于许多高科技产品中，包括导弹制导系统和手机、电动车的电池等。有测试发现，黄河在兰州流域竟有10%都是污水。

赵中必须采取行动了。他创办了甘肃的第一个环保组织：绿驼铃。这个名字取自在丝绸之路上行走的骆驼身上叮当作响的装饰物。凭借一笔资助款，赵中租下了办公室，招募了寥寥几位工作人员，其他大部分人则是学生志愿者。他们开始做起小型地方非政府组织的工作：组织垃圾清理活动，散发传单，举办工作坊和宣讲会。提高人们对环境的关注度似乎就足够了：对于甘肃人来说，保护自然资源和自然环境是全新的概念。赵中回忆，在2012年的一次采访中，"当我们前往当地社区时，居民问我们：'你们为什么到这里来？'"[1]

---

[1] 《在亚洲采访〈时代〉杂志英雄——中国环保主义者赵中》，在亚洲，亚洲基金会，2012年10月24日。

不过，赵中很快就认识到，仅仅开展公共教育还不够。于是，他利用了自己独有的一套技能及独一无二的机会：刚刚通过的关于信息公开的法规要求制造污染者披露其向大气和水中排放的物质。这类法律往往被忽视，但是，赵中是个高明的技术员，他开始使用从本地大学借来的一套全球定位系统，来明确指出哪些工厂把垃圾排放到黄河中。在中国，这是个新的环保策略，且甘肃省政府决定实施这一法规。"绿驼铃"通过绘制专门的地图，把污染者公之于众，使污染者只得被迫清理垃圾。"绿驼铃"的地图由此奠定了中国第一份国家水污染地图的基础。这项行动是中国新生的环保运动的标志性胜利，而赵中也因此一举成名。

2009年，赵中成为外国媒体眼中的"环境英雄"。[1]在中国，赵中成为遍布全国的地方环保团体的顾问。现在，他是位于北京的太平洋环境组织（Pacific Environment）的中方项目协调人。他正在与更庞大，而且在某些方面更可怕的"恶龙"搏斗。这条"恶龙"就是煤炭。2014年年初，赵中告诉我："对于太平洋环境组织来说，煤炭还是新项目，我们2012年才开始接触。煤炭和能源是非常严肃，也非常重要的议题。我们希望能将在水污染斗争中运用的成功策略运用到煤炭项目中。"

---

[1] 奥斯汀·拉姆兹（Austin Ramzy），"2009年环境英雄"，《时代》，2009年9月22日。

赵中说，他将具体目标锁定在燃煤发电厂上。目前，他正在与政府保持沟通，以改进国家和省级能源政策，加强对烟囱排放的控制。他自己也开始了一场煤炭之旅：他前往中国西部和北部的煤炭基地，以便收集这些规模庞大而地处偏远的产煤设施造成污染的第一手证据。绝大多数生活在北京和上海的中国人，从来不会看到也极少了解这类煤炭工厂。

"通过这次出行，我们想让合作伙伴知道，他们有理由期待，我们反煤炭的运动能做得更好。我们需要获得有关山西和内蒙古燃煤造成污染的第一手证据，来帮助人们理解在这些项目全面开工甚至失控之前，对其进行妥善管理是多么急迫且重要。"

赵中说，问题在于，在地方上，煤矿矿主、发电厂商和地方官员之间的关系错综复杂，形成了各种群体的互利关系。在甘肃，地方和省里的干部支持"绿驼铃"组织与水体污染者做斗争，但是到了产煤区，情况就不一样了。"如果你想与燃煤发电厂做斗争，换句话说，你就是在与地方经济发展斗争。我不知道如何才能避免这种情况。这非常敏感，我们希望拿出一些能够取得实效的办法。"

该如何定义成功？我问赵中。

"我觉得，我们阻止不了煤矿开采，但是可以帮助人们提高健康水平，记录煤炭对于空气和水体的破坏，努力减少受到空气污染和煤灰影响的人数。我想，这就是当前我们能期盼的最好结果了。"

作为中国环保战线上的老兵，赵中对未来是否持乐观态度？

"我相信，中央政府对于减少对煤炭依赖的态度是认真严肃的。通过设备净化饮用水很容易；但是，如果空气会损害健康，那么人人都是牺牲品。"

"不过，我们必须循序渐进。这些问题，直到目前仍然很敏感。但从我与水污染做斗争的经验看，我敢说，首先要通过教育唤醒人们的环保意识，让他们理解自己有权拥有良好的环境。具备这种环保意识的人，如果得知所在地正在修建燃煤发电厂，附近社区的居民就会团结起来维护自己的权利。"

赵中说，这是第一步。当大众意识到环境有了一定改善后，再迈出第二步。"当很多人都接触过环保活动，他们就会参与进来，并且自己组织。"10年来，反对水污染的运动已经硕果累累，它可以为反煤炭运动提供样板。"就在8到10年前，水污染也是一个非常敏感的话题，就像现在反煤炭一样。有太多人提到他们居住地的河流和饮用水受到污染，政府承认这一问题，并采取了相应措施清理河道。我们可以预测，在4年后甚至更短的时间内，反煤炭运动也将同样获得公众和政府的支持，相关基层非政府组织会如雨后春笋般涌现，有关部门也会采取行动。"

"这就是我的愿望。"

如果把中国新兴的环保运动看成是由**行动中的蚂蚁**组成的大军，煤炭业则是打瞌睡的公牛。很多迹象都表明，蚂蚁已经逐渐超越公牛，行动取得了进展。

　　从2012年到2014年，中国已经投入1.2万亿元发展风电、太阳能和生物燃料，并已成为世界上最大的清洁能源投资者。①自2005年以来，中国从非化石能源中获得的能源数量已经翻番，按照库兹涅茨曲线衡量，经济产值能耗正在稳步下降。绿色和平组织的柳力注意到，人们发现，提出反对意见可以产生积极的效果。深圳成功地拒绝修建燃煤发电厂，地方上类似的成功案例也正在迅速增加。

　　清华大学能源环境经济研究所所长何建坤和英国上议院议员、伦敦政治经济学院教授尼古拉斯·斯特恩（Nicholas Stern），于2014年7月在"报业辛迪加"（Project Syndicate）网站上联合撰文，文中写道："由燃煤发电厂制造的污染，正在极大地破坏公民的生活和生计。"②可以有把握地说：如果没有赵中这种环保人士的勇气和热情，人们就不会有这种认识；或者即使有，也会来得慢得多。

　　2014年9月，在天津召开的一次会议上，中国发展和改革委员会宣布了一项全国性的碳市场规划。即到2020年，国家将每年限排高达40亿吨的二氧化碳，产生的效益高达4000亿元。而在此之前3

---

①　杰克·施密特（Jake Schmidt）:《中国领跑清洁能源竞赛——对事实的核实》，自然资源保护协会，2010年3月25日，http://switchboard.nrdc.org/blogs/jschmidt/china_leading_the_clean_energy_race.html。

②　何建坤、尼古拉斯·斯特恩:《中国的气候承诺》，报业辛迪加，2014年7月23日。

个月,美国总统奥巴马宣布了一项计划,要管理发电厂释放的二氧化碳。中国宣布的这个计划,可能代表了制止温室气体排放增长斗争的一个转折点。[1]

不管怎样,在中国,对煤炭的需求在全部能源需求中所占的百分比已接近顶峰,尽管其绝对数量可能还会增长。虽然大煤炭厂商仍然难以控制,中国煤炭业的改革已势在必行;为满足煤炭的极大需求,在澳大利亚、印度尼西亚和美国兴建的大型煤矿工程因为抗议也放缓了建设速度。在这个庞大、充满生机而又包藏着各种矛盾的发展中国家,像以往一样,支持煤炭的声音还大量存在,特别是在内陆省份修建、扩建的煤炭基地最为突出,例如塔山煤矿。但是,中国的煤炭消费量达峰近在眼前。问题不在于政府能否减少国家对煤炭的依赖,而在于能否在尽量减少社会反对意见的前提下,在足够的时间内对全球碳排放产生显著的影响。

在太原的时候,明章告诉我:"如果你仔细观察煤炭市场,你就能自然而然地理解中国正在发生的事情。"我在杭州的最后一天,想起了这番话。那天我去一座办公楼赴约,办公楼旁边就是河滨公园,就在钱塘江与杭州湾交汇之处的钱塘江岸边。见面之后,我下楼走到河边。天空虽然有些阴沉,但天气很温和。一场年轻人

---

[1] 《中国为碳市场树立2020年要达到的高目标》,载《悉尼先驱晨报》,2014年9月12日。

的集会刚刚散去，可能是个招聘会。参会者从帐篷中走出来，走向绿草如茵的河岸边。缓缓流动的河水上方是一座人行天桥，桥的另一侧是一座巍峨的摩天大厦，看起来好似带有未来主义风格的高塔，隐隐地让人感到有些突兀。

我站在桥上，看到河里有条30米长的驳船。这是条小汽艇，它逆流而上，绕过河流弯道。甲板上，罩在塑料油布下的是一堆堆低矮的货物。我情愿将这些货物想象为正在通过船只运送往海滨的煤，数百年来，煤就是这样运输的。但这些货物更有可能是砾石。在发动机发出的低沉的"咔嚓"声中，驳船转了个弯，掉头朝下游驶去，消失在雾霭中。

当我回到美国后，人们问我，中国是否真的愿意减少煤炭的使用并改善环境。我的回答是，毫无疑问，"是的"。然后，他们又问，旅途归来，我对于缩小煤炭业的规模及气候变化放缓是否持乐观态度。对此，我的态度就复杂多了。

我所看到的中国社会，正处在快速发展和前所未有的变化中，而政府在这种变化中的治理能力还需提高。我看到，人们已经有了初步的环保意识。就像曹迪文说的那样，人们开始回归具有数千年历史的孔子提倡的价值观，而这种价值观正与新物质主义发生碰撞和冲突。新物质主义从本质上来说，更重视财富的积累和财产的多寡，而不那么看重自然万物。我看到，清洁能源领域正在中国迅速崛起，其速度之快令西方任何一个国家都相形见绌。但是，由于惯性，还要花费数十年的时间才能让煤炭业的发展放慢速度或开始转向。在中国，有很多事情让人感到悲观：环境遭到严重破坏，政府是否会因为经济指标而忽视这些问题，经济形势是否会比2008年到2009年的金融危机更严峻。但是，奇怪的是，当我回家之后，我却保持着审慎乐观的态度，部分是因为这是一种一厢情愿的想法。至少还有三个原因让我相信，和西方的自由民主社会相比，中国有着更强的意愿和能力去应对气候变化带来的泰山压顶般的挑战。

首先，中国人有一股劲头儿。中国具有一种纯粹的、压倒性的活力，那里的公共基础设施和教育事业令人赞叹，人民有着夜以继日、奋发向上的干劲儿，汹涌澎湃的爱国热情和自尊心，以及正在觉醒的、承诺共同创建清洁环境的意识。来自处于经济发展末期的美国的疲惫游客在中国所看到的，都让他们意识到，这一切正是他们已经丧失且不知道如何才能重新获得的东西。在中国旅行，人们都会得出这样的结论：中国人能够完成一切需要完成的任务。

这种中国人才有的力量又伴之以这样的真相：与实行民主制度、习惯于争辩不休的西方社会相比，在中国更容易办成大事，尤其是兴办大规模的基础设施项目。相关部门可能在控制煤炭业方面遇到了困难，但是，为了在长江修建三峡工程，他们可以移民数百万人。拥有大约1万亿美元的资本储备也能发挥协助作用。一旦有必要，中国政府就可以动用巨额资本，而全体公民则会遵从或默认政府的安排，这可是美国政府梦寐以求而不可得的。

第二个因素，是中国与其他国家，特别是和美国的双边合作。两国在一系列问题上存在冲突，包括知识产权、南海领土、贸易冲突。这张冲突清单中还包括国际上对碳排放实施的强制性限制。不过，在2014年11月，奥巴马总统和习近平主席签署了历史性的气候变化协议后，情况发生了变化。气候变化是两国利益重叠，甚至在很多方面趋同的领域。而且，有越来越多的信号表明，双方合作、科技交流及高级别战略对话将推动两国在许多方面向前走，而这一点是全球性协议无法实现的。

例如，我在上一本书《超级燃料》中就提到了液态燃料钍反应堆的开发。通过与美国能源部专家的合作，中国科学院正在推进一项开发此类反应堆的项目。这个项目雄心勃勃，经费充足；而液态燃料钍反应堆可保证提供清洁、安全且基本上用之不竭的能源。中国完全有可能在2016年建造一台液态燃料钍反应堆样品。这类反应堆能够快速达到规模化应用的程度，可作为燃煤发电的替代品，而它也将成为抗击气候变化行动的里程碑。

我感到乐观的最后一点，可以用我博尔德办公室的墙上悬挂的中国书法来解释。在这幅作品中，包含"危"和"机"两个字，一般翻译为"危险"和"机会"。[①]这两个字连起来的意思是"危机

---

① 应注意，许多汉语学者并不接受这种解读。参见梅维恒：《"危机"并不等于"危险"加"机会"》，Pinyin.info，2009年9月1日。

等于危险加机会"。梁生财是青磁窑煤矿上了年纪的退休矿工，像他这样的人安然度过了多次社会动荡期。社会动荡程度之广之深，大多数美国人只是从祖父母那里当故事听说过。目前在世的中国人，一生当中可能会经过多次社会变革。居住在日益炎热且干燥的地球上，需要类似的适应能力，而中国比大多数国家受到气候变化的影响更严重。在全球变暖不断加重，混乱局面愈演愈烈之际，在"美式和平"四分五裂之时，数以亿计的中国人将当机立断，做出选择。管理好煤炭产业，避免出现气候灾难，这些都需要通过彻底的经济、社会和政治转型才能实现，而这些恰恰都是中国的长项。

第四部分

归零地

第九章　俄亥俄州

斯科蒂·卢卡斯（Scotty Lucas）曾在一个业已消失的小镇当过镇长。尽管不再担任公职且年事已高，卢卡斯却能泰然处之。鉴于他的太太和一个孩子已先他而去，而81岁的他又在镇上度过了一生中绝大部分时光，这种处事不惊的态度并不让人惊讶。

卢卡斯住在俄亥俄州的柴郡。他的家是一栋一层的砖房，车道上停着一条钓船，车棚里是锻铁打造的庭院家具。这是柴郡仅存的几栋房屋之一。十几年前，在此地经营两座大型燃煤发电厂的美国电力公司投入2000万美元巨资，买下了这个有着140年历史的小镇。作为此项投资的交换条件，它不必再处理本地居民对饱受空气污染提出的抗议。因为此项收购，这个河边的村镇曾在短时间内声名大噪。

9月里一个阳光明媚的午后，我拜访了卢卡斯。这天，俄亥俄河上空飘荡着洁白松软的云朵，与加文发电厂烟囱里冒出来的烟尘及冷却塔排放的蒸汽融为一体。加文发电站建于20世纪70年代初,是俄亥俄州最大的燃煤发电厂,也是美国最大的燃煤发电厂之一。往俄亥俄河下游走,就是规模更小、年代更加久远的凯格溪发电厂。这家发电厂自从1954年以来一直采用燃煤发电。卢卡斯是医院的管理人员,从1970年到1998年兼任柴郡的镇长。卢卡斯告诉我,他一再当选,是因为"没有其他人愿意接手"。他的接班人汤姆·里斯(Tom Reese),协助小镇与美国电力公司进行了控制股权收购的谈判。美国电力公司的出价是2000万美元,作为对价,对于未来燃煤发电排放的碳对当地人的健康或财产造成的损害,公司不再承担任何责任。小镇约有450名居民,除了少数几个人,其他人都接受了这一收购条件。而像卢卡斯和他妻子这种超过一定年龄的人,则被允许继续住在现有住宅中,直至终老。

我问,对于小镇和镇上的居民来说,收购是不是一件好事?卢卡斯停顿了将近1分钟:"只要我们还活着,就可以住在现有的房子里。我太太病了,她不想搬家。收购能满足我们的特殊需要,还算可以吧。"

卢卡斯说,患了肺纤维化的太太曾"一步步"地接近死亡,最终在2012年撒手人寰。我问卢卡斯,她的病是不是由全家住在燃煤发电厂附近造成的。他说:"我们怀疑过,不过大夫都不发表意见。"那么,他怎么想呢?

"当然,很明显。当然有可能。"

卢卡斯的三个儿子中,有一个是加文发电厂的工头。后来,在我们交谈的时候,他又谈到收购柴郡是好是坏这个问题。"小镇被收购后,许多人背井离乡,特别是离开这种有年头的村子。就这点而言,我讨厌收购。这个结局并不好。回头看看我们所做的一切,我感觉并不那么值得。我还记得道路不平,没有燃气、自来水的年代。能有今天全都是我们自己动手奋斗出来的。这里以前有三家游乐场,还有很棒的学校,是个养家的好地方。现在一切都没了。"

不过,发电厂仍旧岿然不动,每天消耗3.5万吨煤。镇上的人搬走后,剩下的就是天空中弥漫的煤灰,如灰色的大山一般压在头顶之上。不过,美国电力公司并没能彻底甩开对发电厂污染环境所应承担的责任:2014年9月初,又有人起诉公司,这次起诉代表的是77位曾在煤灰填埋场工作过的合同工及其家人。起诉人的诉求是让美国电力公司赔偿合同中未约定的损失。控告书称:"工人们身处充斥煤燃烧副产物的废物填埋场,这里充满了对身体健康造成已知危害的多种放射性危险物质,且没有保护措施。"[①]

由于这些人中没有一个接受买断,美国电力公司表示有计划打这场官司。

柴郡位于哥伦布市西南方90英里处,俄亥俄河巨大的"S"形弯曲的下游河段,位处俄亥俄、肯塔基和西弗吉尼亚三州交汇的阿

---

① 丹·杰阿力诺(Dan Gearino):《工人起诉美国电力公司的发电站废物填埋场对其健康构成风险》,载《哥伦布电讯报》,2014年9月6日。

第四部分 归零地

巴拉契亚群山的背面。这里是煤炭业的中心地带：除了加文和凯格溪发电厂，方圆50英里内还有山地人发电站、菲利普·斯波恩发电站和约翰·阿莫斯发电站。这三座燃煤发电站都位于西弗吉尼亚州。一个多世纪以来，运煤的驳船沿着俄亥俄河顺流而下；二战结束后，煤矿和发电站又为这一地区提供了主要就业机会，或者，至少可以说，这里可不是反煤炭运动的温床。

不过，2000年的一段时间中，柴郡上空弥漫着一层燃烧硫磺产生的厚厚的蓝色烟雾。这让当地人感到头痛、眼睛发痒、喉咙疼痛，于是，他们开始投诉。镇长里斯、镇委员会和美国电力公司的高级职员们每月例会时都要激烈争吵。柴郡镇找了个华盛顿的律师事务所作为代理人，镇上的人频繁地谈到要针对"蓝烟"发起集体诉讼。

与此同时，美国电力公司也面临着联邦政府官员日渐频繁的审查。2000年，环境保护署宣布，加文发电厂违反了《清洁空气法案》。一份疾病预防控制中心的报告称，调查发现，柴郡空气中的硫化合物含量是引起哮喘发作的硫化合物含量的5倍之多。这下美国电力公司没有多少选择了，于是，它决定出钱收购柴郡。实际上，公司签了一堆支票。每一位住在柴郡的业主都可以获得自家房子评估价3.5倍的赔偿。作为交换条件，他们要从镇上搬走，还要签一份协议，保证不但本人放弃起诉美国电力公司的权利，他们的子孙后代也要放弃。上了年纪和体弱多病的人可以在卖掉房子之后仍然居住在现有房子中，直到死去，其他人卖掉房子之后就都要搬走。位于哥伦布市的美国电力公司现在已经是柴郡的业主，在镇上到处拆旧布新。斯科蒂·卢卡斯的房子位于一片宛若公园的绿茵草地之上，周边点缀着树木。现在已看不太出来每块土地上是否曾盖过房子，甚至连具体的土地分区都很难看出来。柴郡以前的旧学校是一座长方形的石制楼房，楼上安装着高高的拱形窗，现在几乎空无一人。柴郡的浸礼会教堂拒绝出售，周日举办的礼拜活动依然吸引着来自高卢县各处做礼拜的人。

  有人问，这笔出人意料的交易是怎么来的？到底是谁提议的收购？对于这个问题，存在各种各样的谣言和辟谣。有人说，美国电力公司拿出这个方案是为了平息当地的批评声浪；有人说，在他们看来，镇长和市委员会为了个人发横财，卖了整个城镇。不过，从官方角度来看，美国电力公司这笔2000万美元的交易并非是为了逃避针对污染的官司，而是为了"未来的扩张"，只不过这种扩张始终都没有实现。对于里斯镇长和镇上的老一辈人，他们有两个糟糕的选择：请律师，再花上10来年的时间和煤炭公司打官司，或放弃城镇，卖掉它。不过，镇上很多人很可能活不了10年了。里斯多次说，柴郡正朝着一个可悲但又无法避免的结局发展，其中并不夹杂个人谋利问题。他告诉美联社（Associated Press）："我们只想保证，我们所做的一切都是合法而恰当的。"①

除了少数几个人，其他人都拿了钱。但是，针对这次收购，邻里之间出现了分歧，至少有一对兄弟还闹了矛盾。

隆·哥尼流（Ron Cornelius）告诉我："我弟弟卖了房子，这影响了我们的关系。不过，我们已经和解，不提这事儿了。"

74岁的哥尼流瘦高而健谈，他是镇上少数拒绝出售住宅的业主，现在依然居住在一座具有英属殖民地时期建筑风格的双层豪华砖砌小屋中，院后还有一个小型游泳池。街对面就是另一所寄宿学校。紧挨着他家房子的是一处砂石坑，被浓密的灌木丛包围，不易发现。这里的砂石是供燃煤发电站使用的。哥尼流和弟弟从小一起长大，在河里嬉戏，在周围的山上玩耍。小镇被收购已经过去12年了，哥尼流对自己的痛苦情绪毫不掩饰。

他说："我被收购伤透了。我是教堂的受托人之一。我从小到大都生活在这片山里，后来在外面游荡了15年，我回家来不是为了让这家公司任意摆布的。如果一觉醒来看不到这些山了……那你还是把我送去住院吧。"

"现在，柴郡没有了，而我还留在这里。我在公墓那片找了块地，将来有一天我也会躺进去。"

---

① 《俄亥俄州的柴郡不复存在》，载《辛辛那提询问者报》，2002年5月7日。

除了正在打的一场新官司，纪录片《俄亥俄，柴郡》(*Cheshire, Ohio*)也将发行。因此，2015年，柴郡的故事将再次引发关注。总部位于布鲁克林的电影制作人伊芙·摩根斯腾（Eve Morgenstern）正在制作《俄亥俄，柴郡》。当我前往俄亥俄州南部的时候，这部纪录片已进入后期制作阶段。摩根斯腾花了将近10年时间在柴郡收集素材，进行采访。随着时间的推移，她对收购的看法也变得越来越复杂。

她在发给我的电子邮件中说："对于那些认为收购是一种解决办法的人来说，收购就是一件好事。"

"通过收购，人们可以以像样的价格卖掉自己的房子，而他们通过其他途径是弄不到这笔钱的。卖了房子，他们就可以避开污染，减轻生活压力，用不着为下一个问题或污染对健康造成的危害而天天感到焦虑。但是，对于那些反对收购的人来说，这就是一件坏事。通过收购，发电厂就不必被迫解决污染问题；而且，收购之后，原来的城镇和社区不再，可人们那么热爱这个社区，他们的祖祖辈辈都生活在这里，对这里充满感情。

"我刚刚拍摄纪录片时，认为收购是一件坏事。像美国电力公司这种规模庞大又利润丰厚的能源公司，把发电厂建在距离居民区如此之近的地方，却不想为所带来的风险承担更多责

第四部分 归零地

任,我对这种做法不敢苟同。但是,我听说居民们抗议不是一天两天了,大家都疲惫不堪,发电厂还明确表示永远不可能清除污染。美国电力公司的这种态度,还要归结于它得到了国内能源公司的支持,而且州和联邦环境保护署的管控流程又出了问题。在了解这些情况之后,我明白了居民接受收购的原因,也看到了他们搬出柴郡,远离发电厂的意义。

"无论是化学品外溢等水力压裂法带来的问题,还是燃煤发电厂排放的有害物,我们都目睹了能源行业给社区造成的破坏。与此同时,我们也都是同谋者,因为我们离不开作为能源的煤炭;也正是这个原因,气候发生了变化,这已成为我们这个时代最大的悲剧之一。"①

我们都是同谋者。这听起来就像是一个黑白分明的故事:邪恶的煤炭公司把淳朴而坚强的小镇居民赶出了家园。但是,事情并不像说的这么简单。有一点非常明确,即不管"收购"这个词最先出自谁口,镇上的老一辈听到这个词,就知道把资产换成现金的机会来了。泰瑞·比比(Terry Beebee)也是退休老人,住在发电厂附近的7号公路上——不凑巧的是,他住在道路的另一侧。柴郡镇的边界正好划在他家住宅前院外,而那些居住在界限(在俄亥俄州称

---

① 伊芙·摩根斯腾,给本书作者的电子邮件,2014年10月5日。

为"公司")以外的人则无缘被收购。

泰瑞·比比告诉我:"柴郡的人拿到了钱,但我们这些没有住在'公司'里的人一个子儿都没有。"他领着我走到他那辆白色轿车前,然后用手指擦过车篷。"看见了吗?"他说。我也擦了一下,手指上粘了一层薄薄的浅灰色煤尘。

显然,也不是所有人都对事情的结果不满。

吉姆·里夫(Jim Rife)在柴郡长大,后来在弗吉尼亚州的马纳萨斯市生活了20年,之后又回到柴郡,碰巧就遇到了公司收购。里夫已经74岁了,他像哥尼流一样,拒绝出售自己的房屋。他的白色木板房位于河岸边。他的母亲格拉蒂丝今年已经90多岁了,住在里夫家对面的房子里。从屋子旁一段摇摇欲坠的楼梯走下去,就是一个自建的小船坞,那里拴着里夫的渔船。他有几天没有下河了。

"你没法离开这儿。现在比以前好得多。你自己下河,周围没有邻居围着你吵来吵去。如果我想把来复枪带出来,在河里放上一枪,也没有人冲我大喊大叫。我觉得再惬意不过了。"

而美国电力公司所做的算计,也完全基于防御性的风险管理:预付2000万美元,就能免除可能长达数年之久的诉讼,以及今后多达数亿美元的损失。没有多少燃煤发电厂还会修建在紧邻城镇的地方;也没有多少人知道他们用的电来自何方;更没有多少人每天从早到晚都会呼吸烟囱中排出的烟尘。美国电力公司凑巧有几百人在这里上班,很多人就把家安在发电厂大门外,几代人居住在这里。

没有首席执行官会因为柴郡的这笔交易而被解雇,它体现的就是最纯粹的资本主义。

不过,到2014年年底,有些高龄居民的寿命看来比发电厂的运营周期还长。由于煤炭供应变少,廉价的天然气供应充足,环境保护署颁布规定,限制发电厂排放的二氧化碳,国内燃煤发电厂加速关停。近年来,美国电力公司已花费数百万美元在加文发电厂和凯格溪发电厂安装烟囱涤气器和其他先进的污染控制装置,但这笔投资也只是让原先的糟糕状况变本加厉。2009年,在南部研究所(Institute of Southern Studies)发布的一份研究结果中,凯格溪发电厂被列为美国第29个污染最严重的燃煤发电厂。①而环境保护署也将围挡该发电厂煤灰池的堤坝评为"高度危险"。

美国电力公司是美国拥有燃煤发电厂最多的企业,就连它也开始在发电设施中大幅减少煤的使用。在环境保护署宣布限制碳排放的规定之前,该公司就已计划在未来10年内停用具备6600兆瓦燃煤发电能力的设备。很难想象,像凯格溪和加文这样的发电厂不在改革计划中。由于可再生能源和天然气的发电量逐渐增多,而煤炭的经济效益每况愈下,美国电力公司首席执行官尼克·阿金斯这种公

---

① 《煤炭的定时炸弹滴答作响:你所在区域附近的煤灰废料堆会发生灾难吗?》,南部研究所,2009年1月,http://www.southernstudies.org/2009/01/coals-ticking-timebomb-could-disaster-strike-a-coal-ash-dump-near-you.html。

用事业公司的高级管理人员正面临一场变革，推翻近100年一成不变的经营模式。美国电力公司等大型燃煤发电厂的所有者必须适应这一变化，否则，只能走向衰亡。

与此同时，柴郡遁入历史的漫长旅途尚未停步。一旦斯科蒂·卢卡斯去世，他的住所将收归美国电力公司。一旦隆·哥尼流、泰瑞·比比和吉姆·里夫离世，他们的孩子可能搬进他们住过的房子，不过，不搬进去的可能性更大。柴郡浸礼会教堂的牧师已经离开了柴郡，前往一个人口更多的城镇教堂。如何吸引新人来俄亥俄州南部这个被遗忘的角落中的"鬼城"当牧师，目前还没有答案。现在，柴郡没有学校，也没有食品杂货店，只有一座加油站兼便利店，为那些下班后就回家的发电厂工人提供服务。因此，这里没有多少理由吸引人们。有可能在不到20年的时间内，剩余的几座房子就会人去屋空，而发电厂也将彻底关闭。

讽刺的是，一旦发电厂关门，柴郡反而会经历一段"死而复生"的奇特生活：燃煤发电厂的关停和清理需要人力和设备来完成。仅以俄亥俄州美国市政电力公司（American Municipal Power）为例，这家公司于2010年5月宣布将在2012年年底前关停玛丽埃塔附近的理查德·戈萨奇发电站。戈萨奇发电站于1951年开始运营发电。由于被控告违反《清洁空气法案》，美国市政电力公司与环境保护署、司法部达成和解，关闭戈萨奇发电站，并在发电站原址耗资1500万美元纾解环境问题。2010年12月，发电站已实际关闭；

第四部分 归零地

2013年开始拆除，再加上清理工作，预计要到接近2020年才能完工。美国电力公司的遵从计划不仅包括关闭燃煤发电能力超过6000兆瓦的设备，还包括重新点燃发电能力超过1070兆瓦的天然气发电设备，兴建发电能力为1220兆瓦的燃烧天然气的发电设备。这些项目预计耗资60亿到80亿美元，并且要持续到下一个10年才能完成。关闭燃煤发电厂耗时费力，而其中的大部分成本最终都要由纳税人承担。在此期间，当柴郡这两家发电厂真要关闭的时候，该地区将会出现另一拨用煤高潮。这一次是相反的，人们将用落锤轧碎机和推土机拆除锅炉和各种建筑。数年之内，柴郡会有与拆除厂房相关的工作和活动。但是，拆除设施的人员不会永远留下来；他们的到来，也不会阻挡柴郡的缓慢消亡。

美国电力公司**预见到**关闭多个燃煤发电厂的**费用**，于是，像众多公用事业公司所做的那样，玩起了拖延。2013年12月，公司向俄亥俄州公用事业委员会（Ohio Public Utilities Commission）提出申请，要求允许它向消费者征收运营凯格溪发电站的成本费用，即使运营成本高于其售电的市场价。2014年10月，公司再度申请，对在俄亥俄州经营的其他四家燃煤发电厂也实行类似的收费安排。几家大型煤炭运营商，包括第一能源公司（FirstEnergy，总部位于阿克伦）和杜克能源公司（在五个州经营15家燃煤发电厂）也申请执行类似交易。基本上，他们会让客户支付按兆瓦时计算的电价和竞争

355

市场电价之间的差价。

1999年,俄亥俄州成为第一个撤销对公用事业公司管制的州。管制规定刚一撤销,第一能源公司和美国电力公司就把旗下的发电和输电实体转为不受管制的子公司。配电公用事业公司将电实际输送给消费者,但仍处于公用事业委员会的监督之下。基本上,公用事业公司一直在争取让旗下受管制的部门资助不受管制的部门。

塞拉俱乐部俄亥俄州能源主任丹·索米尔(Dan Sawmiller)说:"公用事业公司主动要求帮助燃煤发电厂脱困。这给出一个信号:'不管这些燃煤发电厂运营成本多高,我们都要保证它们继续运营。'因此,他们到处宣扬电价波动,引起恐慌。几年前,同一批人支持开放市场,现在他们发现,老旧的燃煤发电厂在这类市场上没有竞争力。"

帕博罗·维加斯(Pablo Vegas)是俄亥俄美国电力公司总裁兼首席运营官。在提供给俄亥俄州公用事业委员会的书面证词中,他写道:"管制被解除,电力容量市场存在缺陷,环保规定令人焦虑。这些因素叠加在一起,极大地改变了俄亥俄州发电业的局面。"维加斯宣称,回报计划将会"使消费者感到价格更稳定,同时也会保护这项计划所服务的俄亥俄州本地经济"。

用大白话来说,这段话表明,维加斯同意索米尔的意见:在新的环保规定之下,老旧的燃煤发电厂缺乏竞争力。但是,公用事业公司却宣称,如果关闭这类发电厂,就会造成电力紧缺,造成成百上千人失业，还会极大削弱当地的经济。因此，他们要求客户资助燃煤发电厂，而不是投资未来的发电厂。

索米尔告诉我："他们试图让接受垄断性公用事业公司服务的客户掏钱，而生存或淘汰本应由市场决定。依我看，这就是在维护煤炭行业，我不明白这样做的理由。"

实际上，原因很简单：美国电力公司的收入从2013年的36亿美元增加到2014年的40亿美元，其每股收益增加了16%。从2010年10月到2014年10月，公司的股价上升已超过50%。① 对俄亥俄公用事业公司来说，维持现状才是最合算的，为能源的未来投资有风险，代价高昂，且操作非常复杂。华尔街对煤矿矿主可能的幻想逐渐破灭。但是，在2014年，其金融市场却仍然见好，对燃煤发电企业予以回馈。

2013年下半年，尼克·阿金斯告诉《哥伦布首席执行官》（*Columbus CEO*）杂志："在一个没有管制的市场，你必须获得其'我们需要建设'的价格信号——需求是创造出来的，你得支持它们。如果你要兴建发电设施，就要耗资数十亿美元。这样你就得投入一大笔钱，还得确保相应的电价。在市场受管制的其他州，电价

---

① 鲍勃·克雷莫（Bob Cramer）：《美国电力公司报告第二季度经营成绩正常》，载《Bidness》，2014年7月25日。

能确定；但是目前，在取消市场管制的州，电价尚不确定。"①

　　表面来看，这种论点很有道理。而且，自2008年金融危机以来，对电力需求所做的预测已证明，这是一个吉凶难测的任务。不过，阿金斯真正想说的，和与他处于同一职位的维加斯在其证言中所表达的意思是一样的：我们无法在开放的市场中竞争。我们需要有保障的需求和有保障的电价，这样，我们才能生存下去。

　　当美国政府出手帮助汽车业脱离困境的时候，它提出了若干条件，包括让通用汽车公司首席执行官里克·瓦格纳（Rick Wagoner）等汽车企业的头面人物辞职，以及进行新的投资，以保证汽车制造商在开放的市场中更具有竞争力。现在，类似俄亥俄这样的州，也被要求以确保过时的燃煤发电厂依然能盈利为条件，帮助大型公用事业公司脱困。对此，不止绿色和平组织，其他人也在问，想帮助公用事业公司脱困，为什么不能提出针对汽车行业这样的救市要求呢？

　　萨姆·兰达佐（Sam Randazzo）就像坐在拉斯维加斯家中的后厅里。他嘴上叼着根雪茄，眯着眼看着手中的一副烂牌。他身材矮壮，一头光滑的卷发，留着髭须，嗓音低沉沙哑，头脑敏锐。他

---

　　① 基蒂·麦康奈尔（Kitty McConnell）：《美国电力公司的尼克·阿金斯，问与答》，载《哥伦布首席执行官》，2013年11月20日。

第四部分　归零地

在俄亥俄州北部长大,凭借自己的努力考上阿克伦大学,后从事地下公用电缆和管线的安装。后来他在哥伦布市市郊的路德教会学校首都大学获得了法律学位,2014年,成为总部位于哥伦布市的麦克尼斯·华莱士和努里克律师事务所(McNees Wallace & Nurick)的律师。这家律所拥有多家电信、制造和能源行业的大公司客户。兰达佐是俄亥俄州前副总检察长,是州公用事业委员会的前法律顾问,20年来,一直担任俄亥俄工业能源用户组织(Industrial Energy Users of Ohio)的总法律顾问。这是一家贸易组织,致力于降低能源价格,确保向大工业用户提供充足的能源。

兰达佐很早就知道自己的前途并非政客,而是参谋,也就是政客信得过的顾问。在签约仪式和工厂开工仪式上,州长和参议员在前排满面笑容,握手致意,而兰达佐就是挤在后排人群中的一员。根据他的官方简历,"过去50年,一直在解决影响通信服务、天然气、电力和其他受管控服务的价格和可用性的各种问题"。[①]他最令人难忘的解决之道,就是他在阻止可再生能源比例标准的行动中发挥的关键作用。这是俄亥俄州强制实施的标准,要求公用事业公司要生产一定比例的可再生能源,企业也要获得一定比例的可再生

---

① 《塞缪尔·兰达佐》,麦克尼斯·华莱士和努里克有限责任公司,http://www.mwn.com/professionals/xprProfessionalDetailsMNW.aspx?xpST=ProfessionalDetail&professional=53&service=20。

能源。

我第一次和兰达佐交谈是通过电话，他在哥伦布市的办公室告诉我："从最终用户的角度看，工商业的能源使用大户，绝大多数都会自行判断生产或者获取何种能源对自己最有利。有种观念认为，政府应该做出'一刀切'要求，比如该采用多少可再生能源，能源效率的指标是多少，还有需求响应机制。这种观念从整体上妨碍了企业的思考和行动，阻挡企业进行创新和为客户量身定制方案的机会。而在消费侧，企业客户中的普遍观点是反对这些强制性规定。"

这话不完全对。其实，俄亥俄州制造商协会（Ohio Manufacturers Association）的会员还包括本田、安海斯-布希（Anheuser-Busch）和宝洁等大公司及其开设的大型工厂，它们公开反对参议院第310号法案，因为这个法案要求至少暂时停止执行俄亥俄州有关可再生能源的强制性规定。但是，兰达佐并不是一个遇到怀疑或麻烦就退缩的人，而是坚持自己的立场：为了避免对经济造成干扰（如果不是彻底破坏经济的话），唯一的办法就是保持能源行业的现状——这是所有支持垄断性公用事业公司和让老旧的燃煤发电厂继续经营下去的人默认的理由。

2008年，俄亥俄州的立法机构几乎全票通过了一项法律，这是美国关于可再生能源的最雄心勃勃的法律之一。原先的法律要求公用事业公司在2025年时，所获取的能源中有25%是可再生能源及其他清洁能源,并且将客户的能源使用量减少22%。但是,根据环境保护署的统计,到2013年,俄亥俄州生产和使用的全部能源中,只有1%是可再生能源。①2014年6月,依靠燃煤发电厂为其提供70%用电的俄亥俄州,通过了参议院第310号法案,成为美国第一个拒绝执行清洁能源强制性规定的州。②而仅仅在一周之前,环境保护署刚刚宣布,要严格限制燃煤发电厂的碳排放。俄亥俄州的这一动作,令人对政府支持的可再生能源市场的前景产生疑问,也给总部设在俄亥俄州的美国电力公司和阿克伦第一能源公司这两家主要的公用事业公司带来了一段喘息时间。

环保主义者和可再生能源的供应商担心,俄亥俄州成为美国其他州拒绝履行可再生能源规定的急先锋。层出不穷的钩心斗角,州内现存的两家美国最大的公用事业公司,老化的煤炭业(2012年,俄亥俄州只生产了2.6万吨煤),以及过去5年清洁能源行业投资的健康记录(目前岌岌可危)……所有这些,都让俄亥俄州成为主战场,一方主张利用清洁能源发电,另一方支持利用廉价而肮脏的煤

---

① 萨曼莎·威廉姆斯(Samantha Williams):《俄亥俄州的清洁能源法是实现减少碳含量的关键》,自然资源保护协会,2014年6月16日,switchboard.nrdc.org/blogs/swilliams/ohios_clean_energy_law_is_key.html。
② 迪尔德丽·舍斯格林(Deirdre Shesgreen)、莫琳·格罗佩(Maureen Groppe):《新的环境保护署发电厂规定对俄亥俄州的影响超过大多数其他州》,载《辛辛那提问询报》,2014年6月3日。

炭发电。丹·索米尔告诉我："这里就是'归零地'。"

2014年上半年，围绕参议院第310号法案展开了一场拉扯。就灌香肠般草率且不透明的立法过程而言，此次拉扯没有多少正面意义。支持这个法案的有大型公用事业公司、博地能源、其他煤炭公司，以及外部的利益组织，尤其是美国立法交流委员会（American Legislative Exchange Council）。这个由科赫兄弟（Koch brothers）资助的组织，投资数百万美元拍摄危言耸听的电视广告，预言如果强制使用可再生能源的话会出现灾难。

兰达佐告诉我："从2009年到2014年，履行可再生能源的强制性规定与实现更大的目标反其道而行，那就是，维持就业现状，增加工作机会，采取措施让大客户能够在全球经济中参与竞争。结果，人们的懊恼和沮丧与日俱增，两方阵营之间剑拔弩张。"

争论的焦点是，煤炭产业和大型公用事业公司是大工业实现完全就业的一种工具，因此它们不能以其他方式参与竞争。不过，这种看法与数据相悖。在当下的模型中，最近20年，就像全国其他地方一样，俄亥俄州制造业的就业率也出现了下滑（也就是最近几年才出现些许反弹，后面，我会再讨论这种反弹所代表的发展）。与此同时，公用事业公司则在半开放的环境中艰难地竞争。2012年，《克雷恩的克利夫兰商业》（*Crain's Cleveland Business*）杂志对这种情况进行了报道：由于被迫在一个相对开放的市场上竞争，两家有实力的公用事业公司"就像小孩子扭打在一起，但像成人一样争谁能获得成百上千万美元,甚至是数十亿美元的生意"。①

就在一片吵嚷声中,俄亥俄州通过了参议院第310号法案。从本质上说,这个法案的通过代表了单个州对于一个普遍存在的问题所做的回答:为了让社会朝着使用更清洁能源和远离气候灾难的方向发展,政府应在多大程度上介入能源市场?该决议的通过,让反对履行可再生能源强制性规定的人很容易将相关争论看成是美国自由市场企业与社会化能源之间的对决。

俄亥俄州参议院多数党领袖,共和党的凯斯·费伯(Keith Faber)告诉我:"我相信多种能源并存的市场篮子。但是,往这个篮子里放任何东西,都需要一个独立、长期且可行的策略,这个策略不依赖纳税人或从纳税人那里拿补贴。如果政府需要没完没了地补助任何一种能源,这种商业模式很可能并不可行。"

这种说法当然忽略了几十年来政府对煤炭业的补助。在最近10年,这种补助来得越来越慢,但尚未完全中止。确实,根据2008年金融行业破产后通过的刺激法案,据称对煤炭持反对态度的奥巴马政府也增加了对煤炭业的补助,发行由联邦政府资助的应税债权,以帮助电力公司融资修建新的燃煤发电厂。在利用这一政策的公用

---

① 杰·米勒(Jay Miller):《电力放松管制规则生效后,第一能源公司和美国电力公司准备开始较量了》,载《克雷恩的克利夫兰商业》,2012年5月14日。

事业公司中，就有位于俄亥俄州的美国电力公司。该公司发行了价值5亿美元的"建造美国债券"，以协助在邻近的伊利诺伊州修建草原州立能源产业园。2013年竣工的草原州立能源产业园包括一座发电能力为1600兆瓦的燃煤发电站，这是几十年来兴建的最大的燃煤发电站之一，毫无疑问也是最后一批此类发电站。①

对于任何一位对社会化能源方向存疑的人，费伯和同事们都会给其描绘一番景象。如果不通过参议院第310号法案，继续履行有关可再生能源的强制性规定，人们就会面临黯淡的前景：电价1年攀升10%、15%，甚至20%；大公司将陆续撤离俄亥俄州；数以千计的工作岗位将会随之消失，"铁锈地带"将变得更加老朽破旧。不过，实际情况却是，根据美国能源信息署的统计，在履行了6年据称带有惩罚性质的有关可再生能源的强制性规定后，俄亥俄州的电价仍然是美国最低的（2014年7月，俄亥俄州面向居民消费者的电价是每度13.44美分，对商业用户是每度9.96美分②）。苏珊娜·巴克利（Susanne Buckley）是美国电力公司原高管，现在是赛欧托能源公司（Scioto Energy）合伙人，这家公司为用电大户提供咨询服务。按照巴克利的说法，俄亥俄州商业用户的电费即将上涨，但

---

① 《联邦煤炭补助》，消息观察，全球煤炭网络/媒体和民主中心，http://www.sourcewatch.org/index.php?title=Federal_coal_subsidies。

② 《每月电力》，美国能源信息署，http://www.eia.gov/electricity/monthly。

并不是因为履行了有关可再生能源的强制性规定,部分原因是要淘汰老旧的燃煤发电厂,所以拍卖时定下的整个地区批发电价即将飙升。举办批发拍卖的地区容量市场受到了批评,但无人宣称这符合社会化能源的利益。

从另一个角度看,履行有关可再生能源的强制性规定本身也带来了经济效益。根据公用事业公司向公用事业委员会备案的报告,自从开始履行规定之后,第一能源公司投资1.59亿美元用于提高能源效率,客户节省了3.16亿美元的电费。美国电力公司投资1.58亿美元用于设备升级以提高能源效率,为客户节省了3.6695亿美元的费用。①俄亥俄环境委员会(Ohio Environmental Council)能源和清洁空气项目的常务董事特里什·德米特(Trish Demeter)在立法机关作证说,总的来看,"在俄亥俄州,四家投资者所拥有的电力公用事业公司为达到俄亥俄州的能源效率标准总共投资4.56亿美元,迄今为止,已为其客户总共节省了10.3亿美元的电费"。②

不过最终,在州立法机关,可再生能源的强制性规定注定失败。俄亥俄州州长约翰·卡西奇(John Kasich)是一位温和的共和

---

① 特里什·德米特:《俄亥俄众议院公用事业委员会反对证词——修订版 替代品 参议院第310号法案》,俄亥俄环境委员会,2014年5月27日,http://www.theoec.org/publications/ohio-house-public-utilities-committee-opponent-testimony-%E2%80%93-am-sub-senate-bill-310-may。

② 同上。

党人，曾支持最初通过的强制性规定。但是，为了再次当选州长，他正投身激烈的竞选活动，被要求签署参议院第310号法案。听到这消息，萨姆·兰达佐情不自禁地沾沾自喜。

"立法机关的反对者是这么看的，'我们必须赢下俄亥俄州，如果输了，其他州可能采取同样的行动。我们要未雨绸缪。'哥伦布市的市中心到处都是大幅广告牌，电台上也都是广告。坦白说，他们高估了自己的力量。"

其实，错误估计形势的可能是反对使用可替代能源的人。在狂风暴雨愈演愈烈的海面上，这些人在俄亥俄州拼命抓住已经失败的煤炭产业不肯放手。

来自克利夫兰的州代表迈克·佛利（Mike Foley）告诉《老实人报》（*Plain Dealer*）："参议院第310号法案是我在州议会8年里投过的最差劲的一票，这是自寻死路。"①

泰德·福特（Ted Ford）是俄亥俄先进能源经济联盟的首席执行官。他告诉我："最后，参议院的领导人无论如何也要通过第310号法案。"俄亥俄先进能源经济联盟是先进能源经济联盟（Advanced Energy Economy）的州一级的分部，它是由亿万富

---

① 杰瑞米·佩尔泽（Jeremy Pelzer）：《俄亥俄州立法机关批准两年内暂停施行可再生能源和能源效率标准》，载《老实人报》，2014年5月28日。

翁、气候活动家汤姆·斯泰尔创办的非营利性商业联盟。①

"有关可再生能源的强制性规定包含一定的真相,它将卷土重来,影响另一方。总共有21家大公司发声反对参议院第310号法案,主要针对其中的能源效率部分。这些公司中有一些家喻户晓,例如,霍尼韦尔、巴斯夫、本田和江森自控等。这也是一个显著的进展。"

如果将俄亥俄州立法机关通过参议院第310号法案视为胜利,那么,有一天这个胜利会被看作一场无望获胜的殊死斗争,是更庞大的煤炭战争中象征着强弩之末的阿登战役。有足够的证据表明,当消费者和企业面临选择,是坚持用煤炭还是多付一点钱用更清洁的能源时,他们都会选择后者。俄亥俄州的煤炭业和大型公用事业公司及其政治代理人只不过是延缓了必然事件的到来。而且,虽然它们宣称要保护俄亥俄州的长期经济前景,但很可能适得其反。

埃里克·齐默(Eric Zimmer)是临界点可再生能源公司(Tipping Point Renewable Energy)的创办人和首席执行官,这是一家开发太阳能项目的公司。他告诉我,在参议院第310号法案通过之后,"我们已经签订的1200万美元的合同变成废纸一张"。由于

---

① 信息披露:斯泰尔是我的大学同班同学,在撰写此书期间,我们一直保持着交流。另外,我所工作的法维翰咨询公司,也为先进能源经济联盟提供咨询。

强制使用可再生能源的规定很可能会开倒车,因此,2014年第一季度俄亥俄州批准的新的太阳能项目的数量降至2010年年初以来的最低点。

风能项目同样受挫。开发风电农场的永能风电集团(EverPower Wind Holdings)申请延迟兴建七叶树风电项目,该项目将为俄亥俄州中部的香槟县带来数百万美元的投资。在俄亥俄州,多达10个风电项目是进是退,尚待抉择。这些项目总投资25亿美元,有可能因为参议院第310号法案的通过而拖延下去或干脆下马。①

齐默的太阳能公司位于俄亥俄州的都柏林市。眼下,齐默正在打退堂鼓,把临界点公司的商业模式转为咨询服务,并在其他州寻找机会。不过,在俄亥俄州发生的事,并不表明出现了重新使用煤炭的回潮,只不过是延缓了必然事件的到来。齐默告诉我:"长远来看,潘多拉的魔盒已经打开了。在俄亥俄州,通过暂缓执行强制性规定,煤炭业还可以放缓使用可再生能源的步伐。但是,可再生能源行业的规模已经发展得相当大,经济效益也极好,现在已经没有办法遏制其发展了。"

泰德·福特说:"我们在这里看到燃煤发电的支持者团结一致,努力维持现状。但能源行业的创新是席卷全国和全球的浪潮,

---

① 马特·桑克蒂斯(Matt Sanctis):《永能风电集团争取延期建设风电农场》,载《春田新闻-太阳报》,2014年7月16日。

势不可当。烧煤是一种低效、肮脏、高成本的发电方式，而他们仍想保护燃煤发电，反对所有的新东西……看看电信行业的变化。任何一个产业，如果它赖以生存的基本制度不能和世界其他地方同步，那么，等待它的就是真正的困难。"

俄亥俄州的西部是本田的天下。1982年，本田的第一家生产厂在马里斯维尔（沿着33号公路，位于哥伦布市西北方向33英里处）开工。从那时起，这家日本汽车制造商在这里修建了各种设施，像一张网一样，颠覆了这片曾经的乡村地区：位于马里斯维尔的巨大工厂（美国最大的单体工厂之一）——安娜发动机厂，是位于东利伯蒂的第二家全组装厂；另外还有位于罗素角的变速器厂。2013年，本田在罗素角又实施了另一项变革，安装了一对风力涡轮机，为变速器厂供电。

我从哥伦布市开车出发，想看看本田如何适应后煤炭经济时代。在9月一个温暖的夜晚，这两台风力涡轮机面朝西北方向，在微风中懒洋洋地运转着，沐浴在金色的落日余晖中，在毗邻的玉米地里投下长长的影子。这两座260英尺高的涡轮机，由联合爱迪生能源公司（ConEdison Solutions）所有，并由位于明尼苏达州的居尔能源公司（Juhl Energy）安装。每台涡轮机都装有三片比半个橄榄球场还要长的桨叶。这两台涡轮机每年发电1万兆瓦时，相当于发电厂总发电量的10%。罗素角主要依靠燃煤发电厂供电，但是，这1万兆瓦时的电,并非来自燃煤发电厂。

现在,在美国中西部玉米地里看到一对风力涡轮机并不是什么稀罕事。与它们的存在相比,更让人感兴趣的是其所代表的含义:汽车生产是世界上能源消耗最密集的行业之一,现在,它正在逐渐而果断地减少能源消耗量,而且更多地采用清洁能源。本田在宣传"绿色工厂"方案,宣称与2000年相比,计划2020年旗下工厂将大幅减少二氧化碳排放。到2014年,本田在美国的14家生产设施中的10个已经实现填埋场垃圾零排放。本田已经明确表示,它希望减少化石燃料的电力消耗,成为一个更好的企业公民,同时也是正面的企业宣传。而从化油器到导管等的生产厂家发现,更高效地利用能源,减少使用以公用事业为核心、以化石燃料为主的传统能源,不仅有利于改善公司形象,还有利于盈利。在政府规定限制,以及不安分的股东、能源部门转型的影响下,制造业在能源的来源和使用方式上也在经历一场改革。

本田负责能源策略的副总工程师卡伦·赫约布(Karen Heyob)告诉我:"本田一直在寻找机会提高生产效率,降低成本。我很高兴地告诉大家,今年,尽管我们大幅扩张了经营规模,但能源使用量将保持在一个稳定的水平。"

制造业中的能源变革事实上包括紧密相连的两场变革。这些变革最好从机构内外两个方面去考虑,换句话说,就是工厂墙内和墙外。

来自外部的力量有据可查：由于天然气和可再生能源的价格下浮，清洁和分布式（位于工厂内部或近旁）发电就成为具有说服力的商业案例。开发页岩气的热潮对于美国制造业能产生多大影响尚有争议，但是，低成本的天然气给在美国从事制造业的公司提供了竞争优势，这种优势尚未被发展中国家，特别是其廉价劳动力的优势所抵消，这一点是毫无疑问的。根据金融研究公司马基特（Markit）开发的评判标准"美国制造业采购经理人指数"，2014年9月，美国的制造活动达到4年多以来的最高点。尽管工厂就业量仍然远低于2008年之前的水准，但也正在大幅增长，达到2012年3月以来的最高水准。[①]此次增长，很大程度归功于采用廉价天然气。

与此同时，制造业采用可再生能源的比例，一直在8%到9%之间徘徊，而且还不能保证这个比例会飞速增长。国际可再生能源署2014年6月研究发现，到2030年，这个比例可能上升到25%以上，如果某些形式的碳定价方式能够奏效，这个比例还有可能上升到三分之一。不过，按照目前的可再生能源利用规划和政府相关政策，该比例会保持在10%左右。[②]这些数字只是全球整体水平。说到美国，由于清洁能源技术产业充满活力，燃煤发电厂加速关闭，政府对于

---

① 丹·伯恩斯（Dan Burns）、卢西亚·穆蒂卡尼（Lucia Mutikani）：《美国制造活动处于4年半以来最高水平》，路透社，2014年9月23日。

② 《制造业中的可再生能源》，国际可再生能源署，2014年6月。

发电的碳排放水平制定并实施了更加严格的规定，因此，美国制造业采用可再生能源的比例将会接近上述最高水平。

燃煤发电厂的集中发电模式转为小规模分散型发电模式，制造商从中获益匪浅，因为用户控制了资产，而长期价格也得以固定。此外，改用清洁能源，现在就会减少未来支付碳税或其他形式针对碳排放收费的风险。这话是巴里·麦克利兰（Barry McClelland）告诉我的。他在本田公司常年担任能源和运营负责人，虽然他2014年6月退休了，但目前仍担任俄亥俄制造商协会（Ohio Manufacturers Association）能源委员会的领导职务。

麦克利兰说："本田的观点是：你得跟得上变化。未来，公司绝对会在更多工作现场使用可再生能源。"

不过，并非所有制造场所都能平均分享替代性能源所带来的好处。例如，本田在俄亥俄州设立的综合企业就处于七叶树电力公司（Buckeye Power）的服务区域内。七叶树电力公司是农村电力合作机构，不受俄亥俄州对公用事业公司放松管制的影响，主要还是依靠燃煤发电。为了在罗素角建造风力涡轮机，本田不得不和七叶树电力公司达成电力购买协议。不过，本田在有关实施俄亥俄州可再生能源比例标准的政治斗争中，承诺使用新能源。这套标准，就是俄亥俄州执行的可再生能源强制性规定。当年5月份，州立法机关叫停实施这套标准，它至少暂时无效了。本田是俄亥俄州对此持反对意见的大制造商之一，就像麦克利兰说的那样："你得跟得上变化。"

第四部分 归零地

在工厂里发生的一切更为复杂，但最终同样让它们彻底改观。简而言之，网络中的各项技术改进，对无线传感器、虚拟化技术，还有监控设备的采用，这些元素汇集在一起，促成了提高制造效率，以及节能和质量控制等环节的各项进展，而这些进展在几年前几乎是不可想象的。

那些墨守成规的工厂经理，还不习惯将计算能耗作为提高效能和生产率的主要衡量指标，对于这种改变感到震惊。弗雷德·迪森佐（Fred Discenzo）是罗克韦尔自动化有限公司（Rockwell Automation）的研发经理，他在最近一次在阿克伦举办的能源管理会议上说："以前，没有人因为买了比工作需要的型号大的泵或机械设备而被解雇。"在制造业，"产能过剩一向是自由的"。[1]

罗克韦尔公司是一家新兴技术的供应商，现在，正在通过企业联网来实现改变。企业联网的意思，是让公司高管以更高的可见度，更及时地监控工作现场。这一变化的另一个名字是"极端粒度"，意思是，不久的将来，人们将不再以工厂、产品线或机械设备为衡量能耗的单位，而是会在个体流程层面上，按每生产单位计算能耗。也就是说，生产某个装置、阀门或一袋冰消耗了多少能

---

[1] 弗雷德·迪森佐：《制造业中的能源节约》，讲话稿，俄亥俄州北部能源管理会议，2014年9月23日，https://www.mecseminars.com/sites/default/files/2014/september/9th-annual-northern-ohio-energy-management-conference/2014-northern-ohio-energy-agenda.pdf。

源？在整个生产流程中，哪些环节可以对能耗加以优化？

罗克韦尔公司生产30万种以上的产品，其中绝大多数是控制器、可视化面板和其他自动化装置，以及运行这些装置的软件。到2014年，在位于俄亥俄州特温斯堡的工厂里，公司酝酿了几十年的变化终于见效了。罗克韦尔公司市场发展副总裁约翰·尼斯（John Nisi）将其称为"用控制器生产控制器"。

尼斯告诉我："那个厂子和我们旗下的其他厂子一样，花了8年多时间才实现企业各个部门联网。30年来，历经公司的不同发展阶段，很多生产商一直听我们谈论联网。到了最近，技术才发展到真正可以发挥联网作用的程度。"

以加热印刷电路板时使用的烘箱为例。在传统工厂里，使用监视器可保证无论是否在加工产品，设备本身都处于恒温状态。而在罗克韦尔公司的新系统中，根据一套设计好的算法，系统可以追踪生产线上印刷电路板的加工进程。如果烘箱处于等待产品的过程中，就会被设定为备用模式，温度就会降低若干度；等到下一批电路板到达时，烘箱又会及时加热，重新达到最佳温度。此类细微的调整标志着重大的能源变革。

把更清洁、更廉价和更多分布式的能源引入工厂；在工厂内部，利用复杂的自动化技术降低能源强度。这些由此及彼，相互成就的变革，都会给制造部门乃至整个经济带来影响深远的变化。工业生产中的能耗，比美国经济体系中任何其他部门的能耗都要高，占到总能耗的32%。①

通过改变电力来源和使用方式来适应新能源现实的制造商,在全球舞台上更具竞争力,同时还能获得新的经济增长,而这正是政治家和分析师们多年来梦寐以求的结果。这是因为,除了享受低成本页岩气带来的能源繁荣,尼斯所描述的变化还将为美国进一步抹平发展中国家低成本劳动力的优势。过去,正是由于存在这样的优势,大量制造业活动都从发达国家转移到了中国等发展中的经济体。

尼斯解释道:"越来越多的制造业对熟练工人不再那么依赖。如果你想在中国出售奥利奥饼干,那就在中国生产;如果你想生产汽车或其他复杂产品,就必须能够平衡材料和供应链中给料的成本。由于中产阶级群体不断扩大,人工成本开始趋于平衡,所售的货物成本中库存和运输所占比例增加,而劳动力成本已经不那么重要了。"

2012年,一份名为"制造未来"(Manufacturing the Future)的麦肯锡研究报告得出如下结论:"新制造时代的标志是高度灵活性,且内部联网的企业能够熟练运用信息和各种分析方法,就像它们雇用人才和使用机械设备向五花八门的世界市场提供产品和服务

---

① 《各部门能耗》,美国能源信息署,2013年12月16日,http://www.eia.gov/forecasts/aeo/er/early_consumption.cfm。

煤炭战争：能源的未来与地球的命运

一样。"①

内部联网的灵活企业需要的工人可能会越来越少。它们使用的能源已经少于以往了。根据美国能源信息署的统计，从2002年到2010年，美国制造部门的总能源强度下降了17%。②能够进行能源创新相当于具备灵活性。各公司和各经济体是否愿意且有能力从传统能源及市场结构（也就是煤炭）转型，与它们在全球化高科技市场上的竞争力，这两者之间存在着一种微妙的、愈发紧密的联系。

不用说，并非所有地方都已经实现了这种转变。在俄亥俄州的最后一天，我参加了由制造商教育委员会（Manufacturers' Education Council）发起的俄亥俄北部能源管理会议。鉴于俄亥俄州的能源市场风起云涌，我到达会场的时候，期望能听到制造商和能源提供商针对市场上的变革进行兼顾各方且富有前瞻性的讨论。不过，我没有如愿。

---

① 詹姆斯·马尼卡（James Manyika）:《制造未来：全球增长和革新的下一个时代》，麦肯锡公司，2012年11月，http://www.mckinsey.com/insights/manufacturing/the_future_of_manufacturing。

② 《制造部门的能源使用量和能源强度自2002年以来呈下降趋势》，美国能源信息署，2013年3月19日，http://www.eia.gov/pressroom/releases/press383.cfm。

会议的主旨发言人是乔纳森·莱塞（Jonathan Lesser），位于新墨西哥州桑迪亚公园的大陆经济公司（Continental Economics）的总裁。为了了解莱塞的想法，我看了他的博客。其中一个栏目名为"新数据可能表明全球变暖出现了停顿"："尽管相信气候变化是由人为造成者会说'科学已经解决了问题'，但是，科学并没有解决问题……目前的气候模型无法解释过去15年来为什么没有出现气候变暖现象。此外，还有预测认为，太阳可能进入了一个超长的低活动期。这些均表明，必须做更多的分析，免得我们因噎废食，打断经济增长，让自己受穷。别着急收起冬衣，要留有余地。"[1]

换句话说，制造商教育委员会邀请到能源管理会议上做主旨发言的人，是气候变化的怀疑论者。在2014年这么干，就好比邀请了"扁平地球协会"的主席来为地球科学会议做开场白。莱塞的发言题为"俄亥俄州的能源复兴"。

莱塞宣称："在通过参议院第310号法案之后，俄亥俄州正在重新将重点放在市场竞争方面。这次调整，利用了俄亥俄州的页岩气储量，促进了新的投资，还认可了现有基本负荷发电可靠性的

---

[1] 乔纳森·莱塞：《俄亥俄州的能源复兴》，讲话稿，俄亥俄北部能源管理会议，2014年9月23日，https://www.mecseminars.com/sites/default/files/2014/september/9th-annual-northern-ohio-energy-management-conference/2014-northern-ohio-energy-agenda.pdf。

价值。"①

换句话说,保持现状万岁。当会场来宾向莱塞鼓掌以示赞许时,一位参会者悄声对我说:"这就是你能想象的最顽固的一群能源老古董。"

之后,莱塞参加了一场小组讨论。讨论者包括萨姆·兰达佐和威廉·利德曼(William Ridmann),后者是第一能源公司法规事务副总裁。诚如所料,利德曼对于参议院第310号法案的通过表示了热烈祝贺,然后,又驳斥了环境保护署提出的限制发电厂碳排放的规定。就环境保护署的规定,利德曼持有一贯的否定立场,并表示:还需要更多的研究。他说:"要想在(环境保护署提出的)期限内做成这件事,可是十分激进的假设。环境保护署实际上要求各州重建能源系统,这是一个极其繁重的任务。过去,制定相关规定就要花5年时间。此次有关限排的规定要花更长的时间。"

当然,我们真的缺时间。2014年11月,当我对这本书的手稿做最后编辑的时候,有人向俄亥俄州公用事业委员会提出意见,支持第一能源公司提出的请愿,也就是让纳税人为该公司不受管制的发电机组提供补助,以便能让俄亥俄河上靠近斯特拉顿的萨米斯燃煤

---

① 乔纳森·莱塞:《俄亥俄州的能源复兴》,讲话稿,俄亥俄北部能源管理会议,2014年9月23日,https://www.mecseminars.com/sites/default/files/2014/september/9th-annual-northern-ohio-energy-management-conference/2014-northern-ohio-energy-agenda.pdf。

发电厂继续开办下去。很自然，有评论认为，有人有失业的危险，而俄亥俄州的人可承担不起失业的后果。第一能源公司说，萨米斯燃煤发电厂雇用了400人，还留着另外1600人，为发电厂的供应商、服务商和承包商工作。

"俄亥俄州煤矿和相关行业的很多工作都依靠这家发电厂，只要发电厂还在，这些工作就会继续存在。"①

提交意见的是穆雷能源公司（Murray Energy）的负责人罗伯特·穆雷（Robert Murray），该公司是第一能源公司的"主要煤炭供应商"。②

一周前，联合国政府间气候变化专门委员会（Intergovernmental Panel on Climate Change）发布了一份报告，内容是全球变暖的范围及可能出现的变暖进程。这份报告称："到21世纪末，气候变暖将造成具有高风险甚至极高风险的严重、广泛传播且不可逆转的全球性影响。"这些在2100年之前有可能出现的影响包括南极洲西部冰盖的脱落，海平面上升3到4米，各地出现严重的旱灾和荒漠化，更具破坏性和更频繁发生的极端天气事件，以及大批目前存活在地

---

① 《穆雷能源公司的R.穆雷提交的支持第一能源公司ESP计划的公众意见》，俄亥俄州公用事业委员会，http://dis.puc.state.oh.us/DocumentRecord.aspx?DocID=19906231-6c7f-423b-a27d-a121f3778 7c6。

② 同上。

球上的物种的灭绝。①

变化步步逼近。流星电掣风驰，飞向地球。然而，在俄亥俄州，恐龙依然在大地上悠然漫步，心满意足地咀嚼着草叶。

---

① 伊丽莎白·肖格伦（Elizabeth Shogren）：《最新的气候变化报告中的五个关键要点》，载《国家地理》，2014年11月2日。

尾声

鲁尔

创立于1898年的莱茵-威斯特伐利亚发电站是欧洲最大的公用事业公司之一,也是德国最大的燃煤机构。公司总部位于鲁尔河河谷的埃森。几个世纪以来,埃森一直是钢铁生产、武器制造的中心,自然也是德国煤炭生产和消耗的中心。鲁尔是世界上高度工业化的地区之一,奠定了德国工业实力的基石。莱茵-威斯特伐利亚发电站发出的电推动了19世纪末普鲁士的统一,促进了20世纪德国国防军的形成,以及柏林墙倒塌之后德国的经济复兴。创办莱茵-威斯特伐利亚发电站,旨在为鲁尔河上的炼钢厂、造枪厂和化工厂提供电力。近1个世纪以来,这家发电站一直稳定盈利。但是最近两年,情况发生了变化。

就像许多欧洲的公用事业公司一样,莱茵-威斯特伐利亚发电站也遭遇了一连串逆境,这是几年前无法预见的。德国推出了"能源转型"(Energiewende)方案。根据该方案,政府将提供补贴,让可再生能源占德国能源供应总量的四分之一以上。在那些阳光灿烂的大风天，如果太阳能和风能供应充足，客户无须使用电网的电，像莱茵-威斯特伐利亚发电站这种大型电力供应商就得向客户返还电费。在金融危机爆发前，公司在提高发电能力上下了很大赌注，新建项目包括发电能力达1100兆瓦的尼德劳森燃煤发电厂。这家发电厂需耗资20多亿美元，直到2014年年底才获批修建，到2018年才能开始发电。而获批修建时，德国电价正巧暴跌，这样，就没有理由对这家发电厂投入大笔资金了。从2000年到2013年，莱茵-威斯特伐利亚发电站的批发电价下跌了一半，降到了每兆瓦时54美元。①这种局面之下，如何才能把好这艘煤炭巨轮的舵？

　　莱茵-威斯特伐利亚发电站的高管托马斯·比尔（Thomas Birr）告诉《琼斯妈妈》（*Mother Jones*）杂志："答案是基本上不可能。"②2013年，该发电站的经营出现亏损，这是第二次世界大战以来的首次亏损。

　　根据彭博公司的统计，由于经济疲软，电力市场价格下滑，欧洲的公用事业公司股价从2009年到2014年下跌了12%，尽管同期股票市场整体上涨了60%。③在"能源转型"付诸实施之际，疲软的经

---

　　① 蒂姆·麦克唐纳（Tim McDonnell）：《这个镇子几乎被煤矿吞没》，载《琼斯妈妈》，2014年4月24日。

　　② 同上。

　　③ 迪诺·安德雷森（Tino Andresen）：《德国公用事业公司重启燃煤发电，代替失去的核电》，Bloomberg.com，2014年4月15日。

尾声

济和市场让煤炭卷土重来,这一点出乎人们的预料。

在日本福岛核灾难发生之后,2011年,德国总理默克尔宣布,要分阶段淘汰德国的核电设施。此后3年,德国煤炭使用量增长了13%。[①]根据欧盟的排放交易计划,碳排放权的价格已经下滑到每吨碳10美元以下。因此,对公用事业公司来说,使用燃煤和支付补贴要比改用可再生能源或其他成本相对较高的燃料(如天然气)更划算。此外,德国的锅炉燃烧的主要是褐煤,这是一种质地松软的棕色燃料,和无烟煤或者烟煤相比,按每英国热量单位能量计算,它产能少,排碳多。

德国的煤炭复兴引发了煤炭产区的激烈抗争;它也让有些官员感到不解:德国是欧洲环保程度最高的国家之一,也是世界绿色运动的创始国,为什么就不能更快地摆脱对煤炭的依赖?看到德国的煤炭复兴,美国煤炭业的支持者和能源"务实者"都有点幸灾乐祸。按照《华尔街日报》的说法,德国的煤炭复兴"告诫人们,当你想要以绿色梦想取代经济现实的时候会发生什么"。[②]

欧洲其他国家,例如,波兰和英国,也在发展煤炭业。根据世界资源研究所(World Resources Institute)的消息,未来10年,

---

[①] 马修·卡尔(Matthew Carr):《德国煤炭用量上升,危及欧洲排放交易》,Bloomberg.com,2014年6月20日。

[②] 《德国的煤炭热》,载《华尔街日报》,2014年9月24日。

煤炭战争：能源的未来与地球的命运

欧洲计划修建至少二十多座新的燃煤发电站。[1]安妮-索菲·科尔伯（Anne-Sophie Corbeau）是国际能源署的高级分析师，她告诉《经济学人》（*Economist*）杂志，欧洲已经进入了"煤炭的某种黄金时代"，这一点出乎许多官员和环保组织成员的意料。[2]

有迹象表明，德国出现的煤炭热可能只是一时的反常。首先，公用事业公司正在尽可能快地在一些老旧发电站燃烧煤，因为按照将于2016年生效的新的空气污染限制的规定，部分老旧发电厂将被淘汰。不过，到目前为止（2014年下半年），"能源转型"带来了一连串始料不及的后果，绝大多数都是负面的。

地缘政治也帮不上什么忙。根据若干年前签订的合同，德国使用的大多数天然气由俄罗斯的天然气巨头——俄罗斯天然气工业股份公司（Gazprom）供应，且价格一直居高不下。德国当然渴望降低对俄罗斯天然气的依赖度，特别是2014年俄乌冲突之后。德国一边仓促开发国内的页岩气以增加供应量，一边匆忙修建码头，进口美国天然气。就算加上运费，进口天然气的成本也足够低，同使用煤炭相比非常接近，甚至更低。不过，这些措施要想取得进展，有可能需要几年时间。与此同时，在欧洲的工业中心地带，煤炭依然

---

[1] 杨爱伦、崔逸云（音译）：《全球煤炭风险评估》，世界资源研究所，2012年11月，http://www.wri.org/sites/default/files/pdf/global_coal_risk_assessment.pdf。

[2] 《不受欢迎的复兴》，载《经济学人》，2013年1月3日。

尾声

称王，远没有到退出能源舞台的时候。

在我撰写本书之际，德国正在扩大煤炭业的规模，中国中部地区正在兴建化石燃料工程。在俄亥俄州，有人拒绝履行强制使用可再生能源的规定；在2014年的美国中期选举中，势如破竹的共和党人保证，近期不会通过任何国家层面有关气候变化的法规；在粉河盆地，几英里长的货运列车空空荡荡地抵达矿井，又满载着煤驶离，昼夜不停。煤矿中的机械设备"当啷当啷"地运转着，让人感到仿佛身处地狱，无人关注日益逼近的灾难。在2014年年底，人们很难对煤炭的未来保持乐观，因为煤炭还没到日暮穷途的地步，它还有明天。

但是，我个人属于乐观派。部分原因是，这种乐观就像一个满怀信心的盲人。乐观不是因为他有朝一日能够复明，而是因为他相信，如果能看到世界，这个世界肯定比想象中的还要五光十色、辉煌灿烂。我有个14岁的儿子。如果说我们认为将来还要燃烧黑煤，让人在烟熏火燎的煤烟中透不过气，那就等于放弃这种信念：我的儿孙将生活在一个富足且环境宜人的世界中，这样的世界才是我深爱的。当乐观被消磨殆尽，不仅意味着我们被打败，而且还意味着承认失败。就算我曾奔波于多个燃煤发电厂，目睹了煤矿中的场景，我也从未改变这种信念。

除此之外，也有令人感到乐观的理性因素。2014年秋天，有越来越多的证据表明，金融市场正在抛弃煤炭产品，因为大型金融机构和私人投资者做决策时开始考虑环境变化因素了。这对煤炭业来说是一个致命的打击，甚至环境保护署的规定都无法与其匹敌。

2014年5月，斯坦福大学理事会投票决定，停止该校对煤矿公司的捐款资助。这是过去几年来，撤销对化石燃料投资运动所取得的最显著的胜利，其影响已经扩散到美国和欧洲的城市和校园。不过，此次胜利的风头盖过了另一个2014年涨势不太明显，但具有更深层次意义的趋势：传统的投资者，包括华尔街的股权公司、主权财富基金、养老基金，以及其他控制大量资本的机构投资者，都在悄无声息地远离煤炭。这样做并非他们良心发现，而是不愿触碰投资煤炭的底线。

这些决定都是基于传统，按照苛刻的风险和回报衡量标准做出的。它们并非"基于若干价值观"，而是"基于价值"定下的投资决策。对煤炭业来说，这些决定标志着一种发展趋势，远比支持改革的学术界对肮脏燃料与日俱增的反感更危险。只要追寻金钱的流向，就能看出煤炭已经输掉了未来的战争。

2011年，忧思科学家联盟的一份报告评论如下："公用事业公司和其他发电厂商准备大举投资改造老旧发电厂或兴建新的发电厂。"此后，放弃投资化石燃料的运动才获得支持。"每一个重大的改造或新建发电厂的项目都代表了对燃煤发电所做的巨大的、长期的金融承诺。不过……考虑到目前的经济、技术和政策趋势，做出此类承诺实在是铤而走险。"①

最近,能源经济与金融分析研究所(Energy Economics and Financial Analysis)于2014年5月发表了一篇分析稿,题目直截了当地点明《纽约市和纽约州养老基金应当抛弃对煤炭股票的投资》(NYC and NYS Pension Funds Should Divest Coal Stocks),明确地对煤炭投了反对票:"目前,美国煤炭业的地位趋于弱化,而世界各地的煤炭生产厂商也日渐式微。而最坏的情况尚未到来。美国煤炭公司的领导层没有拿出有效的投资理由改善股票表现……出售煤炭类股票,才能把钱投入更有收益的用途,才能更好地保护基金的受益者。"②

煤炭自身也在承担一系列风险。这与石油和天然气的风险不同,甚至在某些方面还要更严重。

首先,和石油钻探相比,采矿并不算资本密集型业务,它靠

---

① 《危险的提议:对于燃煤发电厂进行新投资的财务风险》,忧思科学家联盟,2011年3月,http://www.ucsusa.org/clean_energy/smart-energy-solutions/decrease-coal/financial-hazards-of-coal-plant-investments.html#.VHYL8YvF_pU。

② 《纽约市和纽约州应当抛弃对煤炭股票的投资:一个日益萎缩的行业,弱势上行,在气候变化问题上处于出错的一方》,能源经济与金融分析研究所,2014年5月8日,http://www.ieefa.org/report-nyc-and-nys-pension-funds-should-divest-coal-stocks-a-shrinking-industry-weak-upside-and-wrong-on-climate-change/。

的是劳动者强悍的体力；尚未看到有哪些技术创新能够降低采煤成本，或者开采以前无法进入或不经济的储量巨大的新煤矿。采煤时用不了压裂技术。

此外，煤炭是可以代替的，这点不同于石油。对于飞机等交通工具，石油没有替代品。相反，利用天然气或可再生能源代替煤炭发电不但可行，而且成本不断降低。现在，这种趋势逐渐上升。在过去若干年中，煤炭业所面临的转变与几十年前公众对烟草的不满颇为相似：在现代生活中，烟草曾经无处不在，现在却被抛弃，甚至到了让人望而却步的程度。一旦出现这种情况，整个行业就会飞速收缩。煤炭是祖辈的燃料，如果你在21世纪仍然投资煤炭，孙辈就会对此感到费解。

既然如此，在结束本书之际，我想描述一个场景，它关乎新生，而非毁灭。2013年7月，英国首相大卫·卡梅隆（David Cameron）为伦敦巴特西发电站最新改造计划剪彩。在伦敦南部的天空下，这座体现装饰派艺术风格的纪念性建筑被四座高大的烟囱所环绕。这座原先的电站已经被遗弃差不多30年了。

满面笑容的卡梅隆说："这是伟大的一天。人们花了很长时间，才动手实施改造巴特西发电站的计划。"伦敦市长鲍里斯·约翰逊（Boris Johnson）说，巴特西发电站的改造"把伦敦一度被忽略的一块地变成了生机勃勃的新城区，点燃了更广泛意义上的复兴

尾声

之火"。①

巴特西发电站1933年开始运营，1953年，第二台机组投入使用。"巴特西A"，也就是最早的锅炉，于1975年停止发电；"巴特西B"锅炉于1983年停止运转。此后不久，就发生了矿工大罢工，导致伦敦矿业工会的解体，以及英国煤炭业长期而缓慢的衰退，而煤炭业于19世纪中叶才开创了煤炭时代。但是，被遗弃的巴特西发电厂却在流行文化中被赋予新生：它成为甲壳虫乐队1965年的影片《救命》(*Help!*)中的主要背景，还出现在平克·弗洛伊德乐队1977年唱片的封面上。

除了深受摇滚乐队的欢迎，巴特西发电站也被认为是最值得改造的设施。最早曾有将其改造为大型娱乐公园的计划，但付之东流。2006年，一位爱尔兰房地产开发商以6.07亿美元买下发电站，想把它改造为豪华住宅和购物中心。由于开发商债台高筑，该计划同样未能实现。切尔西足球俱乐部曾一度提议在发电站修建一座体育馆。巴特西的定位是历史建筑，这就意味着，新建任何一个项目都要保留发电站那富丽堂皇的石制建筑，因此，开发项目必将耗资巨大。多年来，伫立在泰晤士河河畔的巴特西发电站，只是深受人们爱戴却长时间被遗弃的庞然大物。

---

① 詹姆斯·里雅各（James Legge）：《巴特西发电站开始了又一项改造工程》，载《独立报》，2013年7月5日。

2012年，一家名为实达集团（SP Setia）的马来西亚开发公司联合亚洲集团森那美公司（Sime Darby）买下发电厂这块地，计划修建一座规模庞大、带有900间豪华公寓的酒店商业综合中心。据报道，开发商和迪拜伊玛尔地产公司（Emaar Properties，世界最高建筑哈利法塔的建造者）准备在这块地上建一座五星级酒店。巴特西发电站瞬间就成为转型和升级的标志，是真正意义上的在老旧燃煤发电厂废墟之上获得重生。原来的熔炉可能将被改造为花园。

但是，巴特西发电站被遗弃如此之长的时间，也表明对退休的燃煤发电厂进行清理并重新修建，使其适应新用途是多艰巨的挑战，因为日后还有数百家发电厂面临类似的命运。市场的力量让人们放弃煤炭，但是这种力量是侵蚀性的，不是一气呵成，而我们却要一次性炸掉这些发电厂，这需要人们做出艰难的抉择和事无巨细的准备。如果煤炭业在极度痛苦中死去，它会像一个陷于瘫痪、不断挣扎的利维坦式庞然大物，让我们的城市与其同归于尽。如果我们能够干净利索地杀掉它，它的消亡就不会破坏性那么强。在我撰写这本书的两年中，不断有人问我："你的解决方案是什么？"坦率地说，我没有解决方案，但我还是总结出三个原则。基于这三个原则，人们将会拿出单个甚至整套解决方案。

第一个原则是：**"全都要"的方案不可行。**政客和行业高管们并不想疏远化石燃料行业，他们倾向于说"我们需要一个'全都要'

的能源策略",并想将煤炭、可再生能源、核能和天然气放到一个篮子里,这样我们能同时开发所有能源,从陷阱中找出一条出路。

这话就像一个身材臃肿,一天抽三包烟的酒鬼说:"我要采用'全都要'的方法过上健康生活——我还要抽烟、喝酒、吃油腻食品,但我也会摄取足量的水果和蔬菜。"而要制定和落实具有可持续性的能源策略,就要选一边站队。而最重要,也是最关键的选择就是关掉煤矿。

第二,**不能放弃工人**。几年来,一直有人说要实现"公平的过渡"——也就是制定计划,让矿工重新接受职业培训或再教育,让他们有能力完成更现代化的任务,如安装太阳能电池板。但遗憾的是,这基本属于纸上谈兵。霍姆斯磨坊村和克雷格的矿工已经被抛弃了。在阿巴拉契亚山区,还有美国或欧洲的煤矿区,我们看不到经济反弹的希望。就像泰里·萨蒙斯告诉我的:"谷歌不会入驻肯塔基州东部地区。"有很多证据表明,脱离煤炭,发展新能源经济,从整体上说是有益于经济的,但是这样做对矿工无济于事。那些矿工仅有高中学历,也不具备其他抢手的技能,却能赚到6万甚至7万美金的年薪。如果听任这些人自生自灭,从事在麦当劳打工之类低收入、无前途的工作,这种经济模式不但在道义上站不住脚,还是一个糟糕的公共政策。

支援全部工业人口接受继续教育,帮助他们再就业,这样的先例少之又少。如今看来,英国1964年通过的《工业训练法》

（Industrial Training Act）已经失败了。2010年创办的"阿巴拉契亚地区发展倡议"旨在让住在山区的人能以新方式谋生，但是它也属于一长串宗旨高尚却徒劳无功的建议之一。原来的矿工并不需要再来一个这样的发展方案，他们需要的是接受教育和培训，以及能养活自己的办法。碰巧，此前有个大规模的联邦援助项目，旨在养活、支持和教育一大批被历史淘汰的工人，那就是《军人安置法案》(G.I. Bill)。

我这话只是半开玩笑。参加过第二次世界大战的老兵冒着生命危险保卫了自由世界，结束了法西斯统治。几十年来，煤炭工人也在冒着生命危险，给我们的住宅、工厂和办公楼送来光明、暖气和电力。国家对从战场上归来的士兵承担着道义上的责任，出于政治和经济上的考虑，也要让这些退役的战士重新投入工作。没有哪个明智的政府愿意面对一大批训练有素却与社会格格不入，又终日无所事事的士兵；也没有谁愿意面对一大批身强体壮却穷极无聊，而且怒火和不满与日俱增的矿工。这种局面只会孕育出经济停滞，反政府的激进主义，以及内乱。

让所有煤炭工人明天就退休，并满足所有希望获得专业、免费、全面的再教育和职业培训的工人的愿望，需要多大的支出？据美国能源信息署估计，2013年，美国生产了近10亿吨煤。[1]以

---

[1] 《美国煤生产，2008—2014》，美国能源信息署，http://www.eia.gov/coal/production/quarterly/pdf/t1p01p1.pdf。

每吨煤1美元的附加费计算,就是10亿美元。根据美国劳工统计局(Bureau of Labor Statistics)的数据,截至2013年,有8万出头的人口受雇于煤炭业。[①]美国全国矿业协会(National Mining Association)是一个贸易组织,将"支持服务"也纳入其账目中,因此统计结果是超过19.5万人受雇于煤炭业。如果增加联邦估计值的权重,让我们将受雇于煤炭业的人数四舍五入到10万人,也就是说,每个美国煤矿工人1年可得10万美元。这笔钱足够让矿工支付皮卡车的开销和在本地社区学院上学的学费了。[②]

最后,**解决方案必须是全球性的**。气候变化是跨国影响的终极体现,为此就要拿出方案来解决这一全球范围的公地悲剧。煤炭业已经彻底全球化了。如果只是关闭粉河盆地的煤矿或美国电力公司的燃煤发电机组,却对其他地区的煤矿不闻不问,那么,这些措施对限制煤炭就不会产生决定性影响。有关气候变化的国际会谈进展寥寥,但这并不妨碍美国和其他国家的政策制定者坐下来交流讨论。

---

① 《2013年5月全国特定行业就业和工资估计值——北美行业分类体系212100——采煤业》,美国劳工统计局,http://www.bls.gov/oes/CURRENT/naics4_212100.htm。

② 凯伦·李·齐纳(Karen Lee Ziner):《参议员谢尔登·怀特豪斯说,在美国,太阳能行业的工作机会超过煤炭采矿业》,载《政治事实》,2014年7月6日。

要实现这个目标，只有一个机制能够真正发挥作用，那就是给碳排放定价。到2014年年底，人们朝着给碳排放定价的方向似乎又迈了一小步，因为气候变化带来的毁灭性经济后果越来越难以忽略；中国逐步建立起全国碳市场；就算在美国，也存在对碳排放的实际定价，体现在对造成温室效应的气体排放施以高额罚款。这样，才有可能对碳排放定价。

2014年年底，建筑事务所英国福斯特及合伙人有限公司（Foster + Partners）发布了巴特西屋顶花园的设计方案。方案中，洋溢着现代风格的波浪形公寓建筑内设有豪华单元房；楼顶被打造成城市花园，未来，人们站在这里可以眺望原来的发电站。幸运的公寓住户将能呼吸到不含碳的清新空气。而在发电站运行的年代，这里的空气中曾经充满了煤尘，当然还有碳、汞、硫的有毒化合物。不管人们住在鲁尔区的峡谷，还是俄亥俄州南部地区，还是世界其他地区，终有一日他们会呼吸到不掺杂污染物的清新空气。我可能看不到这一天了，但我的儿子还有希望。